Panorama de la Salud: Latinoamérica y el Caribe 2020

El presente trabajo se publica bajo la responsabilidad del Secretario General de la OCDE. Las opiniones expresadas y los argumentos utilizados en el mismo no reflejan necesariamente el punto de vista oficial de la OCDE, sus países miembros, el Banco Mundial, su Junta de Directores Ejecutivos o los gobiernos que representan.

Tanto este documento, así como cualquier dato y cualquier mapa que se incluya en él, se entenderán sin perjuicio respecto al estatus o la soberanía de cualquier territorio, a la delimitación de fronteras y límites internacionales, ni al nombre de cualquier territorio, ciudad o área.

Los nombres de países y territorios utilizados en esta publicación conjunta siguen la práctica de la OCDE.

Por favor, cite esta publicación de la siguiente manera:
OECD/The World Bank (2020), *Panorama de la Salud: Latinoamérica y el Caribe 2020*, OECD Publishing, Paris, *https://doi.org/10.1787/740f9640-es*.

ISBN 978-92-64-97349-7 (impresa)
ISBN 978-92-64-49403-9 (pdf)

Publicado originalmente por la OCDE en inglés con el título: *Health at a Glance: Latin America and the Caribbean 2020*
La calidad de la traducción y su coherencia con el texto en el idioma original de la obra son de exclusiva responsabilidad del autor(es) de la traducción. En caso de discrepancia entre la versión original en inglés y esta traducción al español, solo la versión original se considerará válida.

Imágenes: Cover © Tati Nova photo Mexico/Shutterstock.com.

Las erratas de las publicaciones se encuentran en línea en: *www.oecd.org/about/publishing/corrigenda.htm*.
© OCDE/El Banco Internacional de Reconstrucción y Fomento/El Banco Mundial 2020

Licencia: Creative Commons de Reconocimiento CC BY 3.0 IGO.

Prólogo

Panorama de la salud: Latinoamérica y el Caribe 2020 compara indicadores clave para la salud de la población y los sistemas de salud en los 33 países de LAC. Se basa en el formato utilizado en otras ediciones de *Health at a Glance*, incluidas las versiones para los países miembros y socios de la OCDE, y las ediciones regionales para Asia-Pacífico y Europa. Esta publicación presenta datos comparables sobre el estado de salud y sus determinantes, recursos y actividades de atención de la salud, gastos y financiamiento de la salud, y calidad de la atención en salud, junto con indicadores seleccionados de desigualdades en salud.

Esta es la primera edición regional en LAC de *Panorama de la Salud (Health at a Glance)*. Fue escrita conjuntamente por la División de Salud de la OCDE y el Banco Mundial, liderada por Cristian A. Herrera de la División de Salud de la OCDE y Tomás Plaza-Reneses del Banco Mundial, con una estrecha colaboración de Gabriel Di Paolantonio de la División de Salud de la OCDE.

La producción de *Panorama de la salud: Latinoamérica y el Caribe 2020* no habría sido posible sin la contribución de los países de LAC que proporcionaron datos directamente a la OCDE o al Banco Mundial, o suministraron los datos contenidos en esta publicación a otras organizaciones internacionales como la Organización Panamericana de la Salud o la Organización Mundial de la Salud. Luego de una ronda de revisión del borrador de la publicación con los países de LAC, agradecemos las respuestas y comentarios recibidos de Belice, Colombia, Costa Rica y México.

Los autores desean agradecer los valiosos aportes y apoyo recibido por parte de Frederico Guanais, Jefe Adjunto de la División de Salud de la OCDE, y Michele Gragnolati del Banco Mundial. El informe se benefició de los exhaustivos comentarios y sugerencias de Ian Forde, Aakash Mohpal y Jeremy Veillard del Banco Mundial. Desde la OCDE, reconocemos las contribuciones de Stefano Scarpetta, Mark Pearson, Francesca Colombo, Rie Fujisawa and Niek Klazinga de la Dirección de Empleo, Trabajo y Asuntos Sociales; de Sebastian Nieto, Paula Cerutti y Juan Vázquez de la Unidad de LAC del Centro de Desarrollo; y el apoyo de Jose Antonio Ardavin de la División para LAC de la Secretaría de Relaciones Globales. Agradecemos los comentarios de Claudia Allemani y Michel Coleman en la sección sobre sobrevivencia del cáncer. Lucy Hulett (OCDE) ayudó con el formato y la edición de la publicación

Índice

Prólogo	3
Editorial	9
Resumen Ejecutivo	15
Guía para el lector	19

Capítulo 1. Cobertura universal de salud y tableros de país ... 23
    Introducción ... 24
    Cobertura universal de la atención de salud ... 25
    Salud de la población ... 26
    Estado de salud ... 26
    Determinantes de la salud ... 27
    Cobertura y servicios ... 28
    Protección financiera ... 29
    Calidad de la atención ... 30
    Desigualdad en salud ... 31

Capítulo 2. Identificar y abordar el malgasto en los sistemas de salud de Latinoamérica y el Caribe ... 35
    Introducción ... 36
    Malgasto en la atención clínica ... 39
    Malgasto operacional en los sistemas de salud ... 44
    Malgasto en la gobernanza de los sistemas de salud ... 51
    Conclusión ... 58

Capítulo 3. Situación de la salud ... 63
    Esperanza de vida al nacer ... 64
    Mortalidad infantil ... 66
    Mortalidad en menores de 5 años ... 68
    Mortalidad general ... 70
    Mortalidad por enfermedades cardiovasculares ... 72
    Mortalidad por cáncer ... 74
    Mortalidad por lesiones ... 76
    Mortalidad materna ... 78
    Tuberculosis ... 80
    VIH/SIDA ... 82
    Enfermedades transmitidas por mosquitos ... 84
    Diabetes ... 86
    Envejecimiento ... 88

Capítulo 4. Determinantes de la salud ... 91
    Planificación familiar ... 92

ÍNDICE

    Nacimiento prematuro y bajo peso al nacer. 94
    Alimentación de lactantes y niños pequeños. 96
    Malnutrición infantil. 98
    Salud de los adolescentes. 100
    Adultos con sobrepeso y obesidad. 102
    Agua y saneamiento. 104
    Tabaquismo. 106
    Alcohol. 108
    Seguridad vial. 110
    Actividad física. 112
    Dieta. 114
    Uso de drogas. 116

Capítulo 5. Recursos y actividades de la atención en salud. 119
    Personal médico y de enfermería. 120
    Consultas médicas. 122
    Tecnologías médicas. 124
    Atención hospitalaria. 126
    Embarazo y parto. 128
    Atención de salud infantil. 130
    Atención de salud mental. 132
    Glicemia y presión arterial. 134

Capítulo 6. Gasto y financiación de la salud. 137
    Gasto en salud per cápita y en relación al PIB. 138
    Financiamiento de la salud a partir de esquemas gubernamentales y seguros de salud obligatorios. 140
    Financiación de la salud a partir de gasto de bolsillo, esquemas de pago voluntario y fuentes externas. 142
    Protección financiera. 144

Capítulo 7. Calidad de la atención en salud. 147
    Programas de vacunación infantil. 148
    Mortalidad intrahospitalaria por infarto agudo de miocardio y accidente cerebrovascular. . . 150
    Sobrevivencia del cáncer. 152
    Admisiones hospitalarias evitables. 154

Siga las publicaciones de la OCDE en:

  http://twitter.com/OECD_Pubs

  http://www.facebook.com/OECDPublications

  http://www.linkedin.com/groups/OECD-Publications-4645871

  http://www.youtube.com/oecdilibrary

  http://www.oecd.org/oecddirect/

Este libro contiene...

StatLinks
¡Un servicio que transfiere ficheros Excel® utilizados en los cuadros y gráficos!

Busque el logotipo *StatLinks* en la parte inferior de los cuadros y gráficos de esta publicación. Para descargar la correspondiente hoja de cálculo Excel®, sólo tiene que introducir el enlace en la barra de direcciones de su navegador incluyendo primero el prefijo *https://doi.org* o bien haga clic en el enlace de la versión electrónica.

Editorial

Abordando la pandemia de COVID-19 en Latinoamérica y el Caribe

Al escribir la primera edición de *Panorama de la Salud: Latinoamérica y el Caribe*, muy pocos de nosotros podríamos haber imaginado que una pandemia expondría al mundo a la mayor emergencia sanitaria en un siglo, con costos humanos, económicos y sociales masivos. La región de Latinoamérica y el Caribe (LAC) se vio afectada por la epidemia unas semanas después que Europa, con los primeros casos de COVID-19 registrados en Brasil a fines de febrero de 2020. Desde entonces, se ha extendido a todos los países de la región, con el mayor número de casos reportados en Brasil, Perú, México y Chile al momento de escribir este Editorial.

El recuento completo de los costos humanos, sociales y económicos de la crisis de COVID-19 en LAC tendrá que esperar, pero ya sabemos que sus impactos son profundos. Los altos niveles de desigualdad e informalidad laboral en la región hacen que la situación sea potencialmente más catastrófica que en otras partes del mundo. Quienes no tienen acceso a protección social no tienen más remedio que seguir trabajando para cubrir sus necesidades básicas, lo que limita su capacidad para cumplir las medidas de distanciamiento social y así protegerse a sí mismos y a sus familiares. Aquellos que no tienen cobertura de salud enfrentan barreras para acceder a servicios de salud cuando los necesitan. Además, casi el 8% de las personas tienen 65 años o más, más del 80% de la población vive en zonas urbanas y el 21% de la población urbana vive en barrios marginales, asentamientos informales o viviendas inadecuadas donde los servicios básicos no están disponibles. Esta combinación exacerba los riesgos de la epidemia entre los grupos más vulnerables.

Una tarea crítica para los sistemas de salud que se enfrentan con la propagación de COVID-19 es proteger la salud de todos los ciudadanos. Esto requiere que tanto las pruebas de diagnóstico como la atención adecuada estén disponibles, sean asequibles y se brinden en un ambiente seguro, y que se adopten otras medidas de higiene y protección para prevenir infecciones. Una barrera principal para acceder a tales servicios de salud surge de los gastos de bolsillo en salud, que en LAC representan en promedio el 34% del gasto total en salud, muy por encima del 21% en los países OCDE. El alto nivel de gastos de bolsillo en LAC es una indicación de sistemas de salud más débiles, niveles más bajos de cobertura de servicios y, en general, un peor escenario de referencia para enfrentar esta pandemia en comparación con la mayoría de los países de la OCDE (Figura 1).

Las desigualdades en salud también se vislumbran como un aspecto crítico que afecta la respuesta y los resultados de los sistemas de salud de LAC a lo largo de la pandemia. En 10 países de LAC, en promedio, la tasa de mortalidad de menores de 5 años para el quintil de ingresos más bajo excede la del quintil de ingresos más altos en 21 muertes por cada 1.000 nacidos vivos, lo que muestra grandes desigualdades persistentes en los resultados de salud de la población. Además, en 12 países LAC, los niños de 15 a 23 meses en hogares de bajos ingresos tienen un 11% menos de cobertura de inmunización completa que aquellos en hogares de altos ingresos, lo que indica las dificultades que los países podrían tener para poner a disposición una futura vacuna COVID-19 de manera equitativa.

Figura 1. **Gasto de bolsillo en salud como porcentaje del gasto total en salud en 33 países de LAC, 2017**

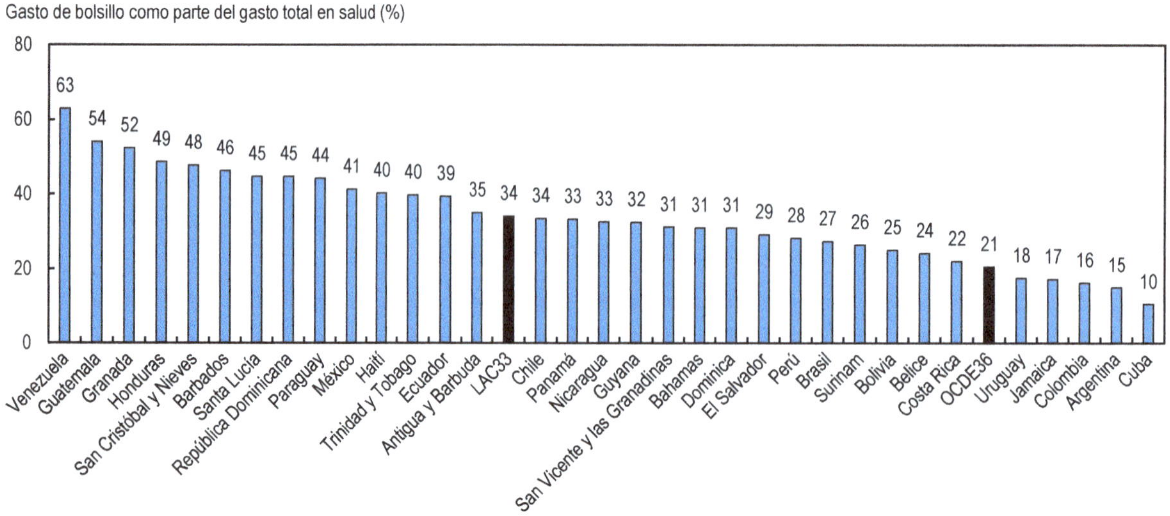

Gasto de bolsillo como parte del gasto total en salud (%)

País	%
Venezuela	63
Guatemala	54
Granada	52
Honduras	49
San Cristóbal y Nieves	48
Barbados	46
Santa Lucía	45
República Dominicana	45
Paraguay	44
México	41
Haití	40
Trinidad y Tobago	40
Ecuador	39
Antigua y Barbuda	35
LAC33	34
Chile	34
Panamá	33
Nicaragua	33
Guyana	32
San Vicente y las Granadinas	31
Bahamas	31
Dominica	31
El Salvador	29
Perú	28
Brasil	27
Surinam	26
Bolivia	25
Belice	24
Costa Rica	22
OCDE36	21
Uruguay	18
Jamaica	17
Colombia	16
Argentina	15
Cuba	10

Fuente: Repositorio Global de Gasto en Salud, OMS 2020; Estadísticas de Salud de la OCDE 2019. Ver Capítulo 6.

Tales desigualdades delimitan un escenario donde las poblaciones vulnerables probablemente se verán afectadas de manera desproporcionada por la pandemia.

Recursos del sistema de salud para enfrentar el aumento de demanda a causa del COVID-19

La fuerza laboral de salud es clave para dar una respuesta oportuna y efectiva al COVID-19. Los médicos y las enfermeras no solo deben tratar los casos de COVID-19, sino que también deben mantener la continuidad de los servicios en todas las demás necesidades de atención médica. En promedio, LAC tiene dos médicos por cada 1.000 habitantes, pero varios países se encuentran muy por debajo del promedio de la OCDE de 3,5, con solo Cuba, Argentina y Uruguay por encima de este número (Figura 2). En particular, Haití, Honduras y Guatemala tienen el número más bajo de 0,3 por 1.000 habitantes o menos. La brecha en la disponibilidad de enfermeras es aún más pronunciada: el número promedio de enfermeras por cada 1.000 habitantes es un tercio del promedio de los países de la OCDE (3 versus 9). El número de enfermeras por población es más alto en Cuba, San Vicente y las Granadinas y Dominica, y el más bajo está en Venezuela, Jamaica, Haití, Honduras y Guatemala, donde hay menos de una enfermera por cada 1.000 habitantes.

El número de camas es otro marcador clave sobre cuán bien preparados están los sistemas de salud para abordar la creciente demanda de servicios hospitalarios debido a la pandemia de COVID-19. En LAC, el número promedio de camas hospitalarias es de 2,1 por 1.000 habitantes, menos de la mitad del promedio OCDE de 4,7 (Figura 3). Barbados, Cuba y Argentina están por encima del promedio OCDE, mientras que el stock está por debajo de una cama por cada 1.000 habitantes en Guatemala, Honduras, Haití, Venezuela y Nicaragua.

Aún más importante para hacer frente a la mayor demanda de pacientes con COVID-19 con enfermedad respiratoria grave es la capacidad de cuidados críticos, como las camas de la unidad de cuidados intensivos (UCI), que generalmente están equipadas con ventiladores. Según los datos recopilados al inicio de la pandemia, el promedio de camas UCI en 13 países de LAC es de 9,1 por cada 100.000 habitantes, más bajo que el promedio de 22 países de la OCDE de 12. Brasil, Uruguay y Argentina están por encima del promedio regional, mientras que las tasas más bajas se observan en El Salvador, Costa Rica y Perú (Figura 4). Sin embargo, debido a la naturaleza fragmentada de la

Figura 2. **Número de médicos y enfermeras en 33 países de LAC, 2017 o último año disponible**

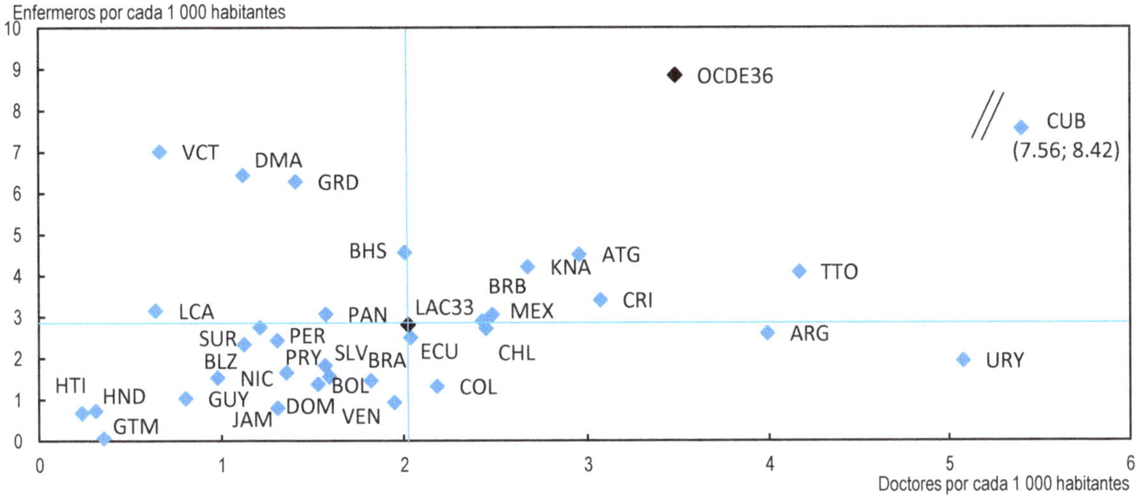

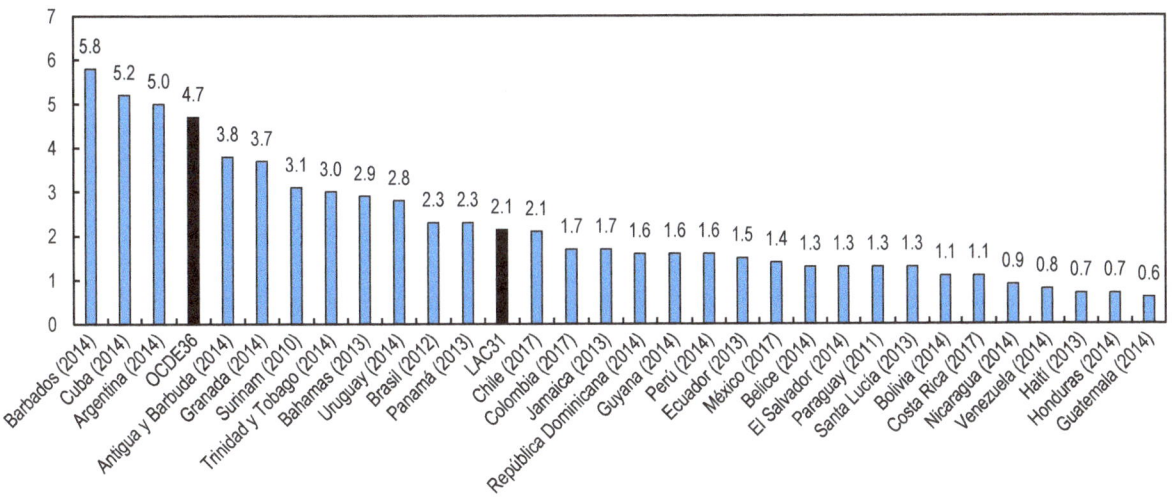

Fuente: Estadísticas de Salud de la OCDE 2019; Observatorio Global de Salud, OMS 2020. Ver Capítulo 5.

Figura 3. **Número de camas hospitalarias en LAC y promedio OCDE, último año disponible**

Fuente: Estadísticas de Salud de la OCDE 2019; Indicadores de Desarrollo del Banco Mundial 2019. Ver Capítulo 5.

mayoría de los sistemas de salud en LAC, no todas estas camas pueden estar fácilmente disponibles para pacientes cubiertos por esquemas públicos. La mayoría de las camas de propiedad privada se concentran geográficamente en áreas urbanas más grandes y de mayores ingresos, y a menudo son inaccesibles para una gran parte de la población. En Brasil, por ejemplo, solo el 40,6% del total de las camas UCI son administradas por el *Sistema Único de Saúde* (SUS), el sistema de salud financiado con fondos públicos. Del mismo modo, en Ecuador y Paraguay, el 53,2% y el 41,4% de las camas UCI, respectivamente, están presentes en el sector público de los sistemas de salud.

Figura 4. **Capacidad de camas de cuidados intensivos en países LAC seleccionados y promedio OCDE, 2020 (o año más cercano)**

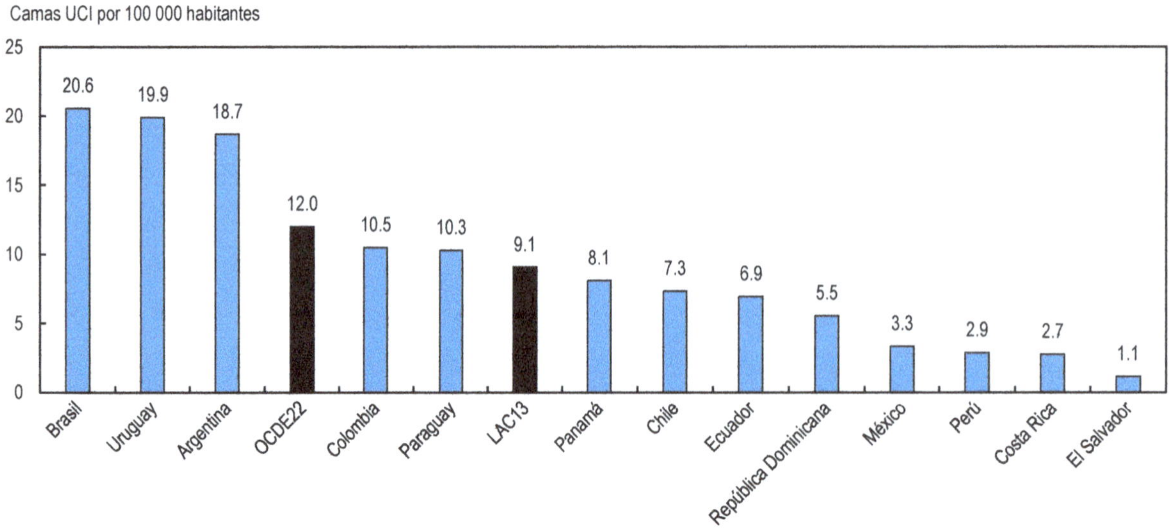

Camas UCI por 100 000 habitantes

País	Camas UCI por 100 000 habitantes
Brasil	20.6
Uruguay	19.9
Argentina	18.7
OCDE22	12.0
Colombia	10.5
Paraguay	10.3
LAC13	9.1
Panamá	8.1
Chile	7.3
Ecuador	6.9
República Dominicana	5.5
México	3.3
Perú	2.9
Costa Rica	2.7
El Salvador	1.1

Nota: Puede haber diferencias en la definición de cuidados intensivos que afectan la comparabilidad de los datos. Los datos se refieren a camas UCI de adultos solo en Perú. Los datos incluyen solo camas públicas de UCI en Costa Rica, República Dominicana, Perú, El Salvador y Uruguay, y tanto públicas como privadas en los otros países. Se recopiló información para reflejar la situación de las camas UCI antes de las medidas de emergencia debido a la pandemia de COVID-19.
Fuente: Fiscalía General de la Nación REPS Colombia 2020; Ministerio de Salud de Argentina 2020; RUSNIS-Ministerio de Salud del Perú 2020; DATASUS Brasil 2020; Sociedad Chilena de Medicina Intensiva 2020; Ministerio de Salud de México 2020; Diario La Nación, informado por Leticia Pintos, División de Terapias del Ministerio de Salud de Paraguay 2020; Ministerio de Salud de Uruguay 2018; Diario Delfino, reportado por el Caja Costarricense de Seguridad Social (CCSS) 2020; Ministerio de Salud del Ecuador 2018; Diario El Salvador, reportado por Milton Brizuela, Presidente del Colegio Médico de El Salvador 2020; Diario Acento, reportado por el Servicio Nacional de Salud (SNS) - Ministerio de Salud de la República Dominicana 2020; Instituto Nacional de Estadística y Censo de Panamá 2018.

En LAC, gastar mejor en salud es tan importante como gastar más

La pandemia actual está imponiendo una enorme carga sobre las personas y la economía de todo el mundo, a lo que varios gobiernos han respondido con paquetes de apoyo público sin precedentes. Esto presenta una oportunidad para una necesaria expansión del gasto público en salud en LAC, que actualmente se sitúa en 3,8% del PIB, más bajo que los países de la OCDE en 6,6% del PIB. Además, la proporción del gasto total en salud cubierto por esquemas gubernamentales y seguros obligatorios es mucho menor en LAC en comparación con la OCDE (54,3% versus 73,6%). Un cambio hacia un mayor énfasis en el gasto público, en lugar del privado, puede ayudar a aumentar la equidad y la eficiencia del gasto en salud.

Una expansión en los niveles de gasto también debe venir asociado con una reducción en el malgasto, es decir, un gasto que no ofrece ninguna mejora en los resultados de salud. Tal malgasto significa que la región de LAC está logrando resultados sub-óptimos, en términos de calidad de vida de las personas, seguridad y eficacia de la atención, dados los recursos que destina a los sistemas de salud.

Como se destaca en el capítulo 2 de esta publicación, hay varias áreas y actividades donde se podría abordar el malgasto en los sistemas de salud de LAC. A pesar de que se realizan ampliamente, actividades como las amigdalectomías en niños y las histerectomías o prostatectomías en condiciones benignas no tienen efectos demostrados para mejorar la salud y el bienestar de la mayoría de los pacientes e incluso pueden ser una fuente de daño. Estas pueden representar una fuente de malgasto de recursos públicos. Además, problemas en la gobernanza de los sistemas de salud puede generar malgasto, por ejemplo, en el hecho que el 42% de las personas en 12 países de LAC considera que el sector de la salud es corrupto (mayor que el 34% en 28 países de la OCDE); y por la presencia de sobornos en los centros de salud pública que alcanzan un 11% en 18 países de LAC.

A nivel estructural, es probable que la naturaleza fragmentada de los sistemas de salud en LAC afecte la respuesta a la epidemia. Es clave garantizar que todos los recursos se puedan canalizar para abordar la emergencia. Por ejemplo, la capacidad no utilizada en laboratorios y hospitales privados puede coexistir con la escasez en los públicos, creando inequidades en la salud y representando una fuente importante de malgasto. La crisis brinda la oportunidad de considerar reformas a más largo plazo para construir sistemas más fuertes e integrados en el camino hacia una cobertura de salud universal de alta calidad.

Construyendo capacidad para enfrentar las epidemias actuales y futuras

La epidemia actual está poniendo a prueba los sistemas de salud en LAC. En los próximos meses, junto con las políticas de contención y mitigación para limitar la propagación de COVID-19, los principales desafíos para los sistemas de salud de LAC serán:

1. garantizar el acceso de las poblaciones vulnerables a diagnósticos y tratamientos, tanto para diagnosticar a los contagiados, rastrear pacientes y trazar contactos, como para brindar atención a pacientes en diferentes niveles del sistema de salud. Particularmente importante será considerar las desigualdades sociales y de salud existentes para asegurar la distribución más equitativa de recursos y acciones dentro de los países y en toda la región;

2. fortalecer las capacidades de salud pública y, particularmente, la vigilancia de enfermedades infecciosas, de modo que las poblaciones, especialmente las más vulnerables, no se vean afectadas por otros brotes. Las insuficiencias en la vigilancia y el control de vectores, la inmunización y otros servicios básicos de salud pública podrían poner a las poblaciones vulnerables en riesgo de enfermedades como el dengue y patógenos como la difteria, la tos ferina u otros. Avanzar, invertir y desarrollar sistemas de salud pública de mayor rendimiento debería ser una prioridad importante para los países, no solo para controlar el COVID-19, sino también para la influenza pandémica, la resistencia a los antimicrobianos y otros riesgos potenciales para la salud pública que exponen la salud de las poblaciones y economías en general;

3. reforzar y optimizar la capacidad del sistema de salud, a través de la movilización de personal (para diagnosticar, rastrear y tratar a los pacientes), los suministros y equipos (para diagnosticar a las personas de manera segura y brindarles un tratamiento cuando sea necesario) y los espacios (para diagnosticar a las personas de manera rápida y segura, aislar casos sospechosos y confirmados, y tratar pacientes en el hospital o en su hogar);

4. aprovechar las soluciones digitales y la información recopilada para detectar, prevenir, responder y recuperarse mejor de los problemas asociados al COVID-19, mientras se gestionan los riesgos de desviar recursos a herramientas digitales potencialmente ineficaces, exacerbar las desigualdades y violar la privacidad, tanto durante como después el brote;

5. generar la mejor inteligencia sanitaria y social posible mediante una estrecha coordinación con otros sectores, como finanzas, educación, transporte, entre otros, para mejorar la toma de decisiones en torno a la crisis; mientras se promueve la transparencia y el reporte público sobre cómo se toman las decisiones;

6. fomentar la cooperación internacional dentro de la región y a nivel global para impulsar y acelerar la I + D, asegurando al mismo tiempo que los esfuerzos coordinados garantizarán un acceso equitativo a nuevos diagnósticos, tratamientos y vacunas en el futuro cercano.

La pandemia de COVID-19 es la prueba más grande que los sistemas nacionales de salud y las instituciones de salud global han tenido que enfrentar en generaciones. A la larga, esta pandemia puede ofrecer una oportunidad para priorizar la salud como una buena inversión para los países y reforzar los sistemas de salud en su conjunto. Si bien es necesario destinar más recursos a la salud, la identificación y reducción del malgasto también ayudaría a asignar mejor los recursos adicionales al sector de la salud, al tiempo que mejora la calidad de la atención y los resultados para la población.

Esperamos que los datos y el análisis reportados en esta publicación ayuden a los formuladores de políticas y otros actores clave para avanzar hacia la cobertura universal de salud a través de sistemas de salud más equitativos, de alta calidad y centrados en las personas en toda la región de LAC.

Stefano Scarpetta	Muhammad Pate
Director, Directorado de Empleo, Trabajo y Asuntos Sociales	Director Global de Salud, Nutrición y Población
OCDE	Director, Fondo de Financiamiento Global para Mujeres, Niños y Adolescentes (GFF)
	Banco Mundial

Resumen Ejecutivo

El *Panorama de la salud: Latinoamérica y el Caribe 2020* presenta indicadores clave, recopilados antes del inicio de la crisis COVID-19, sobre los sistemas de salud y la salud poblacional en 33 países de Latinoamérica y el Caribe (LAC), incluyendo sobre equidad, el estado de salud, los determinantes de salud, recursos y utilización de la atención médica, gastos y financiamiento de la salud, y calidad de la atención.

El estado general de salud de la población ha mejorado, pero el progreso sigue siendo desigual entre los países y dentro de ellos

- La esperanza de vida en LAC aumentó en casi 4 años entre 2000 y 2017. Dadas estas tendencias, se espera que la proporción de la población de más de 65 y 80 años alcance sobre el 18% y el 5%, respectivamente, para 2050.
- La mortalidad infantil disminuyó un 35% y la mortalidad de menores de 5 años disminuyó un 46% entre 2000 y 2017. Sin embargo, países como Venezuela y Granada experimentaron aumentos en ambos indicadores.
- La mortalidad materna se redujo en un 26% entre 2000 y 2017, una reducción menor que el 40% en la OCDE. En cinco países, la mortalidad materna aumentó en el mismo período (Santa Lucía, República Dominicana, Haití, Venezuela y Jamaica).

Las mejoras en los resultados de las enfermedades no transmisibles han sido más lentas en LAC que en países OCDE, y las enfermedades transmisibles y las lesiones persisten como problemas de salud relevantes en la región

- Las enfermedades cardiovasculares y los cánceres fueron responsables de más del 82% de todas las muertes, mientras que el 10% se debió a enfermedades transmisibles, enfermedades maternas y perinatales, y el 8% debido a lesiones. La violencia interpersonal fue el tipo de lesión con el mayor crecimiento, habiendo aumentado en un 33% entre 1990 y 2017.
- Las muertes atribuibles a niveles altos de glucosa en sangre entre 2010 y 2019 aumentaron un 8% en LAC, mientras que disminuyeron en un 14% en la OCDE, aunque aún con tasas más altas en este último grupo de países. La prevalencia de diabetes y mortalidad atribuible a la glicemia elevada es mayor que el promedio de LAC en Antigua y Barbuda, Barbados, Belice, Brasil, Guyana, Jamaica, Santa Lucía, San Vicente y las Granadinas, Surinam, y Trinidad y Tobago.
- La incidencia de tuberculosis se ha reducido en un 10% entre 2000 y 2018; sin embargo, en 12 de 33 países se mantuvo o aumentó en el período. El mayor aumento se observó en Granada y El Salvador (más del 100%) seguido de Surinam y Uruguay (más del 50%).
- Entre 2010 y 2018, la incidencia de VIH aumentó en 5 países de la región: Chile, Brasil, Costa Rica, Bolivia y Uruguay, pero permanecen por debajo del promedio regional de prevalencia del

VIH. La región alcanza un 55% de cobertura antirretroviral entre las personas que viven con VIH, sustancialmente por debajo del objetivo de 90%.

El tabaquismo, el consumo de alcohol y, especialmente, el sobrepeso, son factores de riesgo críticos para la salud en LAC

- El sobrepeso es uno de los factores de riesgo más relevantes para la salud en LAC, representando una gran carga en el presente y para el futuro. El sobrepeso está presente en casi el 8% de los niños menores de 5 años, el 28% de los adolescentes y en más del 53% de los hombres adultos y más del 61% de las mujeres adultas en la región.
- Con respecto a los comportamientos poco saludables, el 35% de la población adulta no realiza suficiente actividad física; el consumo diario de frutas y verduras está por debajo de los 400 gramos recomendados por persona por día en todos los países; y el consumo de azúcar es mucho más alto que los 50 gramos por persona por día, que se supera simplemente al considerar la ingesta de bebidas azucaradas.
- Casi uno de cada cuatro hombres y cerca de una de cada diez mujeres de 15 años o más fuman diariamente, ambos ligeramente más bajos que el promedio de la OCDE. Entre los adolescentes de entre 13 y 15 años, la prevalencia del consumo de tabaco entre los hombres fue del 15% y casi del 12% entre las mujeres.
- Aunque el consumo promedio de alcohol en LAC es más bajo que en la OCDE, aumentó en un 3% entre 2010 y 2016. Entre las personas que beben, uno de cada dos hombres y una de cada cinco mujeres declararon haber tenido un episodio de consumo excesivo de alcohol en el último 30 días. Casi el 35% y el 22% de los accidentes de tránsito entre hombres y mujeres, respectivamente, son atribuibles al consumo de alcohol.
- En 2017, en promedio, una de cada cuatro personas que viven en áreas rurales y una de cada ocho personas que viven en áreas urbanas carecían de acceso a saneamiento básico. Sin embargo, el saneamiento básico rural y urbano puede ser inferior al 50% en algunos países.

En LAC, la calidad de la atención sanitaria es el eslabón perdido en la promesa no cumplida de cobertura universal de salud

- Doce de los 33 países de LAC no alcanzan los niveles mínimos de inmunización recomendados por la OMS para prevenir la propagación de la difteria, el tétanos y la tos ferina (90%) y 21 de los 33 no logran este objetivo para el sarampión (95%).
- En términos de atención aguda en hospitales, según datos de 6 países de LAC, la tasa de letalidad por infarto agudo de miocardio fue 54% más alta que en la OCDE, mientras que para el accidente cerebrovascular isquémico fue 50% más alta.
- Las tasas de supervivencia para el cáncer reflejan la calidad de la atención preventiva y curativa. Entre los seis países de LAC con datos, las mujeres con diagnóstico precoz de cáncer de mama tenían una probabilidad del 78% de sobrevivir al menos cinco años, mientras que para el cáncer de colon era del 52% y para el cáncer de recto era del 46%, todas inferiores al 85%, 62% y 61% de supervivencia, respectivamente, en los países de la OCDE. La supervivencia al cáncer de cuello uterino en LAC fue del 60%.

Si bien en LAC el gasto en salud ha aumentado, sigue siendo muy inferior al de los países OCDE y depende más del gasto privado

- Entre 2010 y 2017, el gasto en salud por persona ha superado el crecimiento económico en LAC. En promedio, el gasto en salud creció 3,6% por año, mientras que el producto interno bruto (PIB) creció 3% por año. Sin embargo, el gasto en salud fue de aproximadamente USD 1.000 por persona en LAC, un cuarto de lo que se gastó en los países de la OCDE (ajustado por el poder adquisitivo). Como proporción del PIB, esto representó el 6,6% en LAC en 2017 y el 8,8% en los países de la OCDE en 2018.

- El gasto de salud por esquemas gubernamentales y seguros de salud obligatorios representó un promedio del 54,3% del gasto corriente en salud en LAC en 2017, inferior al 73,6% en la OCDE en 2018. El resto está cubierto por seguro privado voluntario y gastos de bolsillo de los hogares.
- En LAC, el 34% de todo el gasto en salud se paga de bolsillo, muy por encima del promedio de la OCDE del 21%; la reducción ha sido lenta, solo de 1,5 puntos porcentuales entre 2010 y 2017.
- Casi el 8% de la población en 16 países de LAC gasta más del 10% del consumo o ingreso de sus hogares en salud. Además, el 1,7% de la población de 15 países de LAC se ve empujado por debajo de la línea de pobreza debido a los gastos de bolsillo en salud en comparación con el 1,2% en los países de la OCDE.

La mala asignación y ejecución del gasto sanitario está desacelerando -si no deteniendo- el camino hacia la cobertura universal de salud en LAC

- El promedio de tasas de cesáreas entre 27 países de LAC es de 32 por 100 nacidos vivos, por encima del promedio de la OCDE de 28 y el doble de lo recomendado por la OMS de no más de 15.
- Los antibióticos a menudo se usan de manera inapropiada en los países de LAC, lo que no agrega beneficios a muchos pacientes y causa daños a través de la resistencia a los antimicrobianos. Brasil, Bolivia y Paraguay consumen más antibióticos per cápita que el promedio de la OCDE.
- La evaluación de tecnologías sanitarias es una herramienta que garantiza que el financiamiento público sea priorizado y esté disponible para aquellos medicamentos, procedimientos, dispositivos, etc. que han demostrado su efecto en mejorar la salud y otros resultados. Sin embargo, solo 5 de los 21 países de LAC informan que lo usan sistemáticamente para tomar decisiones de cobertura y ninguno informa que lo use para fines de reembolso.
- La fragmentación de los sistemas de salud en LAC es una fuente clave de malgasto, dado que la mayoría de los países tienen subsistemas con funciones duplicadas de gobernanza, financiamiento y provisión de servicios.
- El menor desarrollo de sistemas de información de salud contribuye a una menor comprensión del gasto público y los resultados que se están obteniendo. En 22 países de LAC, un promedio del 10% de todas las muertes nunca se informan en las bases de datos de mortalidad pública.
- Cuarenta y dos por ciento de las personas en 12 países de LAC consideran que el sector salud es corrupto, más que el 34% en 28 países de la OCDE. Además, las tasas de soborno en los centros de salud pública alcanzan el 11% en 18 países de LAC.

Las limitaciones en los recursos humanos y físicos impiden una respuesta efectiva a las necesidades de atención médica de las personas

- LAC tiene un promedio de dos médicos por cada 1.000 habitantes, y la mayoría de los países se encuentran por debajo del promedio de la OCDE de 3,5. La región tiene menos de tres enfermeras por cada 1.000 habitantes, tres veces menos que el promedio de la OCDE de casi nueve.
- El número promedio de camas hospitalarias en LAC es de 2,1 por 1.000 habitantes. Solo Argentina, Barbados y Cuba tienen más camas hospitalarias que el promedio de la OCDE de 4,7.
- LAC tiene una disponibilidad de tecnologías médicas mucho menor que la OCDE: más de tres veces menos de escáneres de tomografía computarizada; más de 5 veces menos unidades de resonancia magnética; casi la mitad menos de las unidades de mamografía; y más de 5 veces menos de unidades de radioterapia.

- Los recursos para la atención de salud mental son escasos. La disponibilidad de psiquiatras es casi 5 veces menor que en la OCDE, mientras que la disponibilidad de enfermeras y camas para la atención de salud mental es aproximadamente 3 veces menor.

Guía para el lector

Estructura de la publicación

Panorama de la Salud: Latinoamérica y el Caribe 2020 está dividido en siete capítulos:

El capítulo 1 sobre **Tableros de Países** toma la Cobertura Universal de Salud como base y muestra un conjunto de indicadores clave para comparar el desempeño entre países en cada una de las siguientes dimensiones: salud poblacional (situación de salud y determinantes de la salud); cobertura y servicios; protección finaciera; y calidad en la atención de salud. Además, una quinta dimensión sobre desigualdades en salud incluye indicadores seleccionados de las otras dimensiones. En cada dimensión se presentan entre 3 a 6 indicadores en forma de tablero de países. Los indicadores fueron seleccionados en base a su relevancia para las políticas públicas, pero también por la disponibilidad de datos y forma de interpretación. Para hacer la comparación entre países, cada país está clasificado para cada indicador en base a como se compara con el promedio de los países LAC con datos disponibles.

El capítulo 2 sobre **Malgasto en los sistemas de salud de LAC** se enfoca en la importancia de identificar y reducir el malgasto, particularmente en las áreas de atención clínica, operación y gobernanza. El capítulo explora diferentes fuentes de malgasto y realiza un análisis de datos y políticas, sosteniendo que obtener ahorros y mejorar los resultados no son mutuamente excluyentes; de hecho, diseñados de manera adecuada pueden ser sinérgicos.

El capítulo 3 **Health status** highlights the variations across countries in life expectancy, infant and childhood mortality and major causes of mortality and morbidity, including both communicable and non-communicable diseases.

El capítulo 4 sobre **Determinantes de la salud** se enfoca en los determinantes no médicos de la salud. Muestra la salud de madres e hijos, a través de la planificación familiar, bajo peso al nacer y lactancia materna. También incluye indicadores de estilos de vida y comportamiento como tabaquismo y consumo de alcohol, dieta poco saludable, sobrepeso y obesidad, y consumo de drogas, así como también sobre agua potable y saneamiento, y seguridad vial.

El capítulo 5 sobre **Recursos y actividades de salud** revisa algunos de los insumos, productos y resultados de los sistemas de salud. Esto incluye el número de médicos, enfermeras y camas de hospital, así como la provisión de servicios de atención médica primaria y secundaria, tales como consultas médicas y egresos hospitalarios, así como una gama de servicios relacionados con el embarazo, el parto y la infancia.

El capítulo 6 sobre **Gasto y financiación de la salud** examina las tendencias en el gasto en salud en los países LAC. Analiza cómo se pagan los servicios y bienes de salud, y la diferente combinación entre financiamiento público, seguros de salud privado, pagos directos de los hogares y recursos externos. También analiza las medidas de protección financiera, como el empobrecimiento debido a los pagos directos de la atención médica.

El capítulo 7 sobre ***Calidad en la atención de salud*** se basa en los indicadores utilizados en el programa de la OCDE sobre Indicadores de Calidad de la Atención de Salud para examinar las tendencias en la mejora de la calidad de la atención médica en los países de LAC.

Países de Latinoamérica y el Caribe

Para esta primera edición de *Panorama de la Salud: Latinoamérica y el Caribe 2020* se incluyeron 33 países de la región (ver Tabla 1). Los países fueron seleccionados en función de su ubicación geográfica en LAC, y si son estados soberanos.

Tabla 1. **Países de Latinoamérica y el Caribe incluidos y sus códigos ISO**

País	Código ISO	Country	Código ISO
Antigua y Barbuda	ATG	Guyana	GUY
Argentina	ARG	Haití	HTI
Bahamas	BHS	Honduras	HND
Barbados	BRB	Jamaica	JAM
Belice	BLZ	México	MEX
Bolivia	BOL	Nicaragua	NIC
Brasil	BRA	Panamá	PAN
Chile	CHL	Paraguay	PRY
Colombia	COL	Perú	PER
Costa Rica	CRI	San Cristóbal y Nieves	KNA
Cuba	CUB	Santa Lucía	LCA
Dominica	DMA	San Vicente y las Granadinas	VCT
República Dominicana	DOM	Surinam	SUR
Ecuador	ECU	Trinidad y Tobago	TTO
El Salvador	SLV	Uruguay	URY
Granada	GRD	Venezuela	VEN
Guatemala	GTM		

Selección y presentación de indicadores

Los indicadores se seleccionaron en función de su relevancia para monitorear el desempeño de los sistemas de salud, teniendo en cuenta la disponibilidad y comparabilidad de los datos existentes en la región de LAC. La publicación utiliza los datos administrativos y programáticos de rutina recopilados por la Organización Mundial de la Salud, el Grupo del Banco Mundial y la OCDE, así como encuestas especiales de población de países que recopilan información demográfica y de salud.

Los indicadores se presentan en forma de figuras amigables de leer más un texto explicativo. Cada uno de los temas tratados en esta publicación se presenta en dos páginas. La primera página define el indicador, proporciona comentarios breves que destacan los hallazgos clave transmitidos por los datos y proporciona algunas referencias clave. En la página de enfrente hay un conjunto de figuras. Por lo general, muestran los niveles actuales del indicador y, cuando es posible, las tendencias a lo largo del tiempo. En algunos casos, se incluye una cifra adicional que relaciona el indicador con otra variable. Cuando se incluye un promedio de la OCDE en una figura, es el promedio no ponderado de los países de la OCDE, a menos que se especifique lo contrario.

Las limitaciones en la comparabilidad de los datos se indican tanto en el texto (en el cuadro relacionado con "Definición y comparabilidad") como en las notas al pie de las figuras.

La situación de la salud y los sistemas de salud puede evolucionar rápidamente, posiblemente, incluso más en los países de ingresos bajos y medios que en los de ingresos altos. Por lo tanto, es importante tener en cuenta que algunos indicadores pueden no reflejar la situación más reciente para algunos países. Los autores han recopilado los últimos datos disponibles para que el panorama representado en cada capítulo y secciones de la publicación muestre el escenario más actualizado posible.

Indicadores de países LAC que son miembros o asociados a OCDE

Tres países de LAC son estados miembros de la OCDE: Chile, Colombia y México. El promedio de la OCDE incluye a Chile y México. Colombia no era miembro de la OCDE en el momento de la preparación de esta publicación. En consecuencia, Colombia no aparece en la lista de Miembros de la OCDE y no está incluida en los agregados de la zona.

El 15 de mayo de 2020, el Consejo de la OCDE invitó a Costa Rica a convertirse en miembro. Sin embargo, Costa Rica no está incluida en los agregados de la zona de la OCDE en esta publicación porque, en el momento de su preparación, el depósito del instrumento de adhesión de Costa Rica al Convenio de la OCDE estaba pendiente.

Argentina, Brasil y Perú son países socios de la OCDE.

Para estos siete países de LAC, algunas cifras en esta publicación consideraron los datos que se han informado directamente a la OCDE, en lugar de utilizar fuentes internacionales. Esto es para mantener la coherencia entre lo que se informa en otras publicaciones de la OCDE (por ejemplo, *Health at a Glance 2019*) y lo que está disponible en la base de datos en línea OECD Health Statistics en OECD.Stat (*https://oe.cd/ds/health-statistics*). Estas diferencias se observan en las notas al pie de las figuras correspondientes a lo largo de los capítulos.

Nota sobre la pandemia de COVID-19

Todos los datos presentados en este informe se recopilaron antes de la pandemia de COVID-19 que comenzó a principios de 2020. La única excepción corresponde a los datos sobre camas de unidades de cuidados intensivos en LAC y en países de la OCDE que se incluyeron en el Editorial.

Capítulo 1

Cobertura universal de salud y tableros de país

Este capítulo utiliza la Cobertura Universal en Salud como base para analizar un grupo de indicadores seleccionados sobre la salud de la población, los sistemas de salud y las desigualdades en salud en la región de Latinoamérica y el Caribe (LAC). Los tableros de países ilustran cómo se comparan los países LAC entre ellos y con la OCDE en cinco dimensiones: salud poblacional, cobertura y servicios, protección financiera, calidad de la atención, y desigualdad en salud. Esta visión general entrega una primera mirada de la situación en los países LAC, y establece vínculos y dependencias entre los indicadores que contiene el reporte completo.

Introducción

El objetivo de este capítulo es presentar un conjunto de indicadores clave relacionados con la salud de la población y la Cobertura Universal de Salud (CUS) que da estructura a la organización del informe y establece vínculos y dependencias entre los indicadores que contiene. La Tabla 1.1 muestra un resumen de los indicadores seleccionados.

Tabla 1.1. **Salud de la población y Cobertura Universal de Salud: resumen de indicadores**

Dimensión	Indicador
Salud de la población (Capítulos 3 y 4)	*Estado de salud* Esperanza de vida al nacer para mujeres y hombres (2017) Supervivencia hasta los 65 años para mujeres y hombres (2017) Tasa de mortalidad de menores de 5 años (2017) *Determinantes de la salud* Tabaquismo en personas de 15 años y más (2016) Consumo de alcohol en litros per cápita en personas de 15 años y más (2016) Prevalencia de sobrepeso en adultos (2016) Acceso a agua potable básica (2017) Acceso a servicios básicos de saneamiento (2017)
Cobertura y servicios (Capítulo 5)	Número de camas en hospitales por cada 1.000 habitantes (último año disponible) Médicos por cada 1.000 habitantes (último año disponible) Enfermeros por cada 1.000 habitantes (último año disponible) Psiquiatras por cada 100.000 habitantes (último año disponible) Madres que reciben al menos cuatro visitas prenatales durante el embarazo (último año disponible)
Protección financiera (Capítulo 6)	Gasto total en salud per cápita (2016) Proporción del gasto total en salud atribuido a los pagos de bolsillo (2016) Proporción de la población que sobre-gasta en salud (último año disponible) Proporción de la población que cae bajo la línea de la pobreza debido a gasto de bolsillo en salud (último año disponible)
Calidad de asistencia (Capítulo 7)	Cobertura de vacunación contra la difteria, el tétanos y la tos ferina (2017) Cobertura de inmunización contra el sarampión (2017) Indicadores netos de supervivencia a cinco años para el cáncer de mama (2010-14) Indicadores de supervivencia cruda a cinco años del cáncer cervicouterino (2010-14) Indicadores de supervivencia cruda a cinco años para el cáncer de colon (2010-14)
Desigualdad en salud (a lo largo de la publicación)	Diferencia entre el quintil más pobre y más rico de la población (último año disponible) para: Tasa de mortalidad de niños menores de 5 años (por cada 1.000) Prevalencia de anticoncepción, métodos modernos (% de mujeres de 15 a 49 años) Nacimientos atendidos por personal de salud calificado (% del total) Mujeres embarazadas que reciben atención prenatal de al menos cuatro visitas (% de mujeres embarazadas) Tratamiento de diarrea (% de niños menores de 5 años que recibieron SRO) Vacunación completa (% de niños de 15 a 23 meses)

Para cada dimensión, se presenta un conjunto de indicadores en forma de tableros de país. Los indicadores se seleccionan en función de su relevancia en cuanto a políticas de salud, pero también de la disponibilidad e interpretación de los datos. Por lo tanto, se priorizan los indicadores donde la cobertura es más alta.

Metodología, Interpretación y Uso

Tableros de país

Para permitir comparaciones del desempeño entre países, las medidas de tendencia central presentadas para todos los indicadores son las medianas. La clasificación de países cercanos a, mejores o peores que el promedio de los países de América Latina y el Caribe (ALC) se basa en la desviación estándar de un indicador (una medida estadística de dispersión común). Se prefiere este método a utilizar un porcentaje fijo o un número fijo de países por categoría, ya que refleja el grado de variación, es decir qué tan lejos está un país del promedio de los países de ALC. Los países se clasifican como "cercanos al promedio de ALC" (azul) siempre que el valor de un indicador esté dentro de la mitad de una desviación estándar del promedio de ALC del último año. Para un indicador típico, aproximadamente el 35% de los países (11-12 países) estarán cerca del promedio de la OCDE, y el 65% restante tendrá un rendimiento significativamente mejor (verde) o peor (rojo). Tomamos este enfoque ya que hay pocos valores atípicos en los datos y, en muchos casos, los países se distribuyen normalmente para los indicadores seleccionados.

Esta clasificación se aplica a todos los indicadores, con una advertencia para el tablero sobre la cobertura y los servicios: dada la naturaleza de los indicadores presentados, mientras que no pueden clasificarse como mejor o peor desempeño, las flechas simplemente implican que los valores son significativamente más altos o más bajos que la mediana cuando el número de países que están cerca del promedio de ALC es mayor (o menor), significa que la variación entre países es relativamente baja (o alta) para ese indicador.

Cobertura universal de la atención de salud

La cobertura universal de salud (CUS) se alcanza cuando todas las personas, comunidades y grupos sociales tienen acceso a los servicios de salud que necesitan, que estos servicios tienen un grado efectivo de calidad y que los usuarios no son vulnerables a las dificultades financieras debido al uso de dichos servicios (WHO and World Bank, 2017[1]).

A pesar del progreso reciente, la brecha mundial de CUS es significativa. En 2019, al menos la mitad de la población mundial todavía no tiene cobertura total de servicios de salud esenciales. La falta de protección financiera empuja a unos 100 millones de personas a la pobreza en todo el mundo como resultado de los pagos directos relacionados con la atención médica, y casi mil millones gastan más del 10% de los presupuestos del hogar en gastos relacionados con la salud. Los estados miembros de la ONU han acordado alcanzar la cobertura universal de salud para 2030, como parte de los Objetivos de Desarrollo Sostenible (ODS) (WHO and World Bank, 2017[1]).

Esta definición de la CUS incluye tres dimensiones relacionadas:

- Acceso a servicios de salud: todas las personas que necesitan servicios de salud deben poder recibir atención, independientemente de las características socioeconómicas, la ubicación, la riqueza o cualquier otra vulnerabilidad.
- Protección financiera: todas las personas deben estar a salvo del riesgo financiero al incurrir en gastos de atención médica, por lo tanto, se debe priorizar la asequibilidad del servicio y los mecanismos que facilitan el acceso a la atención.
- La calidad de los servicios de salud debe estar en un nivel en el que sea eficaz para proporcionar atención y también sea costo-efectivo y sostenible (OECD/WHO/World Bank Group, 2018[2]).

La CUS se basa firmemente en la constitución de la OMS de 1948 que declara que la salud es un derecho humano fundamental y en la agenda de Salud para Todos establecida por la declaración de Alma Ata en 1978. La CUS trasciende todos los ODS relacionados con la salud y establece el camino hacia una mejor salud en todo el mundo.

Muchos países ya están avanzando hacia la CUS. Todos los países pueden tomar medidas para avanzar más rápidamente hacia ella o para mantener los logros que ya han alcanzado. En los países donde los servicios de salud han sido tradicionalmente accesibles y asequibles, a los gobiernos les resulta cada vez más difícil responder a las necesidades de salud cada vez mayores de las poblaciones y al aumento de los costos de los servicios de salud.

Este capítulo también considera un factor importante que debe incluirse en cada discusión sobre la CUS: las desigualdades. Las brechas en la salud de la población y las tres dimensiones de la CUS experimentadas por diferentes grupos socioeconómicos varían en tamaño según el país, y debe ser una prioridad para los gobiernos reducir aún más las desigualdades existentes en todo el sistema de salud.

La publicación en su conjunto incorpora todos los elementos incluidos en el marco de la CUS para proporcionar una imagen completa del estado de salud de los países y de su progreso hacia el logro de una CUS sostenible. La combinación de los más de 200 indicadores incluidos en esta publicación ofrece al lector un sentido integral de la situación de un país y cómo se compara con relación a los otros.

Salud de la población

La CUS tiene como objetivo final la mejora del estado de salud y la reducción de los factores de riesgo en todos los grupos de población. Garantizar el acceso a los servicios, la calidad y la protección financiera son contribuyentes clave para mejorar la salud de la población, pero sabemos que varios otros factores sociales determinan el estado de salud final a nivel de la población. Los siguientes dos tableros ofrecen una visión general del estado de salud y los factores de riesgo para la salud utilizando una lista parcial de los indicadores discutidos en el Capítulo 3 (Estado de salud) y el Capítulo 4 (Determinantes de la salud).

Estado de salud

Los cinco indicadores presentados en este tablero ofrecen una visión general del estado de salud basada en indicadores de mortalidad. Esto incluye la esperanza de vida al nacer para mujeres y hombres (2017), la supervivencia hasta los 65 años para mujeres y hombres (2017) y la tasa de mortalidad de menores de 5 años (2017). Estos proporcionan una visión general de la situación de los países en términos de reducción de la mortalidad de adultos y menores de 5 años (ver Tabla 1.2).

Tabla 1.2. **Tablero sobre el estado de salud**

☑ Mejor que ◉ Cerca de ☒ Peor que....promedio de países LAC

País	Esperanza de vida al nacer (Mujeres)	Esperanza de vida al nacer (Hombres)	Supervivencia hasta los 65 años (Mujeres)	Supervivencia hasta los 65 años (Hombres)	Tasa de mortalidad en menores de 5 años
	En años	En años	%	%	Por 1.000 nacidos vivos
LAC31	77.4	71.6	83.2	73.8	18.6
OCDE36	83.4	78.1	90.9	84.1	4.5
Antigua y Barbuda	78.9 ◉	74.0 ☑	85.1 ◉	78.6 ☑	7.0 ☑
Argentina	80.4 ☑	73.0 ◉	87.8 ☑	76.8 ◉	10.4 ☑
Bahamas	78.8 ◉	72.7 ◉	83.7 ◉	73.7 ◉	7.2 ☑
Barbados	78.4 ◉	73.6 ☑	88.0 ☑	79.9 ☑	12.4 ◉
Belice	73.6 ☒	67.9 ☒	80.3 ☒	67.6 ☒	14.2 ◉
Bolivia	72.1 ☒	67.0 ☒	74.3 ☒	66.6 ☒	34.9 ☒
Brasil	79.3 ☑	72.1 ◉	85.2 ◉	73.4 ◉	14.8 ◉
Chile	83.1 ☑	77.4 ☑	89.0 ☑	83.5 ☑	7.4 ☑
Colombia	78.2 ◉	71.0 ◉	85.0 ◉	73.3 ◉	14.7 ◉
Costa Rica	82.9 ☑	77.8 ☑	90.1 ☑	83.6 ☑	9.0 ☑
Cuba	81.9 ☑	78.0 ☑	88.7 ☑	83.8 ☑	5.4 ☑

Tabla 1.2. **Tablero sobre el estado de salud** *(cont.)*

☑ Mejor que   ◉ Cerca de   ☒ Peor que....promedio de países LAC

País	Esperanza de vida al nacer (Mujeres)	Esperanza de vida al nacer (Hombres)	Supervivencia hasta los 65 años (Mujeres)	Supervivencia hasta los 65 años (Hombres)	Tasa de mortalidad en menores de 5 años
	En años	En años	%	%	Por 1.000 nacidos vivos
República Dominicana	77.3 ◉	71.0 ◉	81.5 ◉	71.1 ◉	29.9 ☒
Ecuador	79.3 ☑	73.9 ☑	85.9 ☑	77.4 ☑	14.5 ◉
El Salvador	78.1 ◉	69.1 ☒	84.3 ◉	67.1 ☒	14.5 ◉
Granada	76.3 ◉	71.4 ◉	84.2 ◉	72.6 ◉	16.7 ◉
Guatemala	76.8 ◉	70.4 ◉	82.1 ◉	71.1 ◉	27.6 ☒
Guyana	69.2 ☒	64.5 ☒	72.1 ☒	62.3 ☒	31.3 ☒
Haití	65.8 ☒	61.4 ☒	67.1 ☒	59.0 ☒	71.7 ☒
Honduras	76.3 ◉	71.2 ◉	81.2 ◉	73.7 ◉	18.2 ◉
Jamaica	78.5 ◉	73.7 ☑	85.0 ◉	77.4 ☑	15.2 ◉
México	77.9 ◉	72.9 ◉	86.4 ☑	78.8 ☑	13.4 ◉
Nicaragua	78.6 ◉	72.6 ◉	83.6 ◉	73.9 ◉	17.2 ◉
Panamá	81.3 ☑	75.3 ☑	87.3 ☑	78.6 ☑	16.1 ◉
Paraguay	75.5 ☒	71.1 ◉	80.2 ☒	73.8 ◉	21.0 ◉
Perú	77.9 ◉	72.6 ◉	84.6 ◉	76.3 ◉	15.0 ◉
Santa Lucía	78.4 ◉	73.0 ◉	83.7 ◉	75.1 ◉	16.6 ◉
San Vicente y las Granadinas	75.6 ◉	71.2 ◉	80.8 ◉	74.1 ◉	16.0 ◉
Surinam	74.9 ☒	68.4 ☒	80.7 ☒	67.6 ☒	20.0 ◉
Trinidad y Tobago	74.4 ☒	67.4 ☒	79.8 ☒	66.9 ☒	26.0 ☒
Uruguay	81.0 ☑	74.0 ☑	87.4 ☑	79.0 ☑	8.0 ☑
Venezuela	78.9 ◉	70.8 ◉	84.9 ◉	72.6 ◉	31.0 ☒

Determinantes de la salud

Los cinco indicadores presentados en este tablero ofrecen una visión general de la prevalencia de tres factores de riesgo o comportamientos (tabaquismo entre las personas de 15 años y más – 2016, el consumo de alcohol en litros per cápita entre las personas de 15 años y más – 2016, y la prevalencia de sobrepeso entre adultos – 2016) y de factores ambientales que afectan la salud (acceso al agua potable básica – 2017 y acceso al saneamiento básico – 2017) (ver Tabla 1.3).

Tabla 1.3. **Tablero sobre los determinantes de la salud**

☑ Mejor que   ◉ Cerca de   ☒ Peor que...promedio de países LAC

País	Saneamiento básico	Acceso a agua potable	Tabaquismo	Consumo de alcohol	Adultos con sobrepeso	
	% de la población	% de la población	% de fumadores diarios	Litros per cápita	% de la población masculina	% de la población femenina
LAC33	86	95	16	6	36	32
OCDE36	99	100	18	9	41	29
Antigua y Barbuda	88 ◉	97 ◉	..	7 ◉	29 ☑	30 ☑
Argentina	96 ☑	100 ☑	22 ☒	10 ☒	39 ☒	30 ☑
Bahamas	95 ☑	99 ☑	12 ◉	4 ☑	36 ◉	30 ☑
Barbados	97 ☑	98 ◉	8 ☑	10 ☒	30 ☑	29 ☑
Belice	88 ◉	98 ◉	..	7 ◉	32 ☑	30 ☑
Bolivia	61 ☒	93 ◉	..	5 ☑	38 ◉	34 ☒
Brasil	88 ◉	98 ◉	10 ◉	7 ◉	39 ☒	30 ☑

Tabla 1.3. **Tablero sobre los determinantes de la salud** *(cont.)*

☑ Mejor que ◉ Cerca de ☒ Peor que…promedio de países LAC

País	Saneamiento básico % de la población	Acceso a agua potable % de la población	Tabaquismo % de fumadores diarios	Consumo de alcohol Litros per cápita	Adultos con sobrepeso % de la población masculina	Adultos con sobrepeso % de la población femenina
Chile	100 ☑	100 ☑	25 ☒	8 ☒	49 ☒	44 ☒
Colombia	90 ◉	97 ◉	13 ◉	5 ☑	39 ☒	35 ☒
Costa Rica	98 ☑	100 ☑	5 ☑	4 ☑	39 ☒	33 ◉
Cuba	93 ☑	95 ◉	35 ☒	6 ◉	36 ◉	32 ◉
Dominica	..	..	..	..	35 ◉	30 ☑
República Dominicana	84 ◉	97 ◉	14 ◉	7 ◉	36 ◉	31 ◉
Ecuador	88 ◉	94 ◉	7 ☑	4 ☑	38 ◉	35 ☒
El Salvador	87 ◉	97 ◉	11 ◉	4 ☑	38 ☒	33 ◉
Granada	91 ◉	96 ◉	..	9 ☒	30 ☑	30 ☑
Guatemala	65 ☒	94 ◉	..	3 ☑	36 ◉	34 ◉
Guyana	86 ◉	96 ◉	..	6 ◉	29 ☑	30 ☑
Haití	35 ☒	65 ☒	13 ◉	6 ◉	33 ◉	31 ◉
Honduras	81 ◉	95 ◉	..	4 ☑	36 ◉	33 ◉
Jamaica	87 ◉	95 ◉	17 ◉	4 ☑	32 ☑	30 ☑
México	91 ◉	99 ☑	8 ☑	4 ☑	45 ☒	43 ☒
Nicaragua	74 ☒	82 ☒	..	5 ☑	37 ◉	32 ◉
Panamá	83 ◉	96 ◉	6 ☑	8 ☒	38 ◉	34 ◉
Paraguay	90 ◉	100 ☑	13 ◉	7 ◉	37 ◉	30 ☑
Perú	74 ☒	91 ☒	..	6 ◉	40 ☒	36 ☒
San Cristóbal y Nieves	88 ◉	98 ◉	..	9 ☒	30 ☑	29 ☑
Santa Lucía	87 ◉	95 ◉	..	10 ☒	27 ☑	29 ☑
San Vicente y las Granadinas	..	..	..	..	32 ☑	30 ☑
Surinam	84 ◉	95 ◉	25 ☒	5 ☑	35 ◉	31 ◉
Trinidad y Tobago	93 ☑	98 ◉	..	8 ☒	26 ☑	29 ☑
Uruguay	97 ☑	99 ☑	17 ◉	11 ☒	40 ☒	30 ☑
Venezuela	94 ☑	96 ◉	..	6 ◉	41 ☒	35 ☒

Cobertura y servicios

El tablero que ilustra el progreso en la dimensión de cobertura y servicios utiliza un indicador de disponibilidad de infraestructura médica (número de camas en hospitales por cada 1.000 habitantes – último año disponible), tres indicadores de disponibilidad de recursos humanos (médicos por cada 1.000 habitantes – último año disponible, enfermeros por cada 1.000 habitantes – último año disponible y psiquiatras por cada 1.000 habitantes – último año disponible) y un indicador de cobertura para servicios de salud materno-infantil (madres que reciben al menos cuatro visitas prenatales durante el embarazo – último año disponible) (ver Tabla 1.4).

Tabla 1.4. **Tablero sobre cobertura y servicios**

☑ Mejor que ◉ Cerca de ☒ Peor que…promedio de países LAC

País	Camas en hospitales Por cada 1.000 habitantes	Médicos Por cada 1.000 habitantes	Enfermeros Por cada 1.000 habitantes	Psiquiatras Por cada 100.000 habitantes	Visitas prenatales % de embarazadas con al menos cuatro visitas prenatales durante la gestación
LAC33	2.1	2.0	2.8	3.4	87
OCDE36	4.7	3.5	8.8	16.8	..
Antigua y Barbuda	3.8 ☑	3.0 ☑	4.5 ☑	1.0 ☒	83 ◉
Argentina	5.0 ☑	4.0 ☑	2.6 ☒	21.7 ☑	90 ◉
Bahamas	2.9 ☑	2.0 ◉	4.6 ☑	1.4 ☒	83 ◉
Barbados	5.8 ☑	2.5 ◉	3.1 ☑	..	98 ☑
Belice	1.3 ☒	1.1 ☒	2.3 ☒	..	93 ☑
Bolivia	1.1 ☒	1.6 ◉	1.6 ☒	1.1 ☒	85 ◉
Brasil	2.3 ◉	1.8 ◉	1.5 ☒	3.2 ◉	91 ◉
Chile	2.1 ◉	2.5 ◉	2.7 ◉	7.0 ☑	..
Colombia	1.7 ◉	2.2 ◉	1.3 ☒	1.8 ☒	90 ◉
Costa Rica	1.1 ☒	3.1 ☑	3.4 ☑	3.9 ☑	98 ☑
Cuba	5.2 ☑	8.4 ☑	7.6 ☑	9.1 ☑	98 ☑
Dominica	..	1.1 ☒	6.4 ☑	..	85 ◉
República Dominicana	1.6 ◉	1.5 ◉	1.4 ☒	2.3 ☒	95 ☑
Ecuador	1.5 ◉	2.0 ◉	2.5 ☒	0.5 ☒	80 ☒
El Salvador	1.3 ☒	1.6 ◉	1.8 ☒	0.9 ☒	82 ☒
Granada	3.7 ☑	1.4 ◉	6.3 ☑	1.9 ☒	67 ☒
Guatemala	0.6 ☒	0.4 ☒	0.1 ☒	0.5 ☒	86 ◉
Guyana	1.6 ◉	0.8 ☒	1.0 ☒	0.9 ☒	87 ◉
Haití	0.7 ☒	0.2 ☒	0.7 ☒	0.1 ☒	67 ☒
Honduras	0.7 ☒	0.3 ☒	0.7 ☒	0.7 ☒	89 ◉
Jamaica	1.7 ◉	1.3 ◉	0.8 ☒	1.1 ☒	86 ◉
México	1.4 ☒	2.4 ◉	2.9 ◉	0.2 ☒	94 ☑
Nicaragua	0.9 ☒	1.0 ☒	1.5 ☒	0.7 ☒	88 ◉
Panamá	2.3 ◉	1.6 ◉	3.1 ☑	4.0 ☑	99 ☑
Paraguay	1.3 ☒	1.4 ◉	1.7 ☒	..	78 ☒
Perú	1.6 ◉	1.3 ◉	2.4 ☒	2.9 ☒	94 ☑
San Cristóbal y Nieves	..	2.7 ◉	4.2 ☑	5.5 ☑	..
Santa Lucía	1.3 ☒	0.6 ☒	3.2 ☑	0.6 ☒	90 ◉
San Vicente y las Granadinas	..	0.7 ☒	7.0 ☑	..	73 ☒
Surinam	3.1 ☑	1.2 ☒	2.8 ◉	1.3 ☒	67 ☒
Trinidad y Tobago	3.0 ☑	4.2 ☑	4.1 ☑	..	100 ☑
Uruguay	2.8 ◉	5.1 ☑	1.9 ☒	14.1 ☑	97 ☑
Venezuela	0.8 ☒	1.9 ◉	0.9 ☒	..	84 ◉

Protección financiera

Los indicadores aquí incluidos proporcionan una visión general del nivel de gasto de los países de la región (que se muestra como gasto general en salud per cápita – 2016 y la proporción del gasto total en salud que se atribuye a los pagos directos de bolsillo – 2016) y la prevalencia de vulnerabilidad financiera que existe en los países (se muestra como la proporción de la población que gasta en exceso en salud, último año disponible, y la proporción de la población que está siendo llevada por los gastos de salud a la línea de pobreza -definida como la mayor entre la línea de pobreza de USD 1.90 (USD PPP 2011) y el 50% de la línea de pobreza de consumo medio-, último año disponible) (ver Tabla 1.5).

Tabla 1.5. **Tablero de Protección Financiera**

☑ Mejor que ◉ Cerca de ☒ Peor que promedio de países LAC

País	Gasto en salud per capita	Gasto de bolsillo en salud	Población que gasta más del 10% de su presupuesto como gasto de bolsillo en salud	Población que cae bajo la línea de la pobreza debido a gasto de bolsillo en salud
	USD PPA, per cápita	Proporción del gasto en salud	%	%
LAC33	1026	34	7.8	1.7
OCDE36	3994	21	6.0	1.2
Antigua y Barbuda	1071 ◉	35 ◉	..	..
Argentina	1907 ☑	15 ☑	..	..
Bahamas	1746 ☑	31 ◉	2.7 ☑	0.1 ☑
Barbados	1317 ◉	46 ☒	16.4 ☒	1.4 ◉
Belice	473 ☒	24 ☑	..	..
Bolivia	480 ☒	25 ☑	6.0 ◉	1.7 ◉
Brasil	1280 ◉	27 ☑	..	..
Chile	2182 ☑	34 ◉	14.6 ☒	2.6 ☒
Colombia	960 ◉	16 ☑	8.2 ◉	1.8 ◉
Costa Rica	1285 ◉	22 ☑	9.8 ◉	1.2 ◉
Cuba	2484 ☑	10 ☑	..	..
Dominica	636 ☒	31 ◉	..	..
República Dominicana	978 ◉	45 ☒	..	..
Ecuador	954 ◉	39 ◉	10.3 ☒	2.4 ☒
El Salvador	582 ☒	29 ◉	1.7 ☑	0.4 ☑
Granada	714 ◉	52 ☒	..	..
Guatemala	470 ☒	54 ☒	1.4 ☑	0.4 ☑
Guyana	385 ☒	32 ◉	..	..
Haití	83 ☒	40 ◉	11.5 ☒	3.3 ☒
Honduras	373 ☒	49 ☒	..	..
Jamaica	532 ☒	17 ☑	..	..
México	1138 ◉	41 ☒	1.6 ☑	0.8 ☑
Nicaragua	468 ☒	33 ◉	14.8 ☒	5.2 ☒
Panamá	1786 ☑	33 ◉	..	..
Paraguay	864 ◉	44 ☒	7.1 ◉	1.4 ◉
Perú	680 ☒	28 ◉	9.2 ◉	1.4 ◉
San Cristóbal y Nieves	1442 ☑	48 ☒	..	..
Santa Lucía	661 ☒	45 ☒	..	..
San Vicente y las Granadinas	522 ☒	31 ◉	..	..
Surinam	944 ◉	26 ☑	4.9 ☒	..
Trinidad y Tobago	2206 ☑	40 ◉	3.9 ☑	1.0 ☑
Uruguay	2102 ☑	18 ☑	..	..
Venezuela	141 ☒	63 ☒	..	..

Calidad de la atención

El panel de control de calidad de la atención incluye dos indicadores de cobertura de vacunación (difteria, toxoide tetánico y tos ferina, DTP3 – 2017 y sarampión, MCV1 – 2017) y tres indicadores de supervivencia neta de cáncer a cinco años (mama – 2010-14, cervical – 2010-14 y colon – 2010-14).

Las brechas en la disponibilidad de datos para estos y otros indicadores de calidad siguen siendo sustanciales en la región (ver Tabla 1.6).

Tabla 1.6. **Tablero Calidad de la atención**

☑ Mejor que ◉ Cerca de ☒ Peor que…promedio de países LAC

País	Cobertura de vacunación DTP3 % de la población de 1 año de edad	Cobertura de vacunación MCV1 % de la población de 1 año de edad	Cáncer de mama Tasa de supervivencia a cinco años	Cáncer cervicouterino Tasa de supervivencia a cinco años	Cáncer de colon Tasa de supervivencia a cinco años
LAC33	90	90	78	60	52
OCDE36	95	95	84	66	62
Antigua y Barbuda	95 ☑	96 ☑	..	..	..
Argentina	86 ◉	94 ◉	84 ☑	53 ☒	54 ◉
Bahamas	90 ◉	89 ◉	..	..	..
Barbados	95 ☑	85 ☒	..	..	..
Belice	96 ☑	97 ☑	..	..	..
Bolivia	83 ☒	89 ◉	..	..	..
Brasil	83 ☒	84 ☒	75 ☒	60 ◉	48 ◉
Chile	95 ☑	93 ◉	76 ☒	57 ◉	44 ☒
Colombia	92 ◉	93 ◉	72 ☒	49 ☒	35 ☒
Costa Rica	94 ◉	94 ◉	87 ☑	78 ☑	60 ☑
Cuba	99 ☑	99 ☑	75 ☒	73 ☑	64 ☑
Dominica	94 ◉	84 ☒	..	..	..
República Dominicana	94 ◉	95 ☑	..	..	..
Ecuador	85 ☒	83 ☒	76 ☒	52 ☒	48 ◉
El Salvador	81 ☒	81 ☒	..	..	..
Granada	96 ☑	84 ☒	..	..	..
Guatemala	86 ◉	87 ◉	..	..	..
Guyana	95 ☑	98 ☑	..	..	..
Haití	64 ☒	69 ☒	..	..	..
Honduras	90 ◉	89 ◉	..	..	..
Jamaica	97 ☑	89 ◉	..	..	..
México	88 ◉	97 ☑	..	..	..
Nicaragua	98 ☑	99 ☑	..	..	..
Panamá	88 ◉	98 ☑	..	..	..
Paraguay	88 ◉	93 ◉	..	..	..
Perú	84 ☒	85 ☒	82 ☒	57 ◉	59 ☑
San Cristóbal y Nieves	97 ☑	96 ☑	..	..	..
Santa Lucía	95 ☑	86 ☒	..	..	..
San Vicente y las Granadinas	97 ☑	99 ☑	..	..	..
Surinam	95 ☑	98 ☑	..	..	..
Trinidad y Tobago	99 ☑	90 ◉	..	..	..
Uruguay	91 ◉	97 ☑	..	57 ◉	54 ◉
Venezuela	60 ☒	74 ☒	..	..	..

Desigualdad en salud

Finalmente, este tablero ilustra otra consideración importante necesaria para medir el progreso de un país hacia la CUS: el nivel de desigualdad experimentado por los grupos de población en su estado de salud y sus determinantes de salud, así como en las tres dimensiones de la CUS exploradas anteriormente. Este tablero muestra la diferencia promedio entre el quintil de ingresos más pobre y el más rico para cada indicador en cada país de ALC y los compara con el promedio regional. Si la diferencia es mayor que el promedio, se muestra un icono rojo, mientras que se muestra uno verde cuando la diferencia es menor que el promedio. Los datos comparables internacionales disponibles para este tablero se tomaron de la base de datos de los Indicadores de Equidad y Protección Financiera (World Bank, 2019[3]).

Tabla 1.7. **Tablero sobre las desigualdades en salud**

☑ Mejor que ◉ Cerca de ☒ Peor que…promedio de países LAC

País	Tasa de mortalidad en menores de 5 años — Diferencia entre quintiles de ingresos más bajo y más alto, número de muertes por 1000 nacidos vivos	Prevalencia de anticoncepción, métodos modernos (% de mujeres entre 15 y 49 años) — Diferencia entre quintiles de ingresos más bajo y más alto, en %	Nacimientos atendidos por personal de salud calificado (% del total) — Diferencia entre quintiles de ingresos más bajo y más alto, en %	Mujeres embarazadas que reciben al menos cuatro visitas prenatales (% de mujeres embarazadas) — Diferencia entre quintiles de ingresos más bajo y más alto, en %	Tratamiento de diarrea (% de niños menores de 5 años que recibieron SRO*) — Diferencia entre quintiles de ingresos más bajo y más alto, en %	Vacunación completa (% de niños entre 15 y 23 meses) — Diferencia entre quintiles de ingresos más bajo y más alto, en %
LAC (países disponibles)	21.3	9.4	15.6	12.2	8.7	11.0
Barbados	..	9.9 (2012) ◉	..	..	..	..
Belice	17.7 (2016) ◉	15.8 (2015) ☒	6.8 (2012) ◉	2.7 (2015) ☑	..	13.1 (2015) ◉
Colombia	20.3 (2016) ◉	3.5 (2015) ☑	10.8 (2015) ◉	167.0 (2015) ☒	..	◉
República Dominicana	7.9 (2015) ☑	0.1 (2014) ☑	1.5 (2014) ☑	4.3 (2014) ☑	13.4 (2014) ☒	11.3 (2014) ◉
El Salvador	17.5 (2015) ◉	4.7 (2014) ☑	5.5 (2014) ◉	12.5 (2014) ◉	3.1 (2014) ☑	11.7 (2014) ◉
Guatemala	36.0 (2015) ☒	29.7 (2014) ☒	56.8 (2014) ☒	14.2 (2014) ◉	5.9 (2014) ◉	16.0 (2014) ◉
Guyana	8.7 (2015) ☑	4.3 (2014) ☑	20.2 (2014) ◉	8.3 (2014) ◉	..	6.1 (2014) ◉
Haití	41.6 (2013) ☒	..	68.9 (2014) ☒	35.8 (2016) ☒	12.1 (2016) ☒	39.9 (2016) ☒
Honduras	18.7 (2012) ◉	12.2 (2011) ◉	7.1 (2016) ◉	16.3 (2011) ◉	9.9 (2011) ◉	2.0 (2011) ◉
Jamaica	..	..	3.5 (2010) ◉	13.3 (2011) ◉	..	20.0 (2011) ☒
México	..	10.2 (2015) ◉	5.7 (2010) ◉	9.9 (2015) ◉	0.9 (2015) ☑	0.3 (2012) ☑
Panamá	..	16.1 (2013) ☒	27.9 (2015) ☒	22.6 (2013) ☒	4.5 (2013) ☑	3.4 (2013) ◉
Paraguay	25.0 (2016) ◉	8.4 (2016) ◉	12.1 (2013) ◉	13.0 (2016) ◉	9.2 (2016) ◉	3.7 (2016) ◉
Perú	19.3 (2016) ◉	12.2 (2016) ◉	14.2 (2016) ◉	8.4 (2016) ◉	19.4 (2016) ☒	3.9 (2016) ◉
Santa Lucía	..	5.2 (2012) ☑	..	..	..	..
Surinam	..	23.2 (2010) ☒	11.8 (2016) ◉	9.6 (2010) ◉	..	..
Trinidad y Tobago	..	2.7 (2011) ☑	1.6 (2010) ◉	2.4 (2011) ☑	..	..
Uruguay	..	..	1.1 (2011) ☑	4.3 (2012) ☑	..	..

* SRO: sales de rehidratación oral.

Referencias

[2] OECD/WHO/World Bank Group (2018), *Delivering Quality Health Services: A Global Imperative*, World Health Organization, Geneva 27, *https://dx.doi.org/10.1787/9789264300309-en*.

[1] WHO and World Bank (2017), *Tracking universal health coverage: 2017 global monitoring report: executive summary*, World Health Organization and International Bank for Reconstruction and Development / The World Bank, *https://apps.who.int/iris/bitstream/handle/10665/260522/WHO-HIS-HGF-17.2-eng.pdf?sequence=1* (accessed on 27 September 2019).

[3] World Bank (2019), *Health Equity and Financial Protection Indicators (HEFPI)*, *http://datatopics.worldbank.org/health-equity-and-financial-protection/* (accessed on 19 November 2019).

Capítulo 2

Identificar y abordar el malgasto en los sistemas de salud de Latinoamérica y el Caribe

Movilizar recursos adicionales para el financiamiento de la salud en Latinoamérica y el Caribe (LAC) es necesario para alcanzar una cobertura universal en salud de alta calidad. Sin embargo, los países de LAC deben balancear inversiones en sus sistemas de salud con otras necesidades en un contexto de limitados fondos públicos y prioridades en competencia. Este capítulo se centra en la importancia de reducir el malgasto en los sistemas de salud, particularmente en las áreas de atención clínica, operación y gobernanza. Abordar el malgasto en los sistemas de salud implica revisar las estructuras, regulaciones, servicios y procesos que son dañinos o no brindan los beneficios esperados, así como costos que podrían evitarse al sustituirse por alternativas más baratas, con idénticos o mejores beneficios. Los formuladores de políticas y gestores en LAC deben considerar la reducción del malgasto como una herramienta a su disposición para construir sistemas de salud más sostenibles y de mayor calidad. En LAC, gastar mejor en salud es tan importante como gastar más. Sin necesidad de recortar gasto o incluso en momentos de incremento del gasto público, ser más eficiente y alcanzar mejores resultados para las personas puede ser una estrategia de refuerzo mutuo si el diseño es el adecuado para que sean sinérgicos.

Introducción

Entendiendo el malgasto en salud en Latinoamérica y el Caribe

Si bien el gasto en salud ha aumentado en LAC, este sigue siendo muy inferior al de los países de la OCDE y depende más del gasto privado. El camino hacia una cobertura universal en salud de alta calidad requiere la expansión del gasto público en salud en la mayoría de los países. Sin embargo, gastar mejor en salud es tan importante como gastar más. El aumento de la eficiencia y la reducción del malgasto en los sistemas de salud deben ser temas prioritarios en la agenda de todos los países, incluso teniendo en cuenta las diferencias en las perspectivas económicas y epidemiológicas. El punto central es que los sistemas de salud deben ofrecer el mejor valor posible a las personas, lo que incluye no solo la mejor atención posible para abordar sus necesidades y preferencias, sino también al menor costo posible. En LAC, esto coincide con un crecimiento constante de las clases medias, lo que ha elevado las expectativas de las personas en términos de cobertura y calidad de los servicios de salud (OCDE et al., 2019[1]), imponiendo más presión a los presupuestos de salud.

El malgasto en salud se puede definir como los recursos destinados a: i) servicios y procesos que son dañinos o que no entregan beneficios; y ii) costos que se podrían evitar al sustituir por alternativas más baratas con beneficios idénticos o mayores (OCDE, 2017[2]). En ningún caso debe ser mal entendido como reducir o hacer recortes en el gasto en salud. De hecho, el malgasto en salud puede y debe ser abordado tanto en momentos de incremento como de reducción del presupuesto del sector salud, como una manera de movilizar los recursos necesarios para obtener los mejores resultados en salud.

Limitar el malgasto significa que el sistema de salud es capaz de movilizar suficientes recursos y gastarlos entregando el mayor valor posible para mejorar la salud de la población, en un contexto de altas expectativas por mejores servicios, grandes limitaciones fiscales, y presiones financieras continuas provenientes del desarrollo tecnológico y el envejecimiento poblacional. En el corto plazo, bajos niveles del malgasto son una manera de liberar capacidad financiera para otros desafíos y aumentar la voluntad social para movilizar recursos adicionales para salud. A largo plazo, esto garantiza la sostenibilidad y la resiliencia frente a la escasez de recursos actual o futura, o ante los problemas emergentes y shocks en el sistema de salud.

Se estima que en países como los EE UU. o Australia, se desperdician alrededor del 20 al 30% de todos los recursos del sector de la salud (OCDE, 2017[2]). La limitación de datos ha dificultado dicho análisis en LAC, pero la evidencia disponible sugiere que se desperdicia una proporción muy significativa de recursos. Por ejemplo, en 2009, se estimó que el 19% de todas las hospitalizaciones eran evitables, lo que representa un ahorro potencial del 1.5% del gasto total en salud relacionado solo con esta dimensión específica de los malgastos (Guanais, Gómez-Suárez and Pinzón, 2012[3]). La mayoría de los países de LAC todavía dependen principalmente de la atención curativa, especializada y hospitalaria más costosa, en lugar de la atención preventiva (Pinto et al., 2018[4]). Además, la mayoría de los países de LAC aún no han logrado resultados óptimos y todavía están en el proceso de mejorar el acceso y la cobertura de la atención. Existe un potencial suficiente tanto para el ahorro como para la mejora de los resultados en la región, y los dos no son mutuamente excluyentes, sino que en realidad pueden ser sinérgicos.

La Figura 2.1 ilustra las tres dimensiones de los malgastos causados por el bajo valor y el alto costo, lo que lleva a ejemplos concretos de ineficiencia (OCDE, 2017[2]). Primero, los pacientes se ven perjudicados innecesariamente o reciben atención innecesaria o de bajo valor que hace poca o ninguna diferencia en sus resultados de salud, y en algunos casos puede incluso ser dañino (por ej. cuando los hospitales son vectores de infección). Este tipo de malgasto se produce a nivel clínico y es el que tiene el mayor impacto en la salud, ya que la atención de bajo valor dificulta la recuperación y el bienestar de los pacientes. En segundo lugar, se pueden lograr los mismos resultados con menos recursos. Por ejemplo, algunos sistemas de salud hacen muy poco uso de medicamentos genéricos; otros brindan atención en lugares de uso intensivo de recursos, como hospitales, cuando podría brindarse en la comunidad. Tercero, varios procesos administrativos no agregan valor y se pierden fondos por fraude y corrupción. Este tipo de malgasto ocurre fuera del nivel clínico, producido por procesos defectuosos originalmente establecidos para contribuir al buen funcionamiento del sistema de salud. El impacto asociado con este tipo de malgasto aumenta más a medida que se producen en mayor cantidad. Cuanto mayor es la corrupción y el fraude, más desafiantes se vuelven para enfrentarlos.

Figura 2.1. **Un enfoque pragmático para identificar y clasificar el malgasto en salud**

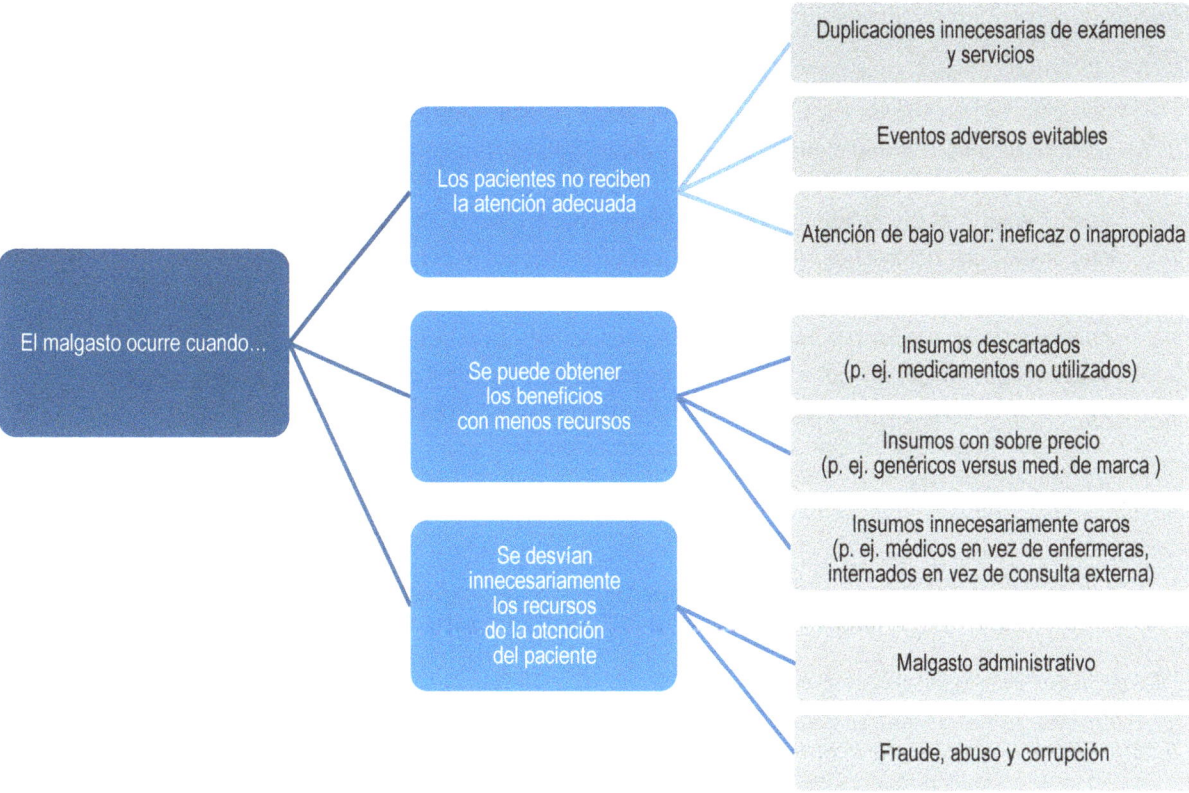

Fuente: Adaptado de OECD (2017[2]), *Tackling Wasteful Spending on Health*, https://dx.doi.org/10.1787/9789264266414-en.

Es importante comprender que algunos malgastos no se producen de manera inorgánica y por casualidad. A menudo, es realizado o al menos respaldado por instituciones o procesos defectuosos que se han vuelto intrínsecamente dependientes o ineficientes en diferentes niveles del sistema de salud. Dicha estructura producirá más de estos procesos y perpetuará las prácticas e instituciones desequilibradas. Por otro lado, un cierto grado de malgasto es inevitable e incluso los sistemas de salud más transparentes, avanzados y exhaustivos llevarán a cabo procesos derrochadores. La construcción de un sistema de salud eficiente no se trata de gastar una gran cantidad de recursos para eliminar el malgasto, sino de implementar mecanismos para identificarlos más oportunamente y tener la capacidad de actuar para reducirlo. Un sistema verdaderamente eficiente es dinámico y flexible, y permite ajustes para el beneficio de los pacientes y su propia sostenibilidad (OCDE, 2017[2]).

El malgasto se ha abordado en LAC principalmente como parte de políticas de sostenibilidad financiera, pero aún no se han evaluado exhaustivamente

Para abordar eficaz e integralmente el malgasto, los actores del sector salud deben incorporarlo a la agenda con un enfoque prioritario que abarca todo el sistema. Es probable que los tomadores de decisiones, profesionales y pacientes en LAC ya estén preocupados por la eficiencia en diferentes grados, pero aún existen herramientas a su disposición para avanzar en la eliminación del malgasto.

La Encuesta de Características del Sistema de Salud de LAC (Lorenzoni et al., 2019[5]) tuvo como objetivo registrar los arreglos administrativos establecidos por los países en sus sistemas de salud. Uno de los elementos explorados es la existencia de mecanismos para contener el gasto público en salud. Catorce países establecieron límites máximos para el gasto en varios actores del sistema de salud (niveles de gobierno, seguros, etc.). Los límites presupuestarios son establecidos por la autoridad presupuestaria central (usualmente el Ministerio de Finanzas) y deben ser aprobados por el Parlamento o un cuerpo legislativo equivalente. Trece de estos países tienen un sistema de alerta temprana que les notifica si los gastos pueden exceder los límites máximos.

Existen varias medidas para responder a los presupuestos que exceden los límites máximos iniciales. La mayoría de los países, excepto Brasil, Costa Rica y Panamá, realizan asignaciones presupuestarias suplementarias. Otras medidas incluyen aumentos de déficit en niveles sub-nacionales de gobierno y proveedores, y recortes en la adquisición de medicamentos. Es fundamental que los países establezcan mecanismos para gestionar los gastos y garantizar la responsabilidad institucional, en adición a reaccionar a los sobregastos del presupuesto.

A medida que los presupuestos de salud enfrentan presiones crecientes, algunos países de LAC han confrontado crecientes deudas con diferentes actores en el sistema, por ejemplo, con hospitales y entidades que proporcionan bienes y servicios a hospitales o centros de atención primaria (p. ej. empresas farmacéuticas, laboratorio o servicios radiológicos). En el Cuadro 2.1 se proporcionan ejemplos de medidas recientes de reducción de malgastos relacionadas con la deuda en Colombia y Chile.

Cuadro 2.1. **Medidas recientes relacionadas al malgasto en LAC que aún no han sido evaluadas exhaustivamente**

'Acuerdo de Punto Final' en Colombia

El 'Acuerdo de Punto Final' en Colombia se centra en reducir la deuda de los hospitales públicos. Los hospitales públicos han acumulado una gran deuda del gobierno central a través de las aseguradoras privadas de salud del país (Entidades Promotoras de Salud, EPS). El plan comenzó con el pago de más de 0.5 mil millones de dólares a los proveedores. Este pago de la deuda permitiría a los proveedores mejorar sus recursos humanos, infraestructura y tecnologías.

El acuerdo también incluye una serie de medidas dirigidas directamente a la reducción de malgastos, a fin de evitar una mayor acumulación de deuda. Esto incluye la actualización del Plan de Beneficios de Salud (PBS), el control de los precios de los medicamentos, la compra centralizada de productos médicos y otros ajustes administrativos y organizativos para agilizar los procesos y mecanismos.

Reducción de la deuda hospitalaria en Chile

Chile ha implementado iniciativas para reducir la deuda contraída con entidades que proporcionan bienes y servicios a instituciones públicas como hospitales, las que se han acumulado en la presente década. En 2019, la aseguradora

> Cuadro 2.1. **Medidas recientes relacionadas al malgasto en LAC que aún no han sido evaluadas exhaustivamente** *(cont.)*
>
> pública FONASA (Fondo Nacional de Salud) ha prestado especial atención para garantizar que tanto los fondos básicos como los adicionales no se utilicen para cubrir otras necesidades a fin de reducir los retrasos en los pagos a estos proveedores.
>
> Se describe que los esfuerzos para reducir la deuda existente incluyen una mayor capacidad para operar con mayor eficiencia. Estas medidas han sido acordadas con los proveedores y ahora los mecanismos de pago tendrán en cuenta la eficiencia producida por los hospitales. Otras medidas incluyen la reducción de las actividades hospitalarias fuera del horario laboral, aumentar la centralización de las compras de medicamentos a través de la Central Nacional de Abastecimiento (CENABAST) y el apoyo técnico desde el nivel central a los hospitales menos eficientes.
>
> Los planes y políticas previamente descritas aún deben evaluarse en el corto y largo plazo, considerando una perspectiva económica relacionada con el presupuesto público, pero también sobre el impacto en la provisión de servicios, la calidad y -eventualmente- los resultados para los pacientes.

Malgasto en la atención clínica

Midiendo las diferencias en el uso y calidad de la atención médica

Detectar y comprender las diferencias en el uso y calidad de la atención médica es un requisito esencial para abordar el malgasto. Diversos factores causan variaciones entre regiones o proveedores, pero las diferencias también tienen su origen en diferentes grados de malgasto. La evidencia de varios países muestra que las prácticas clínicas y administrativas tienen mayor variación que las diferencias en la enfermedad o preferencia del paciente (Wennberg, 2011[6]). Es importante que los países entiendan cuántos recursos se desperdician en comparación con los otros países, pero también dentro de los suyos. Las variaciones entre áreas geográficas pueden ser tan o más altas que entre países y, naturalmente, tienden a caer bajo el control de los gobiernos nacionales en mayor medida que las variaciones internacionales.

El reporte público de variaciones geográficas puede ser uno de los pasos clave para abordar dichas variaciones. El uso de "atlas" sirve para hacer esto de una manera comparable e integral. Identifican el uso excesivo e insuficiente y plantean preguntas sobre por qué existen estas variaciones (OCDE, 2014[7]).

Colombia es un país de la región de LAC que ha invertido en desarrollar un atlas de variaciones en los últimos años (Kim, 2014[8]). El atlas se desarrolló a partir de un estudio piloto financiado por el Grupo del Banco Mundial en 2015 (ver Cuadro 2.2 y Figura 2.2) y se enfoca en el uso de los servicios de cuidados intensivos y las diferencias en el uso de cesáreas, dos fuentes potenciales de malgasto discutidas más adelante en este capítulo.

El uso de atlas para rastrear variaciones permite establecer objetivos regionales específicos, aunque es importante reconocer que no indican directamente qué factores condujeron a la variación. En algunos casos, los servicios se prestan de manera insuficiente o excesiva, lo que se refleja en diferentes resultados o indicadores de desempeño. Sin embargo, es un método útil para detectar malgastos sistémicos en varios servicios, que a menudo se correlaciona en las áreas afectadas. Una vez que se identifican las variaciones, se necesita un análisis adicional para determinar qué hay detrás de los casos de uso excesivo y subutilización. El establecimiento de objetivos regionales se puede combinar con otras intervenciones para abordar desafíos específicos.

La medición del cumplimiento de las guías de práctica clínica (GPC) es otra herramienta útil para mejorar los resultados de los pacientes y evitar gastos innecesarios. Un análisis del cumplimiento de GPC en 324.000 pacientes con diabetes afiliados a las aseguradoras privadas (EPS) en Colombia reveló que solo el 15% de ellos recibía todos los exámenes recomendados, incluyendo la medición

> **Cuadro 2.2. Atlas de Variaciones Geográficas en Salud – Colombia**
>
> La Figura 2.2 muestra las tasas de cancelaciones quirúrgicas observadas en los departamentos colombianos en 2018. Este es un ejemplo de cómo los atlas geográficos de variaciones pueden ser útiles para la identificación de prácticas que llevan al malgasto en contextos específicos. El Atlas de Colombia cubre una variedad de indicadores relacionados con el estado de salud, las actividades, la calidad y el uso de los recursos. Dicha herramienta se puede utilizar para identificar el malgasto buscando valores atípicos en los datos geográficos.
>
> Figura 2.2. **Tasas de cancelaciones quirúrgicas por cada 100 cirugías programadas en departamentos colombianos, 2015**
>
>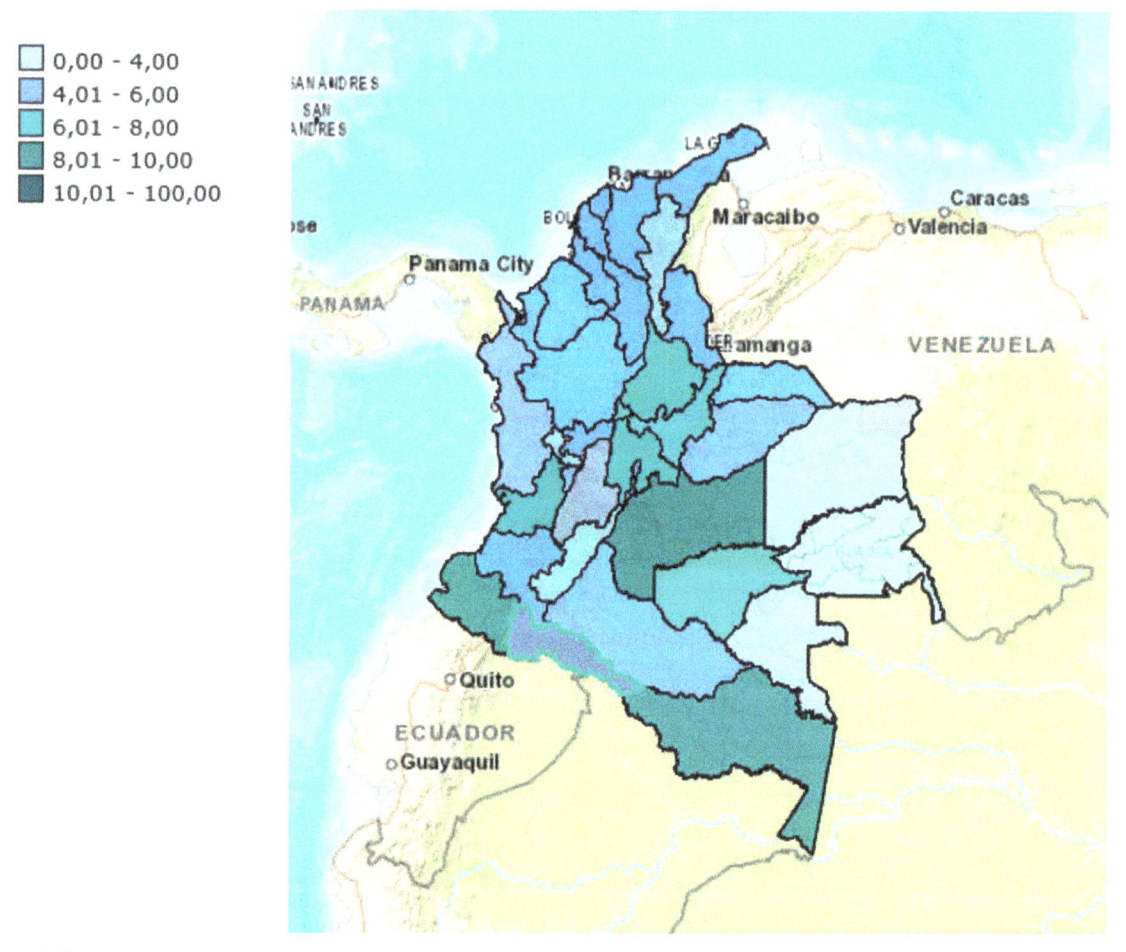
>
> Fuente: MINSALUD (2019[9]), Colombian Atlas of Geographical Variation, *https://sig.sispro.gov.co/sigmsp/index.html*.

anual de glicemia, colesterol y función renal. La variación en el cumplimiento fue sustancial entre regiones y proveedores de las EPS. Por ejemplo, el cumplimiento de exámenes varía entre un 27% para el mejor proveedor hasta casi cero para el peor. Además, el estudio estimó que el estudio completo de niveles de glicemia (HbA1c) disminuía el costo total por paciente en USD 340 en promedio, representando un 15% del total de los costos. Por ende, la eficiencia no es solo sobre el nivel promedio de prevención, sino que también la provisión homogénea entre regiones y prestadores (Izquierdo, Pessino and Vuletin, 2018[10]).

Reduciendo procedimientos innecesarios

El malgasto clínico se refiere a situaciones en las que pacientes no reciben la atención adecuada, pero también cuando reciben prestaciones inefectivas o inapropiadas, también conocidas como servicios de bajo valor. A pesar de realizarse ampliamente, actividades como las amigdalectomías en niños y las histerectomías o prostatectomías en condiciones benignas no tienen efectos demostrados para mejorar la salud y el bienestar de la mayoría de los pacientes, e incluso pueden ser una fuente de daño, representando una fuente potencial de malgasto al aplicarse en exceso o innecesariamente.

Las cesáreas son un ejemplo clásico de un procedimiento quirúrgico que puede salvar vidas cuando es clínicamente necesario, pero por el cual se disputan los beneficios de su amplio uso. La cesárea conlleva un mayor riesgo de infecciones para las madres y dificultad respiratoria para los recién nacidos, además de quitar los beneficios asociados con el paso por el canal de parto. Las cesáreas se han asociado con varios riesgos para la salud durante la infancia, como diabetes tipo 1, enfermedad celíaca, alergias, asma y obesidad (Magne et al., 2017[11]).

La evidencia indica que una tasa de cesáreas por encima del 15% no está asociada con mayores reducciones en la mortalidad materna, neonatal o infantil (Stordeur et al., 2016[12]). Algunos estudios estiman que más de la mitad de todos los recién nacidos en LAC son concebidos por cesárea (Magne et al., 2017[11]). A pesar de las recomendaciones de la OMS, las tasas de cesáreas han aumentado en todo el mundo, del 6.7% en 1990 al 19.1% en 2014. América del Sur ha sido la región con las tasas más altas desde la década de 1990 y Brasil, en particular, tiene tasas muy altas en el sector público (40-50%) e incluso más altas en el sector privado (80-95%) (Magne et al., 2017[11]). En 27 países LAC, 32% de todos los nacidos vivos se realizan por cesárea, por sobre el 28% en 34 países OCDE. Las tasas más altas se observan en República Dominicana, Brasil y Chile, y las más bajas en Haití, Guyana y Trinidad y Tobago (Figura 2.3).

Figura 2.3. **Tasas de cesárea en 27 países de Latinoamérica y el Caribe, 2016 o último año disponible**

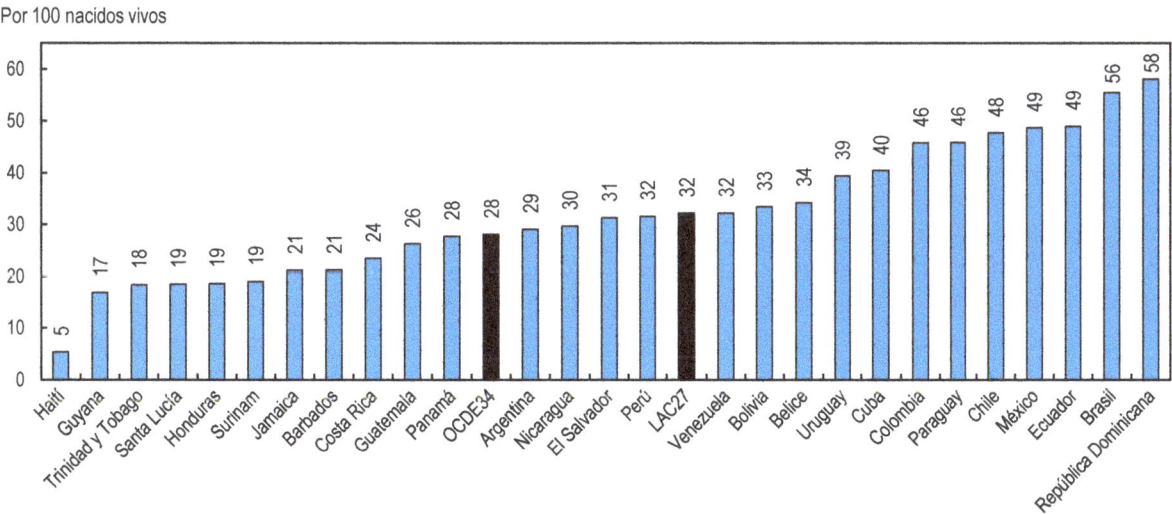

Fuente: WHO (2019[13]), Global Health Observatory data, *https://www.who.int/gho/en/*. OECD Estadísticas de Salud (2019[14]) para Chile y Mexico, *https://doi.org/10.1787/health-data-en*.

StatLink ▸ https://stat.link/vq2bg8

La primera intervención a revisar para reducir el uso excesivo de las cirugías por cesárea es la cesárea electiva entre las mujeres de bajo riesgo. Otras intervenciones pueden incluir la promoción del cambio de comportamiento a través de herramientas específicas, auditorías y retroalimentación; incentivos financieros para desalentar a los proveedores de ofrecer cesáreas cuando no se justifique; y la producción y publicación de información sobre el uso excesivo, para crear conciencia y permitir a los proveedores compararse con sus pares (OCDE, 2017[2]).

Al igual que con otros generadores de malgasto, la región también debe cubrir las brechas en la cobertura. Los países de la región LAC deben continuar trabajando para garantizar que todas las mujeres que necesitan una cesárea puedan acceder a una, así como reducir los casos de uso excesivo. Las herramientas como la clasificación de Robson, promovida por la OMS como una forma de identificar a las mujeres de alto riesgo que necesitan una cesárea, permiten a los proveedores dirigir los recursos a las mujeres que más los necesitan y funcionan bien en combinación con medidas específicamente diseñadas para reducir las tasas de cesáreas (OMS, 2015[15]).

Internacionalmente, la iniciativa *Choosing Wisely*® es una campaña que busca mejorar la relación paciente-médico y reducir las intervenciones innecesarias a través de la diseminación de la medicina basada en evidencia en el dominio público (ABIM Foundation, 2020[16]). Por ejemplo, GCP existen en muchos países OCDE para promover el uso racional de resonancia nuclear magnética y tomografía computarizada, diciendo claramente cuando estos costosos exámenes son innecesarios. Herramientas similares existen virtualmente para toda área de especialización médica.

Promoviendo un uso racional de antibióticos y previniendo la resistencia a los antimicrobianos

El uso racional de medicamentos antimicrobianos es clave no solo en términos de ahorro monetario y eficiencia más amplia del sistema de salud, sino también para preservar su efectividad clínica. Sin embargo, la OPS estima que alrededor del 50% del uso de antibióticos es inapropiado, lo que perjudica la sostenibilidad y los resultados de salud (OPS and FIU, 2018[17]).

El mal uso de los antimicrobianos causa reacciones alérgicas y adversas a los medicamentos, morbilidad y mortalidad, aumento de la duración de la hospitalización de los pacientes, infecciones debidas a patógenos resistentes, cambios en la microbiota y, en general, mayores costos de atención médica. También medicaliza ciertas afecciones para las cuales otros tratamientos son más efectivos y pone a los pacientes en riesgo de efectos adversos (y el aumento de los costos asociados con el tratamiento). La mayoría de la prescripción de antibióticos ocurre en el nivel de atención primaria, la mayoría de ellos para infecciones del tracto respiratorio.

La Tabla 2.1 ilustra los volúmenes de antibióticos consumidos en cinco países informantes de LAC. El consumo es más bajo en Perú y más alto en Brasil. La baja cifra para Perú podría explicarse porque los datos no incluyen a todas las instituciones del sector de la salud, pero muestran la mejor aproximación al uso de antibióticos. El consumo promedio estimado de 17.2 DDD por cada 1.000 habitantes por día en estos cinco países LAC es más alto que en otros países industrializados como Canadá (17,05), Alemania (11,49), Países Bajos (9,78) y Suecia (13,23), y cercano a los países iberoamericanos de Portugal (17,72) y España (17,96). En la OCDE, el promedio de 31 países con datos es 18.

Los niveles relativamente altos de uso de antibióticos pueden conducir a la resistencia a los antimicrobianos, que se ha declarado como uno de los desafíos de salud pública emergentes más relevantes de nuestros tiempos. En siete países de América Latina y el Caribe, se estima que las proporciones de resistencia promedio en ocho combinaciones de antibióticos y bacterias aumentaron de 21.3% (rango: 16-33%) en 2005 a 31.9% (rango: 21-39%) en 2015, y pueden aumentar más allá del 32.1% (rango: 22.3-39%) para 2030 si las tendencias actuales en resistencia y correlatos de resistencia continúan en el futuro, y no se toman medidas políticas (ver Figura 2.4). Sin embargo, la tendencia hacia 2030 no es la misma en todos los países: se espera que solo Chile y Brasil aumenten

Tabla 2.1. **Consumo total de antibióticos, DDD por 1,000 habitantes por día, 2016**

	DDD / 1.000 habitantes por día
Brasil	22.8
Bolivia	19.6
Paraguay	19.4
OCDE31	18.0
LAC5	17.2
Costa Rica	14.2
Perú	10.3

Nota: DDD, dosis diarias definidas.
Fuente: WHO (2018[18]) WHO Report on Surveillance of Antibiotic Consumption: 2016 – 2018 Early implementation y OCDE (2019[14]), OECD Health Statistics, *https://doi.org/10.1787/health-data-en*.

Figura 2.4. **Proporción media de infecciones causadas por bacterias resistentes al tratamiento antimicrobiano para ocho combinaciones de antibiótico-bacteria en 2005, 2015 y 2030**

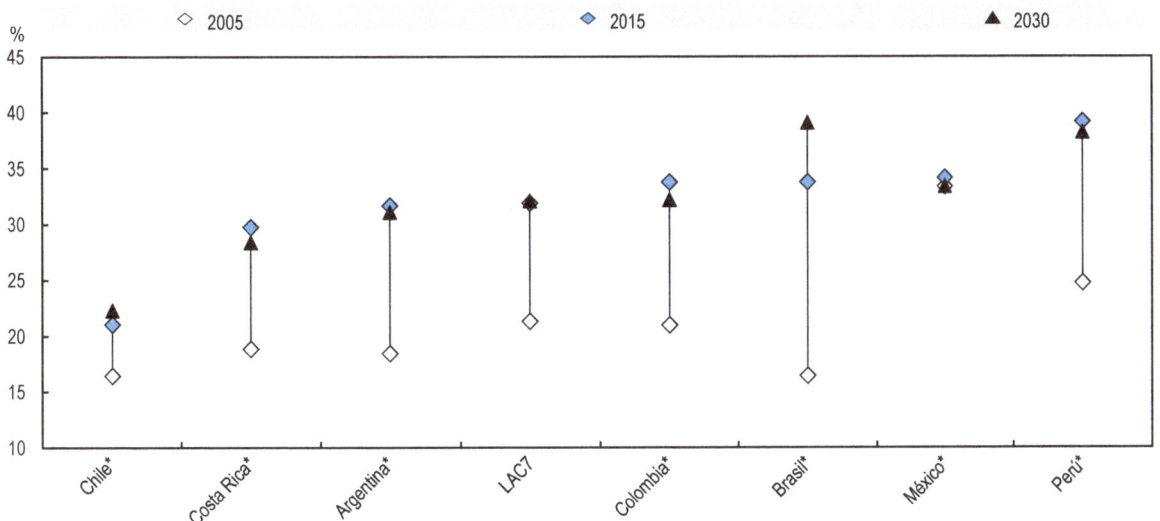

Nota: * En los siete países faltan más del 50% de las observaciones, en los ocho pares de antibióticos y bacterias, entre 2005 y 2015.
Fuente: OECD (2018[19]), *Stemming the Superbug Tide: Just A Few Dollars More*, *https://dx.doi.org/10.1787/9789264307599-en*.

StatLink https://stat.link/rm3l4j

sustancialmente la resistencia a los antimicrobianos, mientras que los otros cinco países siguen siendo similares a la situación en 2015.

El informe de la OMS sobre la vigilancia del consumo de antibióticos (OMS, 2018[18]) también describió qué países de LAC han implementado sistemas para controlar o monitorear el uso de antimicrobianos. Hasta 2016, 13 países no tenían un plan o sistema nacional para monitorear el uso de antimicrobianos. Brasil, Chile y Colombia han implementado Programas de Administración de Antimicrobianos (ASPs en inglés), con el objetivo de abordar el mal uso y con objetivos específicos de reducir o estabilizar la resistencia a los antimicrobianos, reducir el uso de recetas y mejorar los resultados clínicos. Estos tres países y México también introdujeron legislación para reducir el consumo de antibióticos al establecer la prescripción obligatoria de antibióticos para reducir la automedicación.

Los ASP efectivos pueden reducir los eventos adversos asociados con el uso de antibióticos mientras se mantiene el tratamiento óptimo de la infección y pueden lograr estos objetivos mientras se ahorran gastos. Un estudio en Colombia (Hernández-Gómez et al., 2016[20]) encontró que la implementación de ASP en tres hospitales resultó en una reducción del 52.3% en el consumo de antibióticos, con un ahorro monetario promedio de más de 15.000 USD por hospital. El costo de implementación del programa ASP fue en promedio de 4.300 USD.

Para abordar el uso indebido de antimicrobianos, es importante que los países midan de manera precisa y oportuna el consumo farmacéutico. Una vez más, se necesita un sistema de información integrado y oportuno para identificar las áreas problemáticas y abordarlas rápidamente. Se ha comprobado que las intervenciones como mejorar la higiene de las manos en los centros de atención médica, implementar programas de administración para aumentar la conciencia y racionalizar las prácticas de prescripción, la prescripción antimicrobiana retrasada, las campañas en los medios de comunicación y el despliegue de pruebas de diagnóstico rápido para confirmar la necesidad de un tratamiento antimicrobiano, son rentables y los tomadores de decisiones en los países de LAC pueden considerarlo (OCDE, 2018[19]).

Malgasto operacional en los sistemas de salud

Uso de la evaluación de tecnologías sanitarias para mejorar los procesos de priorización y cobertura

Las Evaluaciones de Tecnología Sanitaria (ETS) son una herramienta fundamental para tomar mejores decisiones clínicas y financieras, contribuyendo a reducir el malgasto en los sistemas de salud. Permite a los formuladores de políticas saber qué métodos o productos son más efectivos para lograr resultados de salud positivos. Son un proceso comparativo y multidisciplinario que se utiliza para evaluar el beneficio adicional o el impacto de las tecnologías de salud y que se puede utilizar para informar a los responsables de la toma de decisiones sobre el costo de oportunidad de reemplazar un estándar de atención existente con una nueva alternativa. De esta manera, las decisiones de selección y cobertura pueden evitar el desplazamiento de productos de alto valor por otros de menor valor para el sistema de salud. La ETS también se puede utilizar para revisar el 'valor por el dinero' que ofrecen las tecnologías existentes y para ajustar los precios reflejando el nivel deseado de rentabilidad o disposición a pagar.

Los resultados de la Encuesta sobre Características de los Sistemas de Salud (Lorenzoni et al., 2019[5]) muestran que 13 de los países que respondieron llevan a cabo ETS, principalmente en el sector público, y solo unos pocos usan ETS sistemáticamente para tomar decisiones de cobertura. Ningún país informó utilizar ETS para determinar el nivel de reembolso (p. ej. precios). La mayoría de los países que informaron llevar a cabo ETS lo hicieron a través del comprador principal a nivel central, mientras que solo cuatro lo hicieron a través de un organismo independiente. En la OCDE, un número cada vez mayor de países utiliza ETS para proporcionar evidencia relacionada con las nuevas tecnologías médicas para la toma de decisiones. En LAC, solo 10 países usan ETS para informar la cobertura de todas las tecnologías, ya sea de manera sistemática o bajo ciertas circunstancias (ver Tabla 2.2).

También existe una variación en las circunstancias en las que se utilizan las ETS en los países. Un tercio de los países de LAC las usa para establecer GPC, mientras que solo Argentina y Perú informaron el uso de ETS para determinar los objetivos de los esquemas de pago por desempeño. Alrededor de la mitad de los países utilizan ETS para apoyar el diseño de políticas de salud pública (ver Tabla 2.3).

También se puede buscar la colaboración internacional ya que los países pueden utilizar las ETS en diferentes contextos. Esto significa que el conocimiento obtenido a través de las ETS puede compartirse entre los responsables de la toma de decisiones, lo que disminuye los costos y facilita enfoques coherentes independientemente de la ubicación geográfica. A través de la cooperación internacional, los países con recursos más limitados pueden buscar ayuda de agencias extranjeras

Tabla 2.2. **Países que utilizan Evaluación de Tecnologías Sanitarias de manera sistemática u ocasional para tomar decisiones de cobertura o establecer un nivel de reembolso**

Tipo de tecnología	Uso de ETS para tomar decisiones	Países
Procedimientos médicos	Utilizados sistemáticamente para tomar decisiones de cobertura.	Brasil, Trinidad y Tobago, Uruguay
	Se utiliza en algunas circunstancias para tomar decisiones de cobertura.	Argentina, Belice, Chile, Colombia, Guyana, México, Paraguay
	Se usa para determinar el nivel de reembolso	-
Productos farmacéuticos	Utilizados sistemáticamente para tomar decisiones de cobertura.	Belice, Jamaica, México, Paraguay, Uruguay
	Se utiliza en algunas circunstancias para tomar decisiones de cobertura.	Argentina, Brasil, Chile, Costa Rica, El Salvador, Guyana, Perú
	Se usa para determinar el nivel de reembolso	-
Dispositivos médicos implantables	Utilizados sistemáticamente para tomar decisiones de cobertura.	Brasil, Trinidad y Tobago, Uruguay
	Se utiliza en algunas circunstancias para tomar decisiones de cobertura.	Argentina, Chile, Colombia, Costa Rica, México, Paraguay
	Se usa para determinar el nivel de reembolso	-

Fuente: Reproducido de Lorenzoni, et. al. (2019[5]) "Health systems characteristics: A survey of 21 Latin American and Caribbean countries", *https://doi.org/10.1787/0e8da4bd-en*.

Tabla 2.3. **Circunstancias en las que se utiliza la Evaluación de Tecnologías Sanitarias**

Circunstancias	Países
Establecer guías de práctica clínica para profesionales de la salud	Argentina, Belice, Brasil, Chile, México, Paraguay, Perú, Uruguay
Determinar objetivos para esquemas de pago por desempeño	Argentina, Perú
Apoyar el diseño de políticas de salud pública.	Argentina, Belice, Brasil, Colombia, El Salvador, México, Paraguay, Perú, Trinidad y Tobago, Uruguay

Fuente: Reproducido de Lorenzoni, et. al. (2019[5]) "Health systems characteristics: A survey of 21 Latin American and Caribbean countries", *https://doi.org/10.1787/0e8da4bd-en*.

de ETS, estar informados de las nuevas tecnologías disponibles y contribuir a la producción de herramientas y conocimientos comunes. Este es el caso de la Base Regional de Informes de Evaluación de Tecnologías en Salud de las Américas (BRISA) que comparte los informes de ETS producidos por las organizaciones miembros de la Red de Evaluación de Tecnología en Salud de las Américas (RedETSA), que podría continuar fortaleciéndose (OPS, 2019[21]).

Reduciendo los ingresos hospitalarios potencialmente evitables

Una serie de afecciones pueden tratarse eficazmente en el nivel de atención primaria, como el asma, la enfermedad pulmonar obstructiva crónica y la insuficiencia cardíaca congestiva. Un sistema de atención primaria sólido puede proporcionar servicios efectivos para pacientes que necesitan atención preventiva y tratamiento para estas enfermedades, ahorrando costosos recursos hospitalarios. Los servicios de atención primaria también pueden abordar antes estas condiciones y con mayor eficacia que la atención en un entorno hospitalario.

La incapacidad del sistema de atención primaria para tratar con estos pacientes resulta en una sobre-utilización de los recursos hospitalarios, siendo una fuente importante de ineficiencia y malgasto, pudiendo exponer a los pacientes a riesgos adicionales como infecciones nosocomiales. Estimaciones anteriores de seis países de LAC han sugerido que entre 8.1 y 10 millones de hospitalizaciones en 2012 fueron prevenibles, lo que representa hasta el 2.5% del gasto total en salud reportado en 2009 (Guanais, Gómez-Suárez and Pinzón, 2012[3]).

La Figura 2.5 refleja los datos disponibles sobre hospitalizaciones evitables en los países de LAC con datos disponibles. Existe una variación entre países LAC, aunque sus tasas son generalmente más bajas que el promedio de la OCDE. Esto podría indicar el éxito en la implementación de sistemas efectivos de atención primaria. Sin embargo, en el contexto de la región de LAC, es importante mencionar que el acceso sigue siendo relativamente desigual y que podría estar teniendo lugar un cierto grado de subutilización de los recursos hospitalarios. El objetivo final es encontrar un equilibrio adecuado que garantice un nivel de utilización hospitalaria con menor malgasto, garantizando el acceso adecuado a toda la población. Otro factor a considerar es que la carga de ENT es relativamente menor en la región de LAC que en los países OCDE debido a su perfil demográfico y epidemiológico. Sin embargo, la variación en estos países de LAC arroja información para decir que Costa Rica podría estar teniendo problemas con respecto al manejo ambulatorio del asma, Uruguay y Colombia para la enfermedad pulmonar obstructiva crónica, Uruguay y Brasil para la insuficiencia cardíaca congestiva, y México con la hipertensión y, especialmente, la diabetes.

Figura 2.5. **Ingresos hospitalarios evitables en adultos para afecciones seleccionadas en países de LAC con datos disponibles y la OCDE, 2017 o último año disponible**

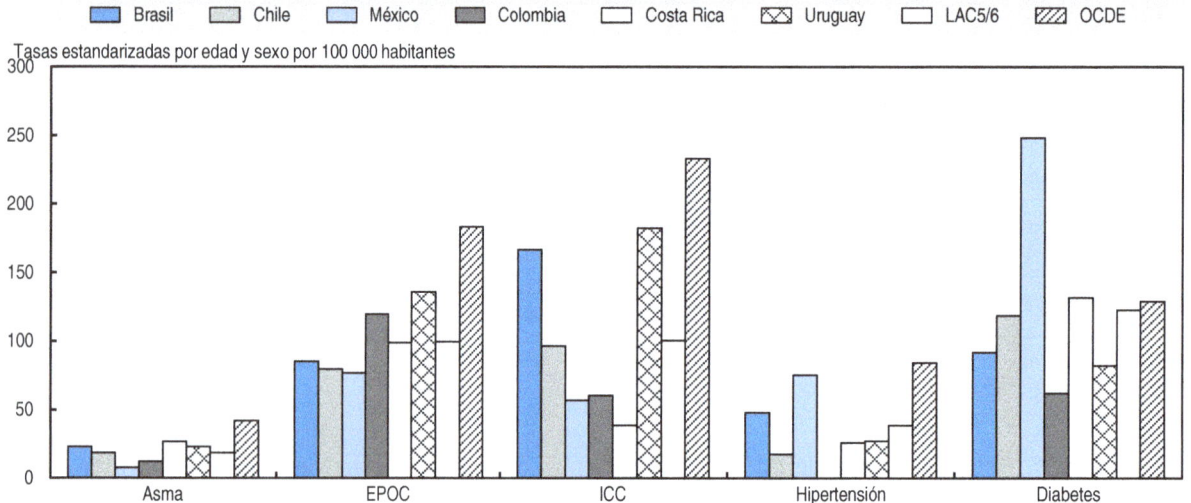

Nota: EPOC, enfermedad pulmonar obstructiva crónica; ICC, insuficiencia cardíaca congestiva.
Fuente: OCDE Estadísticas de Salud (2019[14]) para Chile, Costa Rica y México, *https://doi.org/10.1787/health-data-en*. Los datos para Brasil y Uruguay fueron proporcionados por sus respectivos Ministerios de Salud.

StatLink https://stat.link/oh37x1

A medida que los países de LAC avanzan en las transiciones demográfica y epidemiológica, es probable que la carga que las enfermedades no transmisibles (ENT) imponen al uso hospitalario y al sistema de salud en general aumenten. Ampliar los sistemas de atención primaria es la clave para hacer frente a esta carga cada vez mayor, y potencialmente contribuir a importantes ahorros financieros. Los servicios de atención primaria sólidos e integrados no solo serían menos costosos, sino que también mejorarían los resultados de salud al detectar con antelación las condiciones y abordarlas antes de que sea necesaria la atención hospitalaria de emergencia. Un sistema bien integrado permitiría una derivación ágil de los pacientes que también necesitan utilizar los recursos del hospital para garantizar los mejores resultados clínicos posibles.

Varios países han introducido mecanismos para evaluar a los pacientes en el nivel primario y evitar el uso excesivo de atención especializada. Belice, Bolivia, Brasil, Chile, Colombia, Costa Rica, Ecuador, Guyana, Jamaica, México, Panamá, Surinam y Trinidad y Tobago han establecido mecanismos de control al llevar a los pacientes a buscar una derivación de un médico de APS, excepto en una emergencia. Sin embargo, el registro con un médico de atención primaria solo es obligatorio en Brasil, Chile y Surinam, y se incentiva en Argentina, El Salvador y Panamá (Lorenzoni et al., 2019[5]).

Es importante reconocer que el uso excesivo de los recursos hospitalarios es un desafío más significativo en algunas áreas de la región, mientras que otras todavía están preocupadas principalmente por la falta de acceso a dichos servicios. Sin embargo, la importancia de contar con servicios de atención primaria sólidos sigue siendo válida para todos, ya que la APS también puede beneficiar a las áreas desatendidas, y un enfoque racional para el uso hospitalario es beneficioso incluso cuando se amplían los servicios hospitalarios en áreas desatendidas.

Los arreglos de prestación innovadores, como la prestación de servicios de salud electrónica (e-salud), las instalaciones que reúnen todos los servicios en un solo lugar, las intervenciones a nivel comunitario y otros, pueden complementar la implementación de centros de atención primaria para reducir aún más la carga de los recursos hospitalarios. También pueden ser formas efectivas de llegar a poblaciones que son vulnerables a la exclusión a través de los mecanismos tradicionales de prestación de servicios.

Alcanzar un buen equilibrio entre el acceso y la duración de la hospitalización

La Duración Media de la Estancia (DME) es una medida útil relacionada no solo con el uso de los recursos hospitalarios sino también con otras unidades del sistema de salud. Una DME más larga de lo ideal puede ser causada por razones clínicas, pero también por la falta de coordinación dentro del hospital o entre centros de salud, servicios de atención domiciliaria u otros entornos de atención posterior al alta. Una revisión reciente sugiere que los días de cama adicionales podrían representar hasta el 30.7% de los costos totales de hospitalización y causar cancelaciones de operaciones electivas, demoras en el tratamiento y repercusiones para los servicios posteriores, especialmente para pacientes de edad avanzada (Rojas-García et al., 2017[22]). Las altas demoradas también contribuyen a mayores costos a través de sus efectos adversos en la salud de los pacientes. Permanecer en el hospital por más tiempo aumenta el riesgo de infecciones, conduce a un deterioro de la salud más rápido y empeora los resultados, especialmente para pacientes mayores.

La Figura 2.6 muestra la tendencia en DME para la atención aguda hospitalaria en cuatro países de LAC con datos comparables: Chile, Colombia, Costa Rica y México. Los cuatro países están por debajo del promedio de la OCDE, que ha mantenido relativamente estable la DME entre 2010 y 2016. En contraste, Colombia aumentó la DME hospitalaria, mientras que Chile y México la mantuvieron relativamente estable en el período.

Para abordar las estadías excesivas en los hospitales, los países pueden transitar a métodos prospectivos de pago, a menudo basados en Grupos Relacionados de Diagnóstico (GRD), para establecer pagos basados en el costo estimado de la atención hospitalaria antes de la prestación del servicio. Estos métodos de pago alientan a los proveedores a reducir el costo de cada episodio de atención, lo que se puede hacer al reducir la duración de las hospitalizaciones. En LAC, los pagos basados en GRD son raros, particularmente, entre hospitales públicos (Lorenzoni et al., 2019[5]). Además, las políticas deben garantizar una integración adecuada entre los niveles de atención y los proveedores, de modo que los pacientes puedan ser transferidos o recibir atención especializada lo más rápido posible. Esto puede ser en forma de mecanismos de pago para fomentar una mejor coordinación y seguimiento de los pacientes, así como procesos más sólidos que garanticen la transferencia oportuna de los pacientes. Al igual que con otras intervenciones sugeridas en este capítulo, este tipo de incentivo busca establecer un cambio de comportamiento entre los proveedores para que dejen de adoptar el enfoque con mayor malgasto.

Figura 2.6. **Duración media de la estancia en el hospital, 2010 a 2016**

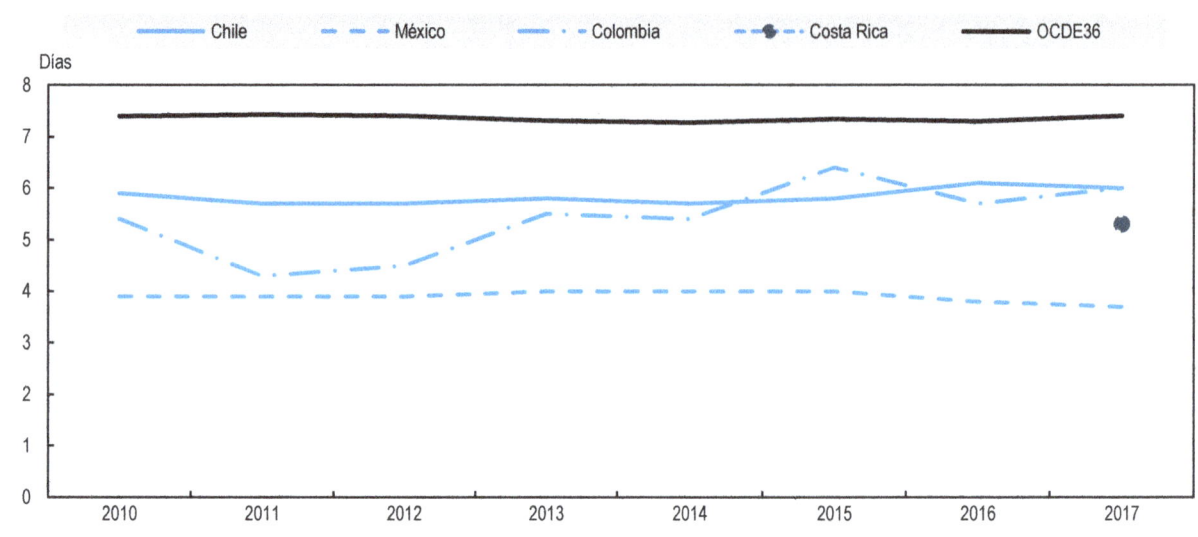

Fuente: OECD Estadísticas de Salud 2019 (2019[14]), *https://doi.org/10.1787/health-data-en*.

StatLink ⟶ https://stat.link/emgbkh

Los países también pueden invertir en entornos de atención no hospitalaria para proporcionar atención a largo plazo o intermedia a los pacientes. En la región de LAC, los esfuerzos para fortalecer la atención domiciliaria y los seguimientos en las regiones con menor acceso a los servicios de salud pueden contribuir a dar de alta a los pacientes de manera más fácil y segura. Al mismo tiempo, la cirugía ambulatoria es otra alternativa para reducir los tiempos de estadía, siempre y cuando se cuente con la capacidad técnica y el seguimiento adecuado para los pacientes.

Las tasas de re-hospitalización son un tema central a considerar también cuando se busca el equilibrio adecuado entre el acceso a la atención hospitalaria y la DME. Los reingresos hospitalarios tempranos han sido reconocidos como una fuente común y costosa de malgasto, particularmente entre pacientes de edad avanzada y de alto riesgo, que pueden ser causados en parte cuando la duración de la estadía de un paciente se reduce de manera inapropiada. Revisiones de evidencia han encontrado que las intervenciones efectivas para reducir los reingresos innecesarios son más complejas y buscan mejorar la capacidad del paciente para acceder de manera confiable y establecida a la atención posterior al alta, por ejemplo, seguimiento telefónico prioritario al paciente de riesgo, asesoramiento fármaco-terapéutico especializado, programa de educación en auto-manejo, planes de atención individualizados al alta, entre otros (Leppin et al., 2014[23]; Renaudin et al., 2016[24]).

Los datos sobre la DME y reingresos hospitalarios son limitados para la región de LAC, en parte debido a la descentralización y la falta de integración entre los proveedores. Es importante que los países vigilen más de cerca la DME, las descargas demoradas y las re-hospitalizaciones, lo que abrirá la puerta a nuevas opciones para abordar el problema que conllevan.

Aumentando el valor en el mercado farmacéutico expandiendo el uso de genéricos

El sector farmacéutico es una de las mayores fuentes de gasto en salud en LAC (ver Capítulo 6). Dado que los medicamentos son una carga financiera sustancial tanto para los gobiernos como para las personas, varias áreas están sujetas al interés político. En este contexto, el desarrollo de mercados genéricos se destaca como una oportunidad para aumentar la eficiencia en el gasto farmacéutico, pero muchos países no explotan plenamente su potencial. La subutilización de medicamentos genéricos se convierte en una fuente sustancial de malgasto, dado que los genéricos tienen el mismo efecto que las alternativas de marca, pero normalmente son significativamente más baratos.

En siete países de LAC con datos, la introducción de genéricos ha sido un desafío por diferentes razones. La Figura 2.7 muestra que, en promedio, los países tienen una mayor proporción de genéricos en sus mercados (79%) en comparación con el promedio de la OCDE (52%). Sin embargo, es importante tener en cuenta que la mayoría de estos genéricos son genéricos similares o de marca (52%), que es una copia de la molécula de un producto sin patente que se vende al público utilizando un nombre comercial y, por lo general, los precios son más altos que los genéricos sin marca, lo que afecta los gastos directos de bolsillo. En contraste, en los países de la OCDE los genéricos de marca o sin marca no hacen una gran diferencia, principalmente porque los sistemas de salud brindan cobertura independientemente de esta clasificación. Además, en varios países de LAC, no todos los genéricos tienen el mandato de demostrar equivalencia terapéutica y aún se necesita fortalecer algunas agencias reguladoras, lo que plantea un desafío sobre la calidad en los mercados farmacéuticos de la región.

Figura 2.7. **Cuota de volumen de genéricos en el mercado farmacéutico minorista en 7 países de LAC, abril de 2019**

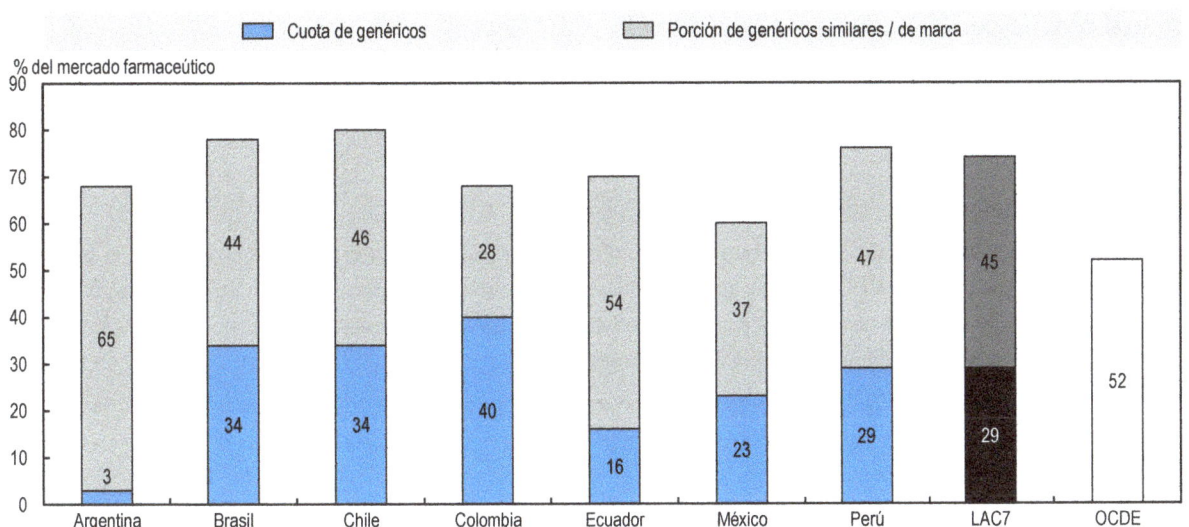

Nota: El promedio de la OCDE se calcula con datos para 2017 o el año más cercano.
Fuente: Adaptado de IQVIA (2019[25]), *Precio de los Medicamentos en América Latina, Análisis Comparativo*. Datos de la OCDE de OECD Estadísticas de Salud (2019[14]), *https://doi.org/10.1787/health-data-en*.

StatLink ▬▬▬ https://stat.link/sqlpt7

Como complemento al volumen de genéricos en la región LAC, la Figura 2.8 muestra la cuota de valor de los mercados de genéricos, que puede expresarse – dependiendo del país- en términos de la facturación de las compañías farmacéuticas o la cantidad que los consumidores pagan por los productos farmacéuticos. El valor de los genéricos como porcentaje del mercado farmacéutico minorista total es mayor en los países de LAC que en la OCDE (64% versus 25%), explicado principalmente por los genéricos de marca (o similares), que en general tienen precios más altos que los genéricos sin marca. En términos generales, esto significa que la diferencia de precios entre los medicamentos originales y genéricos es menor en LAC que en los países de la OCDE. En línea con estos hallazgos, un estudio reciente de la Fiscalía Nacional Económica de Chile encontró que los márgenes de ganancia obtenidos por las compañías farmacéuticas en Chile son más altos para los genéricos de marca que para los genéricos sin marca, lo que puede ser otra razón de la mayor

Figura 2.8. **Cuota de valor de los genéricos en el mercado farmacéutico minorista en 7 países de LAC, abril de 2019**

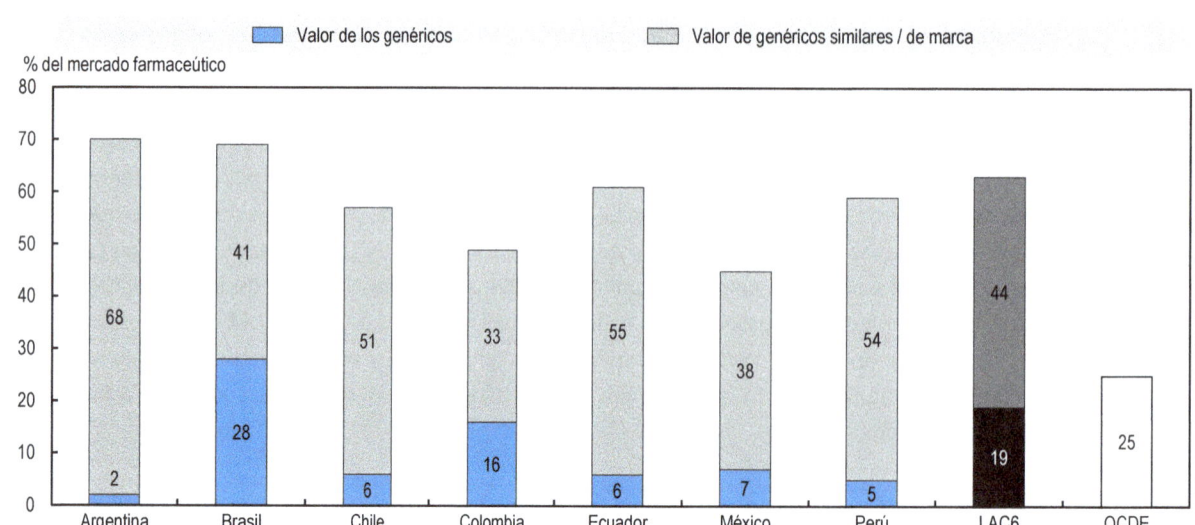

Nota: El promedio de la OCDE se calcula con datos de los países de la OCDE para 2017 o el año más cercano.
Fuente: Adaptado de IQVIA (2019[25]), *Precio de los Medicamentos en América Latina, Análisis Comparativo*. Datos de la OCDE de OECD Estadísticas de Salud (2019[14]), *https://doi.org/10.1787/health-data-en*.

StatLink https://stat.link/gprk7c

presencia de genéricos de marca en los mercados farmacéuticos. Además, el estudio encontró que la población tiene una baja confianza en los genéricos, implicando que esta es otra área a abordar desde el punto de vista de políticas públicas de salud (FNE, 2019[26]).

Algunos países de LAC ya han implementado incentivos para promover la producción o el registro de genéricos. Colombia aplica aranceles más bajos, México otorga exenciones de impuestos, Ecuador facilita los procesos burocráticos y El Salvador apoya a los pequeños y medianos productores farmacéuticos que trabajan en genéricos.

Además de enfocarse en el registro, distribución y producción de genéricos, los países podrían invertir en campañas de información, diseñadas para educar a la población sobre las ventajas del uso de genéricos, así como promover su uso en consultorios médicos y farmacias. Por ejemplo, campañas de comunicación de alcance poblacional para educar a usuarios y promover la seguridad y calidad de los genéricos; políticas que mandaten a los farmacéuticos a recordar a los pacientes cada vez que existe una alternativa genérica a la receta que están recibiendo; y regulaciones que alienten a las farmacias a vender más genéricos a través de mecanismos de pago basados en el rendimiento.

La evidencia de Maceira y Palacios (2016[27]) en Argentina sugiere que se deben tener en cuenta las actitudes de los consumidores y farmacéuticos al regular la promoción del uso de genéricos. A menudo los consumidores expresarán interés en gastar menos al comprar medicamentos, pero de la misma forma, no están dispuestos a elegir la alternativa genérica más económica, incluso cuando el farmacéutico sugiere alternativas en el punto de compra. Un estudio de Álvarez, González y Fernández (2019[28]) examinó el efecto de la entrada de medicamentos genéricos de marca en el período comprendido entre 2002 y 2017 en Chile. El estudio encontró que el volumen de medicamentos vendidos aumentó en 148.1% después de 4 años, un aumento impulsado por el menor costo de los genéricos, un promedio de 33% más barato.

Malgasto en la gobernanza de los sistemas de salud

La fragmentación del sistema de salud es una fuente clave de malgasto en LAC

La mayoría de los sistemas de salud en LAC están organizados como varios subsistemas paralelos. Por lo general, estos subsistemas representan un componente público (p. ej. administrados por el Ministerio de Salud y financiados por impuestos generales); un sector de seguridad social (p. ej. aseguradores públicos y / o privados financiados a través de contribuciones sociales y, en algunos casos, en parte por impuestos generales); y un sector privado (p. ej. financiado directamente por los usuarios, prepago o en efectivo). La combinación de estos tres subsistemas varía de un país a otro, pero están presentes en casi todos ellos, especialmente desde la década de 1990 cuando los países de la región introdujeron esquemas de seguros financiados por el gobierno y la provisión de servicios de salud para cubrir a las personas pobres y los trabajadores informales, reforzando los subsistemas verticalizados con fragmentación de financiación y prestación de servicios. Esto ha llevado a la segregación de grupos de población de acuerdo con el empleo y el estado socioeconómico, y ha dejado a los segmentos más pobres sin cobertura efectiva en muchos países (Atun et al., 2015[29]).

La Figura 2.9 proporciona una imagen comparativa de doce países LAC donde la fragmentación institucional conduce a la duplicación de funciones de financiamiento y provisión (Vermeersch and Mohpal, 2017[30]). En un grupo, Brasil muestra una de las fragmentaciones más bajas a nivel nacional al cubrir a toda su población con el Sistema Único de Salud (SUS); además, alrededor del 26% de la población contrata un seguro privado de segundo piso. En un segundo grupo, Costa Rica, Chile, Uruguay, Colombia y República Dominicana tienen cerca del 70% o más de su población cubierta por esquemas contributivos y/o subsidiados de seguridad social. En un tercer grupo, México y Perú tienen más del 40% de su población afiliada a instituciones dependientes del Ministerio de Salud (Seguro Popular y el Seguro Integral de Salud, respectivamente), junto con la población cubierta por el seguro social, un seguro privado o directamente por el Ministerio de Salud. En un cuarto grupo, El Salvador, Nicaragua, Guatemala y Honduras tienen más del 75% de su población atendida directamente por el Ministerio de Salud, y el seguro social cubre a la mayoría del resto de la población.

Desde el punto de vista de la gobernanza, las fuentes de malgasto pueden ocurrir principalmente a partir de la administración y gestión de recursos y servicios, y las funciones de financiamiento de la salud (OCDE, 2017[2]). Tabla 2.4 proporciona una visión general de las funciones de gobernanza donde se pueden identificar los malgastos en relación con la fragmentación, junto con ejemplos de países seleccionados de LAC.

En la práctica, la existencia de múltiples subsistemas y actores conduce a la duplicación de tareas tales como inscripción, recaudación de contribuciones, procesamiento de reclamos y cobranza, gestión de beneficios, ventas y publicidad, compras y contrataciones, y el cumplimiento de las regulaciones gubernamentales y no gubernamentales. Los resultados de los análisis en los países de la OCDE (OCDE, 2017[2]) pueden proporcionar algunas ideas clave que pueden ser útiles para la región de LAC, específicamente en lo relacionado con las consecuencias de la fragmentación en el gasto administrativo dentro de los sistemas de salud. Primero, pequeñas diferencias existen en los costos administrativos de los sistemas basados en impuestos generales y derecho basado en la residencia, con los sistemas con un solo pagador basado en un seguro único. En LAC, este sería el caso al comparar Brasil con Costa Rica y Uruguay. En segundo lugar, los sistemas de pagador único tienen costos administrativos más bajos que los sistemas de pagador múltiple. En LAC, esto podría aplicarse cuando se compara un sistema de pagador único en Costa Rica y Uruguay, con países que

Figura 2.9. **Fragmentación que conlleva duplicación de funciones de gobernanza, financiamiento y provisión de servicios en países seleccionados de LAC, 2015**

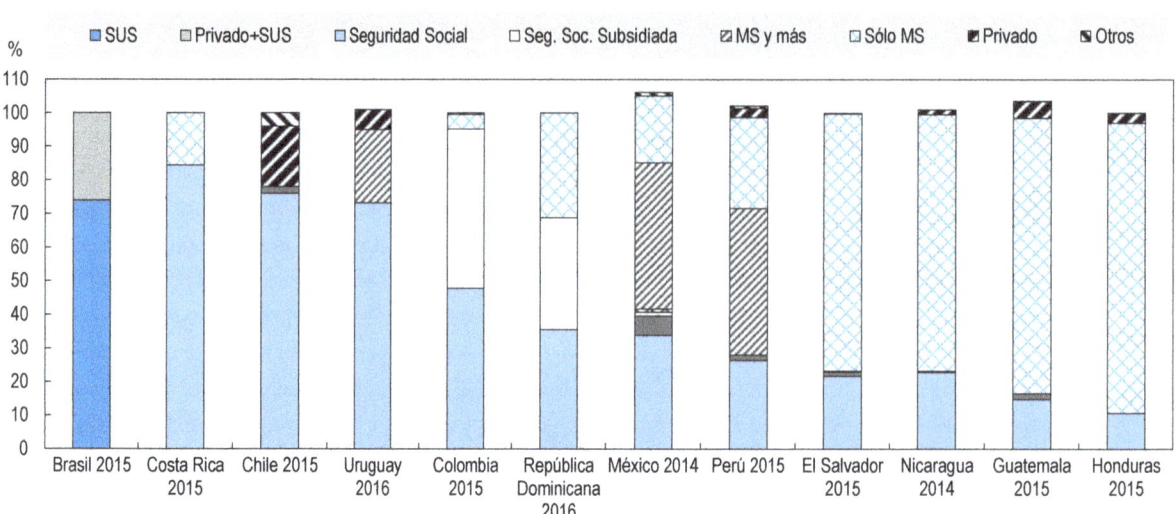

Nota: Los países pueden tener más del 100% de la población cubierta debido a la doble o incluso triple afiliación de parte de la población.
SUS – Sistema Único de Salud en Brasil; Privado + SUS: doble cobertura de SUS más un seguro privado en Brasil; Seguridad Social – Costa Rica (Caja del Seguro Social), Chile (FONASA), Uruguay (FONASA), Colombia (Régimen Contributivo) y República Dominicana (Régimen Contributivo); Seguridad Social Subsidiada – Régimen Subsidiado en Colombia y República Dominicana; Ministerio de Salud Plus – México (Seguro Popular), Perú (Seguro Integral de Salud), Uruguay (afiliación gratuita a AUSSA); Sólo MS – Ministerio de Salud.
Fuente: Vermeersch y Mohpal (2017[30]), Latin America and the Caribbean: A Narrative for the Health Sector.

StatLink ᔥ https://stat.link/d06uhm

tienen esquemas de pagadores múltiples como Argentina, Chile, Colombia, México y Perú. Tercero, los sistemas de múltiples pagadores con libre elección de asegurador tienden a tener costos administrativos más altos que los sistemas de múltiples pagadores con afiliación automática. Esto se puede aplicar para comparar países de múltiples aseguradoras con afiliación automática como Bolivia, República Dominicana, México, Panamá y Perú con países que implementan esquemas de múltiples aseguradoras con elección de asegurador como Argentina, Chile, Colombia, Guatemala y Surinam. Cuarto y último, los esquemas de seguro privado tienen costos administrativos mucho más altos que cualquier esquema público. Esto último puede aplicarse a casi todos los países de LAC, ya que los seguros privados se han establecido con diferentes características y regulaciones. Por ejemplo, el seguro privado en Brasil es complementario o suplementario a la cobertura proporcionada por el Sistema Único de Salud (SUS), mientras que en Chile las aseguradoras privadas (ISAPRE) pueden recibir y administrar la contribución obligatoria de salud de sus afiliados, pero la regulación aún les permite "escoger" a la población de bajo riesgo y de ingresos más altos y les ofrece mucha libertad para definir las primas, los beneficios y la cobertura de un gran componente de sus servicios.

La fragmentación en la cobertura de atención médica crea silos de población, en la mayoría de los casos dividiéndolos por condiciones sociales, y socava los esfuerzos destinados a reducir las desigualdades y lograr sistemas de salud eficientes. A pesar de que algunos países de LAC han introducido reformas y cambios organizativos que enfatizaron el valor intrínseco de la salud para la ciudadanía, aún no han podido eliminar las inequidades en el acceso, en la protección financiera y en los resultados producidos por la fragmentación, siendo uno de los desafíos clave para la región.

Midiendo el gasto para identificar el desglose más eficiente por función y nivel de atención

Los datos sobre el gasto funcional indican la proporción del gasto según las funciones de los sistemas de salud y el tipo de atención. Esto puede ilustrar posibles fuentes de malgasto. Por

Tabla 2.4. **Ejemplos de fuentes de malgasto debido a la fragmentación en la estructura de gobernanza de sistemas de salud seleccionados de LAC.**

Área de gobernanza	Funciones de gobernanza	Ejemplos de fuentes de malgasto en países seleccionados de LAC
Diferencias en la dirección y gestión de recursos.	Planificación y diseño de la canasta de beneficios	En El Salvador, las aseguradoras pueden determinar libremente los beneficios y el nivel de cobertura, lo que significa que los servicios para la población y sus copagos no son los mismos entre el Instituto Salvadoreño de Seguridad Social (ISSS), el Instituto Salvadoreño de Bienestar Magisterial (ISBM), el Instituto de Previsión Social de las Fuerzas Armadas y el Ministerio de Salud (que cubre alrededor del 77% de la población) (Lorenzoni et al., 2019[5]).
	Recursos humanos	Chile tiene varias leyes que regulan la forma en que se gestionan los recursos humanos en el sector público: una para los trabajadores de salud en atención primaria administrada por los municipios; tres leyes para médicos, dentistas y farmacéuticos que trabajan en atención secundaria y hospitales; y una para todos los demás trabajadores de salud de atención secundaria y hospitales. Además, el Código Laboral general se aplica a algunos trabajadores de la salud en el sector público y a todos en el sector privado (Sugg, Galleguillos and Caravantes, 2018[31]).
	Información sanitaria y desarrollo de las TIC	Paraguay recopila información de salud por separado de los 3 subsistemas del sector de la salud, cada uno con sus propias reglas e infraestructura. El Ministerio de Salud recopila información directamente de sus proveedores (p. ej. las unidades de salud familiar); el Instituto de Previsión Social (IPS) recopila datos de su red de prestadores; y la Superintendencia de Salud reúne información de proveedores privados (OCDE, 2018[32]).
	Dirección ejecutiva, regulación y monitoreo	En Perú, cada una de las Instituciones Administradoras de Fondos de Aseguramiento en Salud (IAFAS) y el Ministerio de Salud tienen su propia dirección ejecutiva y supervisan la estructura y maquinaria. Por lo tanto, las funciones gerenciales como la planificación, el control y la ejecución en el Seguro Social de Salud (EsSalud), el Seguro Integral de Salud (SIS), los Seguros de la Policía y las Fuerzas Armadas y el sector privado se ejecutan mayoritariamente en paralelo (OCDE, 2017[33]).
Duplicación de funciones y costos de financiamiento de la salud.	Movilización de recursos	República Dominicana recauda fondos por separado para cuatro subsistemas que tienen sus propios acuerdos contables y de gestión: el Ministerio de Salud y el Servicio Nacional de Salud a través de impuestos generales; contribuciones sociales de empleadores y empleados para el régimen contributivo de la seguridad social; impuestos generales para el Régimen Subsidiado de la seguridad social; y primas prepagas directas para aseguradoras privadas (Rathe, 2018[34]).
	Mancomunación de fondos	Argentina tiene más de 500 aseguradoras privadas de atención médica, organizaciones nacionales de seguro social y organizaciones provinciales de seguro de salud; cada una de ellas puede considerarse como un fondo de mancomunación único. Solo para las aseguradoras de la seguridad social ("Obras Sociales", que cubre al 60% de la población), existe un Fondo Solidario de Redistribución en el que actualmente solo del 15 al 20% de las contribuciones sociales se pueden distribuir entre las aseguradoras con el objetivo de equiparar algunos de los riesgos y cubrir algunos servicios específicos (Cetrángolo and Goldschmit, 2018[35]).
	Compras	Las instituciones operativas mexicanas – Seguro Popular y Servicios de Salud del Estado, institutos de seguridad social (IMSS, ISSSTE, PEMEX, SEDENA y SEMAR), el sector privado, así como el Ministerio de Salud en algunos casos – poseen y administran sus instalaciones, integrando las funciones de compra y prestación de servicios y productos farmacéuticos en su mayoría dentro de sus propias redes. La duplicación ocurre para funciones tales como establecer prioridades con respecto a las necesidades de infraestructura y servicios ofrecidos, contratación de trabajadores, adquisición de bienes (p. ej. productos farmacéuticos) y definición de mecanismos de pago (OCDE, 2016[36]).

Fuente: Revisión de los autores y adaptado de OECD (2017[2]), *Tackling Wasteful Spending on Health*, https://dx.doi.org/10.1787/9789264266414-en

ejemplo, un sistema de salud eficiente ofrece una combinación óptima de atención curativa (generalmente menos rentable, tratando a los pacientes cuando se enferman) y una atención preventiva (generalmente más rentable, que se dirige a los pacientes antes de que se enfermen). Los sistemas eficientes también deben apuntar a alcanzar el gasto administrativo apropiado, evitando duplicaciones y acciones de gobernanza innecesarias o de bajo valor.

La recopilación de estos datos es una forma efectiva de identificar ineficiencias administrativas y de asignación, que representan una parte significativa de los malgastos en todos los sistemas de salud. La disponibilidad actual de datos es limitada, ya que al 2019, solo 8 países de LAC lograron compartirla. A medida que se dispone de datos de más países, se puede identificar una combinación óptima más precisa de gasto funcional para guiar aún más a los países a minimizar el malgasto.

La Figura 2.10 muestra que el desglose del gasto corriente en salud por función presenta una variación sustancial en la región de LAC. El gasto en atención curativa representa la mayor proporción en todos los países, aunque es relativamente más pequeño en Haití. Haití también parece gastar una cantidad desproporcionada en productos médicos, mientras que República Dominicana gasta muy poco en atención preventiva.

Figura 2.10. **Desglose del gasto sanitario corriente por función asistencial**

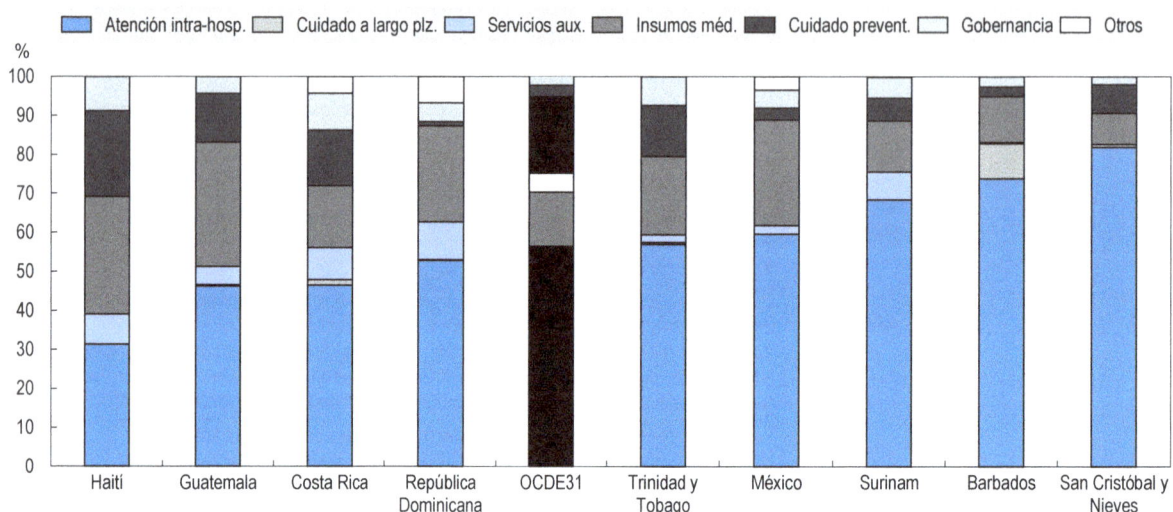

Fuente: OMS (2019), Base de Datos Global de Gastos en Salud.

StatLink https://stat.link/yua8tw

Los datos disponibles sugieren que algunos países de LAC (particularmente Haití, Costa Rica y Trinidad y Tobago) gastan una mayor proporción del gasto corriente en salud en atención preventiva que los países de la OCDE. El gasto en prevención de los países de la OCDE con frecuencia cae entre 1% y 6%. Aunque no se ha establecido una proporción óptima del gasto en prevención, las intervenciones de prevención se consideran como altamente costo-efectivas, lo que sugiere que una proporción tan pequeña está causando que los países en general pierdan oportunidades de capitalizar la inversión en esta función. Sin embargo, la evidencia de los países de la OCDE también sugiere que una gran proporción del gasto en prevención se utiliza para intervenciones no tan rentables, como los controles médicos rutinarios. Se ha demostrado que actividades como las vacunas y las campañas de detección son más costo-efectivas, lo que sugiere que todos los países deberían examinar la composición de sus gastos de prevención para minimizar el malgasto. Las restricciones presupuestarias planteadas por las recesiones también tienden a afectar particularmente las actividades de prevención, que a menudo son la primera función que se reduce. Mantener un gasto adecuado en un contexto de recursos limitados es un desafío para todos los países, pero es clave que se considere la costo-efectividad al tomar decisiones de reducción del presupuesto.

Mejorando los sistemas de información sanitaria para reducir el malgasto

Para identificar las fuentes de ineficiencia y las áreas de mejora potencial, se necesitan datos de buena calidad sobre insumos, productos, resultados, procesos y mecanismos de retroalimentación. Paralelamente a los datos necesarios para intervenciones específicas de eficiencia, los países deberían invertir en infraestructura de salud y sistemas de tecnologías de información que orienten sobre políticas y procesos clínicos de una manera ágil y útil.

La Figura 2.11 muestra la brecha actual en el informe de estadísticas vitales en la región de LAC, específicamente sobre los datos de mortalidad. Esto ilustra el desafío en muchos países de rastrear adecuadamente los eventos vitales y la información clínica a lo largo de la vida de un paciente y sus interacciones con el sistema de salud. Las muertes no registradas son particularmente comunes en Perú, pero también son altas en Colombia, Ecuador, Nicaragua y Antigua y Barbuda (más del 15%).

Figura 2.11. **Sub-registro de muertes en 22 países de Latinoamérica y el Caribe, 2016 (o último año disponible)**

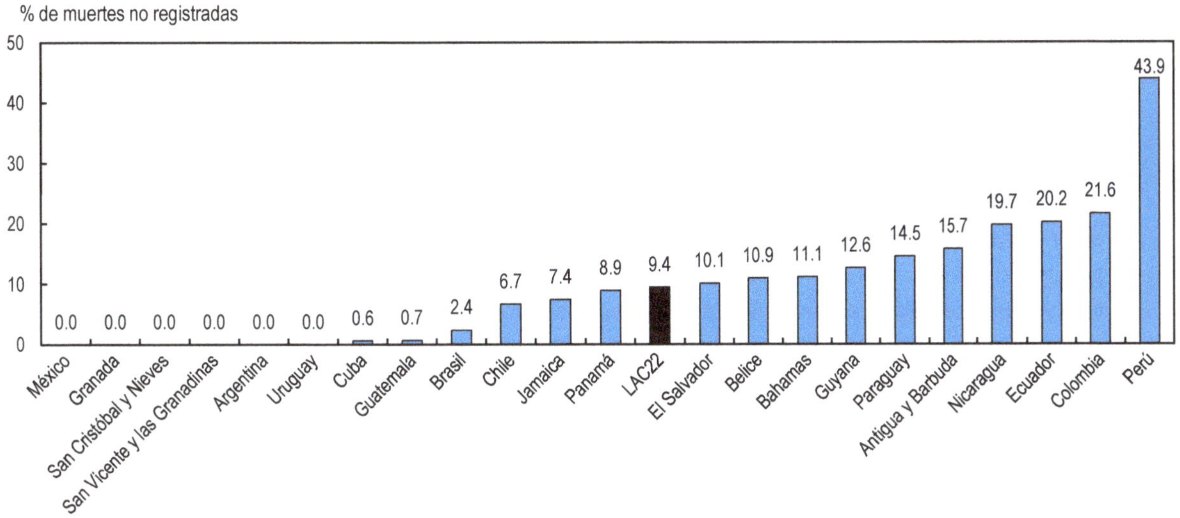

% de muertes no registradas

País	%
México	0.0
Granada	0.0
San Cristóbal y Nieves	0.0
San Vicente y las Granadinas	0.0
Argentina	0.0
Uruguay	0.0
Cuba	0.6
Guatemala	0.7
Brasil	2.4
Chile	6.7
Jamaica	7.4
Panamá	8.9
LAC22	9.4
El Salvador	10.1
Belice	10.9
Bahamas	11.1
Guyana	12.6
Paraguay	14.5
Antigua y Barbuda	15.7
Nicaragua	19.7
Ecuador	20.2
Colombia	21.6
Perú	43.9

Fuente: OPS (2019[37]), *Core Indicators 2019: Health Trends in the Americas*, http://www.paho.org/data/index.php/en/indicators.html.

StatLink https://stat.link/xn0uhk

Las tecnologías de la información se pueden usar tanto directa como indirectamente para reducir el malgasto. En primer lugar, un proceso eficiente en todas las áreas del sistema de salud depende de sistemas de información efectivos. Esto incluye sistemas para referir adecuadamente a los pacientes entre las instalaciones y los niveles de atención, para compartir información en tiempo real e informar las decisiones a nivel operativo y de gobierno, entre otros usos. En segundo lugar, son fundamentales para detectar prácticas de mayor malgasto y variaciones injustificadas, que luego pueden abordarse de manera más rápida y precisa.

La fragmentación entre proveedores, regiones y niveles de atención, junto con una división entre los formuladores de políticas y el personal de salud en el terreno, son desafíos particularmente importantes para los sistemas de información de salud en la región de LAC. Por ejemplo, Perú ha invertido en un sistema de información capaz de producir grandes cantidades de información, pero la falta de interoperabilidad entre diferentes proveedores y regiones desafía la calidad y la exhaustividad de estos datos. Además, la recopilación de información de salud es a menudo una carga para los trabajadores de salud de primera línea, particularmente en contextos con infraestructura limitada (uso de registros en papel o conectividad irregular). Esto puede conducir a una disminución tanto de la calidad de la información como de la provisión de atención. En algunos casos, incluso cuando la información se recopila adecuadamente en el punto de atención y se comparte con las instituciones responsables de su procesamiento, esta información a menudo no se usa de manera significativa para tomar decisiones basadas en evidencia o para proporcionar retroalimentación a los proveedores (OCDE, 2017[38]). La recopilación de información que no tiene un propósito o valor real para la mejora del sistema representa un claro ejemplo de malgasto que los países deberían invertir en abordar.

Otra prioridad para los países que buscan construir sistemas de información que contribuyan a la reducción de malgastos es el desarrollo de la capacidad para rastrear e informar las decisiones sobre la calidad de la atención. El ejercicio de recopilación de datos implementado por el Banco Mundial y la OCDE en el contexto de esta publicación, encontró que muy pocos países en la región de LAC actualmente recopilan indicadores de calidad a nivel nacional, lo que hace que no sea posible realizar una evaluación comparable e integral de la calidad de la atención. Dado que la calidad es una dimensión clave de la cobertura universal de salud, los países deberían tratar de medirla mejor para impulsar su desarrollo, paralelamente a los esfuerzos por mejorar el acceso y la protección financiera.

Mejorando la gobernanza y las instituciones en los sistemas de salud de LAC

La gobernanza y las instituciones ineficaces son un importante impulsor de la ineficiencia. En algunos casos, los procesos de gobernanza inadecuada toman la forma de corrupción, donde los actores desvían deliberadamente los recursos del sistema de atención de salud por su propio interés o por el interés de un grupo al que apoyan. Estas violaciones de integridad prevalecen en todos los países del mundo y pueden tener lugar en el contexto de una amplia gama de transacciones que involucran a proveedores de servicios de salud, pagadores de estos servicios y/o destinatarios/consumidores. Además, pueden ocurrir en la adquisición y distribución de bienes y servicios médicos, y en la promoción de intereses corporativos/industriales en el sector de la salud (OCDE, 2017[2]).

La corrupción en la salud puede afectar el ámbito financiero, con el desarrollo de malgastos en forma directa (el dinero se desvía del sistema) e indirectamente (el riesgo de corrupción requiere inversiones adicionales en actividades de prevención o detección). Además, las violaciones de integridad pueden afectar la calidad de los bienes y servicios (p. ej. provisión de medicamentos o equipos de calidad deficiente o de servicios innecesarios), acceso a la atención y equidad (p. ej. los pagos informales pueden desalentar el acceso), la eficiencia de asignación entre sectores (p. ej. gastar menos en salud) y en la confianza y el bienestar públicos (OCDE, 2017[2]).

Las violaciones de integridad en salud son difíciles de medir, por ejemplo, porque la comprensión de lo que puede constituir fraude, abuso y corrupción no es uniforme. Sin embargo, las encuestas para evaluar las percepciones de las personas pueden proporcionar una buena idea y permitir la comparación entre países. La Figura 2.12 presenta el porcentaje de la población que cree que el sector de la salud es corrupto o muy corrupto para 12 países de LAC, el promedio de la OCDE para 28 países y el promedio global para 103 países. El nivel de corrupción percibida en salud dentro de los países de LAC varía entre 63% en Colombia y el 22% en Jamaica, con un promedio de 42%, mayor que el promedio de la OCDE28 de 34% y menor que el promedio global de 45%.

La Figura 2.13 muestra los porcentajes de personas que declararon haber dado sobornos en sus encuentros con hospitales públicos y centros de salud en 18 países de LAC. Venezuela se destaca con el 34% de las personas que declaran dar sobornos, seguido de Perú (19%), México (16%) y Honduras (15%). En el otro extremo, Costa Rica, Brasil y Barbados tienen un 5% o menos de su población que declara sobornar a las instituciones de salud.

Los principales interesados a los que deben dirigirse las políticas y acciones para abordar el malgasto relacionado con la corrupción incluyen proveedores de bienes y servicios médicos, proveedores o fabricantes de bienes y servicios médicos, pagadores, el sector regulador e individuos. Todos estos actores pueden cometer o ser víctimas de corrupción. Las violaciones de integridad de estos actores pueden ocurrir en la entrega de servicios de salud, los pagos y decisiones de cobertura; en las adquisiciones y distribución; y a través de prácticas comerciales inapropiadas (Transparency International, 2006[41]).

Figura 2.12. **Porcentaje de la población que considera que el sector de la salud es corrupto o muy corrupto en 12 países de LAC con datos**

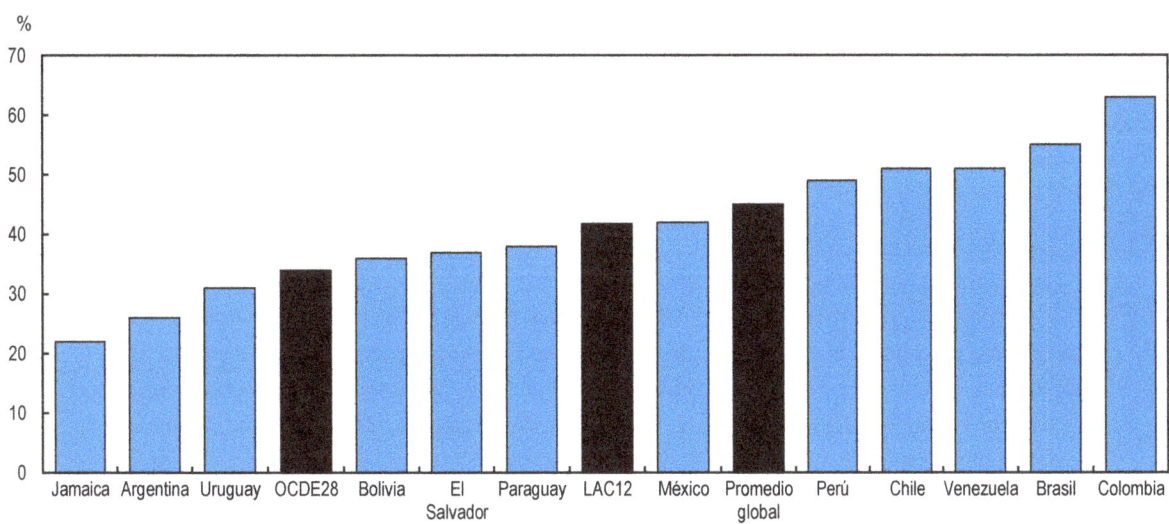

Nota: El promedio global incluye 103 países. El promedio de la OCDE y LAC incluye 28 y 12 países, respectivamente.
Fuente: Transparency International (2013[39]), Global Corruption Barometer 2013, *https://www.transparency.org/gcb2013/report*.

StatLink ▤ *https://stat.link/8gno4l*

Figura 2.13. **Tasas de soborno en hospitales públicos y centros de salud basado en personas que usaron estos servicios públicos en los 12 meses anteriores, 2019**

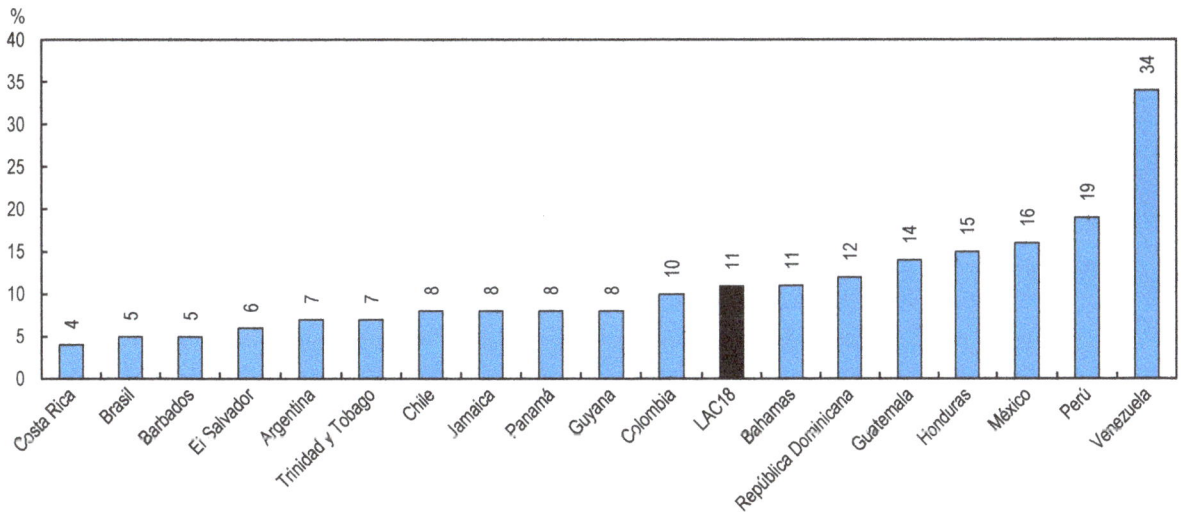

Fuente: Transparency International (2019[40]), Global Corruption Barometer, Latin America & the Caribbean 2019. Citizens' views and experiences of corruption, *https://www.transparency.org/files/content/pages/2019_GCB_LatinAmerica_Caribbean_Full_Report.pdf*.

StatLink ▤ *https://stat.link/d607ap*

Algunos países de la OCDE han desarrollado políticas relacionadas con la detección activa de violaciones de integridad en la prestación de servicios y financiamiento, utilizando minería de datos y campañas de revisión. Además, otros países han regulado la relación entre los actores públicos y privados, principalmente mediante el aumento de la transparencia, por ejemplo, exigiendo la divulgación de las relaciones financieras y las transferencias de valor (p. ej. 'Sunshine Act'). Particularmente en el sector farmacéutico, se han desarrollado códigos de conducta principalmente como iniciativas de autorregulación (OCDE, 2017[2]). Estas acciones van en línea con las recomendaciones políticas, como garantizar que las personas puedan denunciar la corrupción de manera segura, garantizar que los castigos se apliquen de manera justa, permitir que las ONG operen libremente y capacitar a los ciudadanos para que rindan cuentas a los gobiernos (Transparency International, 2019[40]).

En LAC, varios países han establecido regulaciones para controlar la corrupción. Por ejemplo, con la excepción de Bolivia, Costa Rica, Cuba y Venezuela, la mayoría de los países tienen leyes que garantizan el acceso a la información oficial, incluso del sector de la salud (UNESCO, 2017[42]).

Conclusión

Este capítulo ha discutido la importancia de identificar y reducir el malgasto en salud en LAC, en el contexto de una necesaria expansión del financiamiento de la salud y de un giro hace una menor dependencia en el gasto privado como camino hacia la cobertura universal en salud de alta calidad. Mientras los países enfrentan limitaciones recurrentes de los recursos públicos, innovación tecnológica y perfiles epidemiológico y demográfico cambiantes, estos deben invertir en su capacidad para mantener el malgasto en niveles mínimos en todas las dimensiones y áreas de sus sistemas de salud. Esto ayudará a liberar recursos existentes y a aumentar la voluntad de actores clave para movilizar recursos adicionales para salud. Además, contribuirá a asegurar la sostenibilidad en largo plazo de los sistemas de salud y su resiliencia contra situaciones de falta de recursos y eventos emergentes en el presente y futuro.

El capítulo ha identificado áreas específicas de malgasto y ha reconocido algunas herramientas que los países de LAC pueden usar para reducirlo en tres áreas del sistema de salud:

- Atención clínica: los malgastos a nivel clínico pueden abordarse invirtiendo primero en la capacidad de identificar variaciones injustificadas, lo que ayuda a los tomadores de decisiones a comprender dónde el malgasto es más prevalente y qué factores los influyen. El malgasto a nivel clínico también puede abordarse reduciendo los procedimientos que aportan poco o ningún valor al sistema y al paciente, y que en algunos casos incluso pueden aumentar los efectos dañinos. Además, promover el uso racional de medicamentos a través de incentivos para recetar y consumir antibióticos solo cuando sea necesario ayuda a reducir el gasto y la amenaza que representa la resistencia a los antimicrobianos.

- Malgastos operacionales: los países deben desarrollar aún más sus mecanismos de priorización, como la capacidad de establecer qué tecnologías aportan el mejor valor a través de las evaluaciones de tecnologías sanitarias y el uso de dichos hallazgos para la toma de decisiones. Pueden abordar el uso excesivo de recursos hospitalarios reduciendo los ingresos por afecciones que pueden tratarse de manera más eficiente en el nivel de atención primaria y asegurando que los pacientes puedan ser dados de alta de la manera más rápida y segura posible. Se debe incentivar el uso de genéricos para garantizar que los recursos no se desperdicien en alternativas de marca más costosas.

- Malgasto en la gobernanza: los malgastos también pueden abordarse en la dimensión de gobernanza. Primero, la estructura fragmentada de la mayoría de los sistemas de salud de LAC es una fuente importante de malgasto, lo que requerirá una mayor revisión y reformas. Además, establecer un equilibrio eficiente en el gasto entre diferentes funciones del sistema de salud es clave para reducir el malgasto en un área mientras se puede estar sub-financiando otra. Los países deben asegurarse de que sus sistemas de información puedan realizar un seguimiento adecuado del rendimiento y producir datos útiles, al tiempo que invierten en su capacidad para analizar dicha información y utilizarla para informar las decisiones en todos los niveles. Finalmente, hay evidencia de que los sistemas de salud de LAC están malgastando intencionalmente en muchos casos, lo que plantea un desafío importante para mejorar la integridad en los sectores público y privado, y reducir el malgasto relacionado con la corrupción.

Cualquier esfuerzo exitoso para reducir el malgasto debe abordarlo de manera integral y holística. También debe basarse en la participación de todos los actores del sistema de salud y en una comunicación efectiva y transparente. Es clave asegurarse de que tanto los pacientes como los proveedores estén bien informados y comprendan cómo sus elecciones son parte del panorama general del sistema de salud. La evidencia muestra que varios países de LAC han estado haciendo esfuerzos para reducir el malgasto, pero como se analizó en este capítulo, hay muchas otras mejoras al alcance de todos los sistemas de salud en la región. Sin recortar los presupuestos de salud e incluso considerando las necesidades de aumentar el gasto público en salud, ser más eficientes y lograr mejores resultados para las personas que más lo necesitan no son mutuamente excluyentes. Cuando las políticas se diseñan e implementan adecuadamente, estos objetivos pueden ser sinérgicos.

Referencias

[16] ABIM Foundation (2020), *Choosing Wisely | Promoting conversations between providers and patients*, http://www.choosingwisely.org/ (accessed on 29 January 2020).

[28] Alvarez, R., A. Gonzalez and S. Fernandez (2019), "The Competitvie Impact of Branded Generic Medicine in a Developing Country", *Universdiad de Chile, Departamento de Economía*.

[29] Atun, R. et al. (2015), *Health-system reform and universal health coverage in Latin America*, Lancet Publishing Group, http://dx.doi.org/10.1016/S0140-6736(14)61646-9.

[35] Cetrángolo, O. and A. Goldschmit (2018), *Las obras sociales y otras instituciones de la seguridad social para la salud en Argentina. Origen y situación actual de un sistema altamente desigual*, CECE, http://fcece.org.ar/wp-content/uploads/informes/obras-sociales-argentina.pdf (accessed on 15 November 2019).

[26] FNE (2019), *Estudio de Mercado sobre Medicamentos (EM03-2018) : Informe_preliminar*, Fiscalía Nacional Económica de Chile, Santiago, https://www.fne.gob.cl/wp-content/uploads/2019/11/Informe_preliminar.pdf.

[3] Guanais, F., R. Gómez-Suárez and L. Pinzón (2012), "Series of Avoidable Hospitalizations and Strenghening Primary Health Care: Primary Care Effectivenss and the Extent of Avoidable Hospitalizations in Latin America", *Inter-American Development Bank Discussion Paper*, https://publications.iadb.org/en/publication/11805/series-avoidable-hospitalizations-and-strengthening-primary-health-care-primary.

[20] Hernández-Gómez, C. et al. (2016), "Economic Impact of an Antimicrobial Stewardship Program Implementation in Three High-Complexity Hospitals in Colombia", *Open Forum Infectious Diseases*, Vol. 3/suppl_1, http://dx.doi.org/10.1093/ofid/ofw172.726.

[25] IQVIA (2019), *Precio de los Medicamentos en América Latina, Análisis Comparativo*, https://www.cepal.org/es/publicaciones/45423-analisis-comparativo-precios-medicamentos-america-latina.

[10] Izquierdo, A., C. Pessino and G. Vuletin (2018), *Better Spending for Better Lives: How Latin America and the Caribbean Can Do More with Less*, InterAmerican Development Bank, https://publications.iadb.org/publications/english/document/Better-Spending-for-Better-Lives-How-Latin-America-and-the-Caribbean-Can-Do-More-with-Less.pdf.

[8] Kim (2014), *Atlas de variaciones geográficas en salud de Colombia*, Ministerio de Salud y Protección Social, Gobierno de Colombia.

[23] Leppin, A. et al. (2014), *Preventing 30-day hospital readmissions: A systematic review and meta-analysis of randomized trials*, American Medical Association, http://dx.doi.org/10.1001/jamainternmed.2014.1608.

[5] Lorenzoni, L. et al. (2019), "Health systems characteristics: A survey of 21 Latin American and Caribbean countries", *OECD Health Working Papers*, Ediciones OCDE, París, https://doi.org/10.1787/0e8da4bd-en.

[27] Maceira, D. and A. Palacios (2016), "Percepciones, Actitudes y Patrones en el Consumo de Medicamentos", *Centro de Estudios de Estado y Sociedad*.

[11] Magne, F. et al. (2017), "The Elevated Rate of Cesarean Section and Its Contribution to Non-Communicable Chronic Diseases in Latin America: The Growing Involvement of the Microbiota", *Frontiers in Pediatrics*, Vol. 5, http://dx.doi.org/10.3389/fped.2017.00192.

[9] MINSALUD (2019), *Colombian Atlas of Geographical Variations SISPRO*, Sistema Integrado de Información de la Protección Social, Colombia, https://sig.sispro.gov.co/sigmsp/index.html (accessed on 4 October 2019).

[14] OCDE (2019), *OECD Health Statistics 2019*, Ediciones OCDE, París, https://doi.org/10.1787/health-data-en.

[32] OCDE (2018), *Multi-dimensional Review of Paraguay : Volume 2. In-depth Analysis and Recommendations.*, Ediciones OCDE, París, http://dx.doi.org/doi.org/10.1787/23087358.

[19] OCDE (2018), *Stemming the Superbug Tide: Just A Few Dollars More*, OECD Health Policy Studies, Ediciones OCDE, París, https://dx.doi.org/10.1787/9789264307599-en.

[38] OCDE (2017), *Monitoring Health System Performance in Peru: Data and Statistics*, OECD Reviews of Health Systems, Ediciones OCDE, París, https://dx.doi.org/10.1787/9789264282988-en.

[33] OCDE (2017), *OECD Reviews of Health Systems: Peru 2017*, OECD Reviews of Health Systems, Ediciones OCDE, París, https://dx.doi.org/10.1787/9789264282735-en.

[2] OCDE (2017), *Tackling Wasteful Spending on Health*, Ediciones OCDE, París, https://dx.doi.org/10.1787/9789264266414-en.

[36] OCDE (2016), *OECD Reviews of Health Systems: Mexico 2016*, OECD Reviews of Health Systems, Ediciones OCDE, París, https://dx.doi.org/10.1787/9789264230491-en.

[7] OCDE (2014), *Geographic Variations in Health Care: What Do We Know and What Can Be Done to Improve Health System Performance?*, OECD Health Policy Studies, Ediciones OCDE, París, https://dx.doi.org/10.1787/9789264216594-en.

[1] OCDE et al. (2019), *Latin American Economic Outlook 2019: Development in Transition*, OECD Publishing, Paris, https://dx.doi.org/10.1787/g2g9ff18-en.

[13] OMS (2019), *Global Health Observatory data*, https://www.who.int/gho/en/.

[18] OMS (2018), *WHO Report on Surveillance of Antibiotic Consumption: 2016 - 2018 Early implementation*, World Health Organisation, Geneva, https://www.who.int/medicines/areas/rational_use/oms-amr-amc-report-2016-2018/en/.

[15] OMS (2015), *Declaración de la OMS sobre tasas de cesá*, Organización Mundial de la Salud, https://www.who.int/reproductivehealth/publications/maternal_perinatal_health/cs-statement/es/.

[21] OPS (2019), *Base Regional de Informes de Evaluación de Tecnologías en Salud de las Américas (BRISA)*, Health Technology Assessments Network for the Americas (RedETSA), http://sites.bvsalud.org/redetsa/brisa/ (accessed on 5 October 2019).

[37] OPS (2019), *Core Indicators 2019: Health Trends in the Americas*, PLISA Database, http://www.paho.org/data/index.php/en/indicators.html.

[17] OPS and FIU (2018), *Recommendations for Implementing Antimicrobial Stewardship Programs in Latin America and the Caribbean: Manual for Public Health Decision-Makers*, Pan American Health Organization. Florida International University, Washington, D.C., http://iris.paho.org/xmlui/handle/123456789/49645.

[4] Pinto, D. et al. (2018), *More efficiency for healthier lives*, Inter-American Development Bank.

[34] Rathe, M. (2018), "Dominican Republic: Implementing a health protection system that leaves no one behind", *Universal Health Coverage Study Series*, No. 30, World Bank Group, Washington DC, http://dx.doi.org/10.1596/29182.

[24] Renaudin, P. et al. (2016), "Do pharmacist-led medication reviews in hospitals help reduce hospital readmissions? A systematic review and meta-analysis", *British Journal of Clinical Pharmacology*, Vol. 82/6, pp. 1660-1673, http://dx.doi.org/10.1111/bcp.13085.

[22] Rojas-García, A. et al. (2017), "Impact and experiences of delayed discharge: A mixed-studies systematic review", *Health Expectations*, Vol. 21/1, pp. 41-56, http://dx.doi.org/10.1111/hex.12619.

[12] Stordeur, S. et al. (2016), *Elective Caesarean Section in Low-Risk Women at Term: Consequences for Mother and Offspring*, Belgian Health Care Knowledge Centre.

[31] Sugg, D., P. Galleguillos and R. Caravantes (2018), *Caracterización del Gasto en Personal de los Servicios de Salud*, Dirección de Presupuestos, Ministerio de Hacienda, https://www.dipres.gob.cl/598/articles-171767_doc_pdf.pdf.

[40] Transparency International (2019), *Global Corruption Barometer, Latin America & the Caribbean 2019. Citizens' views and experiences of corruption*, Transparency International, https://www.transparency.org/files/content/pages/2019_GCB_LatinAmerica_Caribbean_Full_Report.pdf.

[39] Transparency International (2013), *Global Corruption Barometer 2013*, https://www.transparency.org/gcb2013/report.

[41] Transparency International (2006), *Global Corruption Report 2006: Corruption and health*, https://www.transparency.org/whatwedo/publication/global_corruption_report_2006_corruption_and_health.

[42] UNESCO (2017), *Access to information: lesson from Latin America*, UNESCO Office Montevideo and Regional Bureau for Science in Latin America and the Caribbean, *https://unesdoc.unesco.org/ark:/48223/pf0000249837*.

[30] Vermeersch, C. and A. Mohpal (2017), *Latin America and the Caribbean: A Narrative for the Health Sector*, The World Bank.

[6] Wennberg, J. (2011), "Time to tackle unwarranted variations in practice", *BMJ*, Vol. 342/mar17 3, pp. d1513-d1513, http://dx.doi.org/*10.1136/bmj.d1513*.

Capítulo 3

Situación de la salud

3. ESPERANZA DE VIDA AL NACER

La esperanza de vida al nacer sigue en aumento en la región de Latinoamérica y el Caribe (LAC), impulsada por la constante reducción de la mortalidad en todas las edades, y en particular de la mortalidad en menores de cinco años en todos los países (ver los indicadores "Mortalidad infantil" y "Mortalidad de menores de cinco"). Los incrementos de la longevidad pueden atribuirse a diversos factores, entre ellos el aumento de los estándares de vida, una mejor nutrición y la optimización de la infraestructura de agua potable y saneamiento (ver el indicador "Agua y saneamiento" en el Capítulo 4). La mejora de los estilos de vida, el aumento de la educación y el mayor acceso a servicios de salud de calidad también desempeñan un papel importante (Raleigh, 2019[1]).

La esperanza de vida al nacer para toda la población de la región de LAC alcanzó los 74,5 años en promedio en el año 2017, lo que supone un aumento de casi 4 años desde el año 2000. En comparación, los países de la OCDE ganaron 3,6 años durante el mismo período (Figura 3.1, panel izquierdo). Sin embargo, en la esperanza de vida al nacer persiste una gran división regional. Los países con la mayor esperanza de vida en 2017 fueron Costa Rica y Chile, con poco más de 80 años, seguidos de cerca por Cuba, justo por debajo de esa cifra. En cambio, tres países de la región de LAC tenían una esperanza de vida total inferior a 70 años (Haití, Guyana y Bolivia). En Haití, un niño nacido en 2017 puede esperar vivir un promedio menor a 64 años.

Las mujeres viven más que los hombres (Figura 3.1, panel derecho), pero el grado de disparidad también varía entre los países. La brecha de género en la esperanza de vida se situó en 5,7 años en promedio en todos los países de LAC en 2017, superior al promedio de los países de la OCDE de 5,3 años. La diferencia entre los géneros es más significativa en Venezuela y El Salvador, con una diferencia de más de ocho y más de nueve años, respectivamente. Las mujeres también tienen mayores tasas de supervivencia hasta los 65 años (Figura 3.2), independientemente de la situación económica del país. En promedio en los países de LAC, el 83,2% de una cohorte de mujeres recién nacidas viviría hasta los 65 años, mientras que sólo el 73,8% de los hombres viviría hasta los 65 años. Sólo en Costa Rica se prevé que más del 90% de las mujeres recién nacidas vivan hasta los 65 años, aunque aún bajo el promedio OCDE de 90,9%.

El mayor ingreso nacional – medido por el PIB per cápita – se asocia generalmente con una mayor esperanza de vida al nacer (Figura 3.3). Sin embargo, hay algunas diferencias notables en la esperanza de vida entre países con ingresos per cápita similares. Por ejemplo, Costa Rica tenía una esperanza de vida más alta y Trinidad y Tobago una esperanza de vida más baja si nos guiamos únicamente por el PIB per cápita.

Las diferencias de esperanza de vida por género pueden explicarse por los cambios ocurridos en el siglo pasado, como la reducción de la mortalidad materna, así como la disminución de la tasa global de fecundidad, el aumento del tabaquismo en los hombres y el descenso de las enfermedades infecciosas que beneficiaron de manera desproporcionada a las mujeres (Goldin and Lleras-Muney, 2018[2]).

Además, en LAC la brecha de género también puede entenderse debido a la prevalencia de la violencia en muchos países que afecta más a los hombres que a las mujeres (ver la sección sobre "Mortalidad por lesiones").

Los niveles socioeconómicos y educativos desempeñan un papel importante en la esperanza de vida, como se observa en el caso de una diversa gama de países de LAC, como Colombia, República Dominicana, Guatemala y Haití, donde el mayor nivel educativo de las madres y el ingreso del hogar se asocian con una mejor supervivencia infantil (ver indicadores "Mortalidad infantil" y "Mortalidad en menores de 5 años").

Definición y comparabilidad

La esperanza de vida al nacer es el mejor parámetro para medir la situación de salud de la población y a menudo se emplea para determinar el desarrollo del sector salud en un país. Cuantifica cuánto en promedio, se espera que un recién nacido puede vivir si se mantienen las tasas actuales de mortalidad. En vista que los factores que afectan la esperanza de vida registran cambios muy lentos, las variaciones se evalúan mejor en horizontes prolongados. Las tasas de mortalidad por edad se usan para confeccionar tablas de vida de las cuales se obtienen las esperanzas de vida. Las metodologías que utilizan los países para calcular la esperanza de vida pueden variar en cierta medida, lo que puede dar lugar a diferencias de fracciones de año. Algunos países calculan la esperanza de vida a partir de censos y encuestas, y no del registro exacto de las defunciones. La supervivencia hasta los 65 años se refiere al porcentaje de una cohorte de recién nacidos que sobreviviría hasta los 65 años de edad, si estuvieran sujetos a las actuales tasas de mortalidad por edad.

Referencias

[2] Goldin, C. and A. Lleras-Muney (2018), "XX>XY?: The Changing Female Advantage in Life Expectancy", No. 24716, NBER, Cambridge, MA, *https://www.nber.org/papers/w24716.pdf*.

[1] Raleigh, V. (2019), "Trends in life expectancy in EU and other OECD countries : Why are improvements slowing?", *OECD Health Working Papers*, No. 108, Ediciones OCDE, París, *https://dx.doi.org/10.1787/223159ab-en*.

3. ESPERANZA DE VIDA AL NACER

Figura 3.1. **Esperanza de vida al nacer, por sexo, 2000 y 2017 (o el año más cercano)**

País	2017	2000	Mujeres	Hombres
Haiti	63.6	57.7	65.8	61.4
Guyana	66.8	64.9	69.2	64.5
Bolivia	69.5	60.7	72.1	67.0
Belice	70.6	68.3	73.6	67.9
Trinidad y Tobago	70.8	68.5	74.4	67.4
Surinam	71.5	67.8	74.9	68.4
Paraguay	73.2	70.1	75.5	71.1
San Vicente y las Granadinas	73.3	70.6	75.6	71.2
Guatemala	73.7	67.8	76.8	70.4
El Salvador	73.8	68.8	78.1	69.1
Honduras	73.8	70.5	76.3	71.2
Granada	73.8	70.3	76.3	71.4
República Dominicana	74.0	70.6	77.3	71.0
LAC31	74.5	70.8	77.4	71.6
Colombia	74.6	71.0	78.2	71.1
Venezuela	74.7	72.3	78.9	70.8
Perú	75.2	70.5	77.9	72.6
México	75.4	74.4	77.9	72.9
Nicaragua	75.7	69.7	78.6	72.6
Santa Lucía	75.7	71.5	78.4	73.0
Brasil	75.7	70.1	79.3	72.1
Bahamas	75.8	72.4	78.8	72.7
Barbados	76.1	73.4	78.4	73.6
Jamaica	76.1	72.3	78.5	73.7
Antigua y Barbuda	76.5	73.5	78.9	74.0
Ecuador	76.6	72.9	79.3	73.9
Argentina	76.7	73.8	80.4	73.0
Uruguay	77.6	74.8	81.0	74.0
Panamá	78.2	75.1	81.3	75.3
Cuba	79.9	76.7	81.9	78.0
Chile	80.2	76.8	83.1	77.4
Costa Rica	80.3	77.4	82.9	77.8
OCDE36	80.7	77.1	83.3	78.1

Fuente: Versión en línea de los Indicadores del Desarrollo Mundial – Banco Mundial 2019. Ministerio de Salud para Costa Rica.

StatLink https://stat.link/es14h3

Figura 3.2. **Tasa de sobrevivencia hasta los 65 años, 2017 (o el año más cercano)**

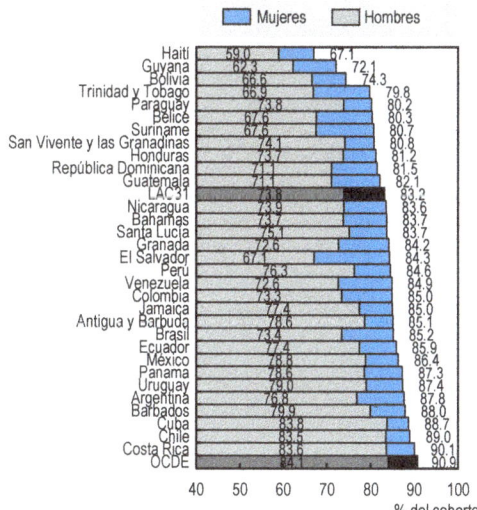

Fuente: Versión en línea de los Indicadores del Desarrollo Mundial – Banco Mundial 2019.

StatLink https://stat.link/vnum9e

Figura 3.3. **Esperanza de vida al nacer y PIB per cápita, 2017 (o el año más cercano)**

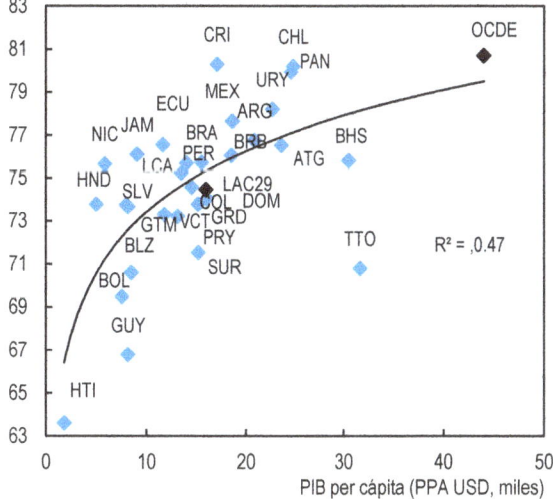

Fuente: Versión en línea de los Indicadores del Desarrollo Mundial – Banco Mundial 2019. Ministerio de Salud para Costa Rica.

StatLink https://stat.link/cdpkg2

3. MORTALIDAD INFANTIL

La mortalidad infantil, es decir, las muertes de menores de un año, refleja el efecto de las condiciones económicas, sociales y ambientales en la salud de las madres y los bebés, así como la efectividad de los sistemas de salud. Factores como el nivel educacional de la madre, la calidad de la atención prenatal y del parto, el nacimiento prematuro, el peso al nacer, la atención inmediata al recién nacido y la alimentación del infante son determinantes fundamentales de la mortalidad infantil (ver las secciones "Nacimiento prematuro y bajo peso al nacer" y "Embarazo y nacimiento" del Capítulo 4). La diarrea, la neumonía, las infecciones y la desnutrición siguen figurando entre las principales causas de muerte tanto de madres como de bebés (ver las secciones "Desnutrición infantil" y "Sobrepeso u obesidad en adultos" del Capítulo 4). En la región de LAC, alrededor de un tercio de las muertes en el primer año de vida ocurren en el período neonatal (primeras cuatro semanas de vida o los días 0 al 27) (Black et al., 2016[3]).

En el 2017, el promedio de mortalidad infantil en LAC era de 15,7 muertes por cada 1.000 nacidos vivos. La mortalidad infantil fue menor en países como Cuba, Antigua y Barbuda, Bahamas y Chile (menos de 7 muertes por cada 1.000 nacidos vivos), mientras que fue mayor en Guyana, Bolivia y sobre todo Haití (26, 28 y 54 por cada 1.000 nacidos vivos, respectivamente).

Entre el 2000 y el 2017, la tasa promedio de mortalidad infantil ha disminuido en un 35% en LAC, donde la mayoría de los países registran descensos entre el 25% y el 45% (Figura 3.4). Antigua y Barbuda, Bahamas, Brasil y Perú registraron caídas superiores al 55%. Tanto Granada como Venezuela experimentaron aumentos en la tasa de mortalidad infantil, en particular esta última, con un incremento de casi el 40%.

Entre los principales determinantes de las tasas de mortalidad infantil están el nivel de ingresos y el nivel educativo de la madre. Por ejemplo, en Colombia, la mortalidad infantil es más de 4 veces mayor en el quintil más pobre que en el quintil más rico, y casi 5 veces mayor cuando las madres tienen un escaso nivel de escolaridad que cuando tienen un nivel superior. La ubicación geográfica (urbana o rural) es otro determinante de la mortalidad infantil en la región, aunque menos importante en comparación con los ingresos o la escolaridad de la madre. Por ejemplo, la tasa de mortalidad infantil en las zonas rurales del Perú llega a 25 muertes por cada 1.000 nacidos vivos, en comparación con 16 muertes por cada 1.000 nacidos vivos que se registran en las zonas urbanas (Figura 3.5).

Es posible reducir la mortalidad infantil mediante intervenciones apropiadas y de bajo costo. Entre ellas figuran el contacto inmediato piel a piel entre la madre y recién nacido después del parto, inicio temprano de amamantamiento, lactancia materna exclusiva durante los primeros seis meses de vida, el método madre canguro para los bebés que pesen 2.000 gramos o menos. El cuidado postnatal de las madres y los recién nacidos en las primeras 48 horas de vida, el baño retrasado hasta después de 24 horas de parto y el tratamiento del cordón umbilical del bebé son elementos importantes para reducir la mortalidad infantil. La gestión y el tratamiento de las infecciones neonatales, la neumonía, la diarrea y la malaria también resultan fundamentales. La terapia de rehidratación oral es un medio barato y eficaz para contrarrestar los efectos debilitantes de la diarrea, y los países también podrían llevar a cabo intervenciones de salud pública como la vacunación y servicios óptimos de agua potable y saneamiento (ver el indicador "Agua y saneamiento" en el Capítulo 4 y "Programas de vacunación infantil" en el Capítulo 7). La reducción de la mortalidad infantil exigirá garantizar que todos los segmentos de la población se beneficien de dichas mejoras (Gordillo-Tobar, Quinlan-Davidson and Mills, 2017[4]).

Definición y comparabilidad

La tasa de mortalidad infantil se define como el número de niños que mueren antes de cumplir el primer año de vida en un año determinado, por cada 1.000 nacidos vivos. Algunos países calculan sus tasas de mortalidad infantil a partir de censos, encuestas y muestras de sistemas de registro, en vez de basarse en un registro preciso y completo de los nacimientos y las defunciones. Las diferencias entre los países en cuanto a las prácticas de registro de los niños prematuros también pueden contribuir ligeramente a las variaciones internacionales de las tasas. Las tasas de mortalidad infantil se generan aplicando un modelo estadístico o transformando las tasas de mortalidad de menores de 5 años a partir de tablas de vida modelos.

Los datos sobre la mortalidad por condiciones socioeconómicas proceden de las encuestas de demografía y salud y de las Encuestas de Indicadores Múltiples por Conglomerados (MICS). Dichas encuestas permiten desglosar los datos de los hogares por nivel de educación (sin educación y primaria frente a secundaria y universitaria), ingresos (quintiles de ingresos más bajos y más altos) y residencia rural y urbana.

Referencias

[3] Black, R. et al. (2016), *Reproductive, Maternal, Newborn, and Child Health*, The International Bank for Reconstruction and Development / The World Bank, http://dx.doi.org/10.1596/978-1-4648-0348-2.

[4] Gordillo-Tobar, A., M. Quinlan-Davidson and S. Mills (2017), *Maternal and child health : the World Bank Group's response to sutainable development goal 3 : Target 3.1 and 3.2*, The World Bank, http://documents.worldbank.org/curated/en/996461511255244233/Target-3-1-and-3-2.

3. MORTALIDAD INFANTIL

Figura 3.4. **Tasas de mortalidad infantil, 2000 y 2017 (o año más cercano)**

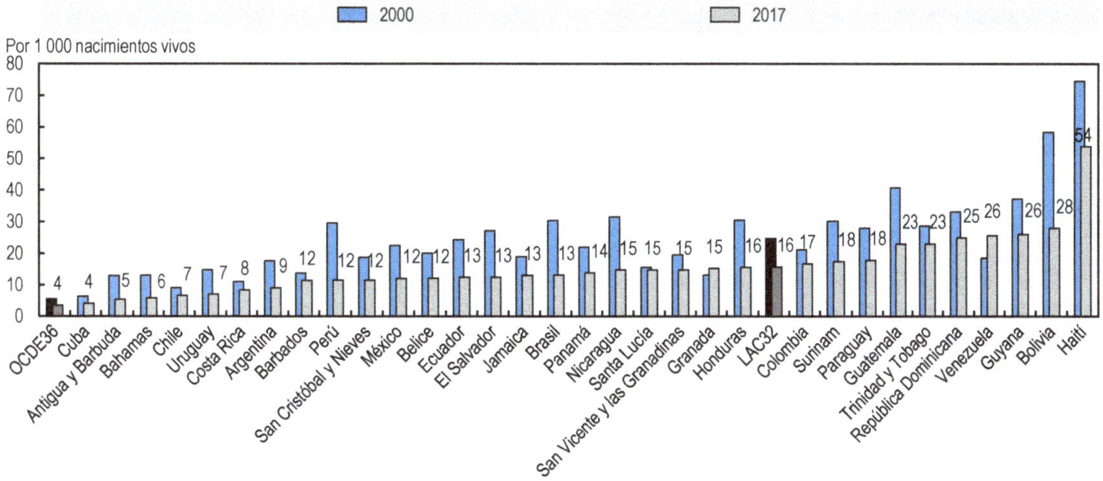

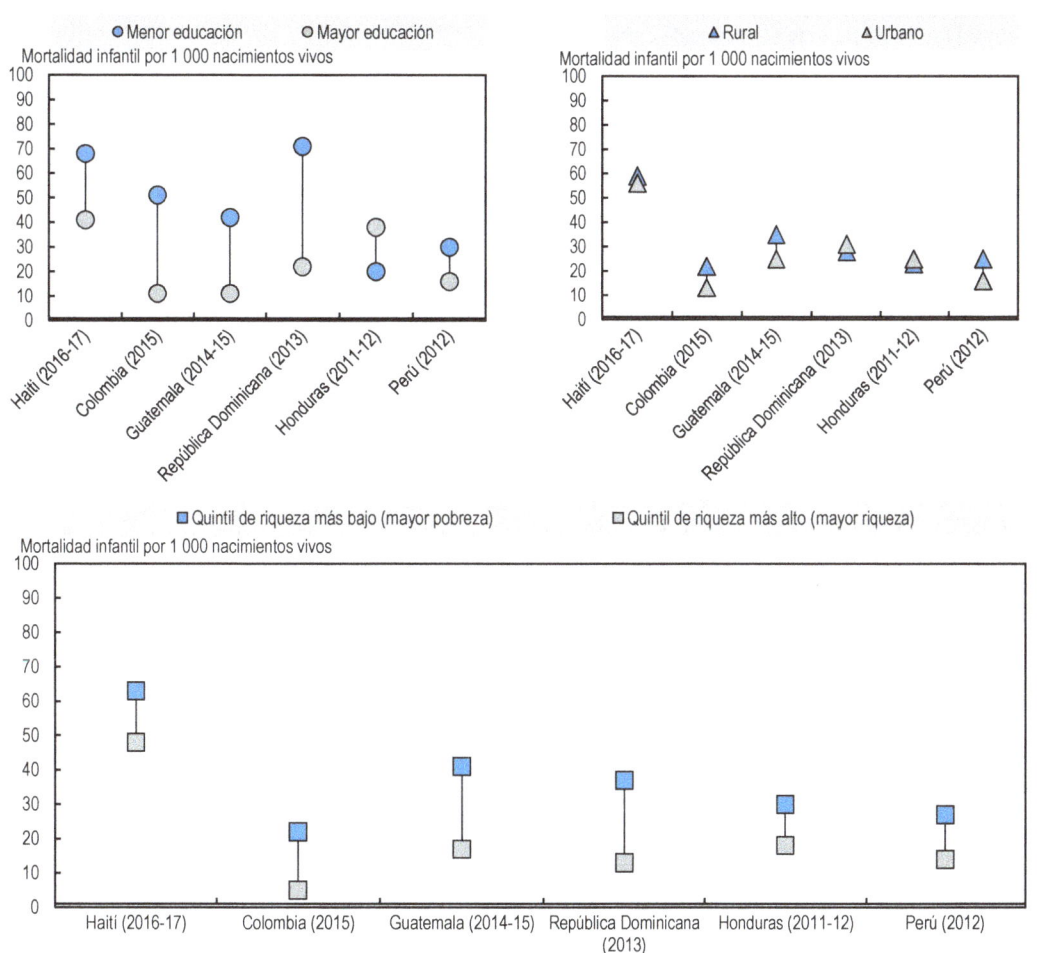

Fuente: Versión en línea de los Indicadores del Desarrollo Mundial. Banco Mundial 2019. Ministerio de Salud para Costa Rica.

StatLink https://stat.link/jpoe49

Figura 3.5. **Relación de tasa de mortalidad infantil por factores socioeconómicos y geográficos, países seleccionados y último año disponible**

Fuente: Encuesta Demográfica y de Salud (DHS) y Encuesta de Indicadores Múltiples por Conglomerados (MICS) 2005-2014.

StatLink https://stat.link/23xyhf

PANORAMA DE LA SALUD: LATINOAMÉRICA Y EL CARIBE 2020 © OCDE/El Banco Internacional de Reconstrucción y Fomento/El Banco Mundial 2020

3. MORTALIDAD EN MENORES DE 5 AÑOS

La tasa de mortalidad en menores de 5 años es un indicador de la salud infantil, así como del desarrollo y bienestar general de una población. En el 2017, 5,4 millones de niños murieron en todo el mundo antes de cumplir los cinco años, de los cuales el 3,5% de los fallecimientos (188.000) ocurrieron en la región de LAC (UNICEF et al., 2018[5]). Como parte de los Objetivos de Desarrollo Sostenible (ODS), las Naciones Unidas han establecido la meta de reducir la mortalidad de los menores de 5 años al menos hasta 25 por cada 1.000 nacidos vivos para el 2030. Las principales causas de muerte entre los menores de cinco años son por complicaciones del parto prematuro (18%), neumonía (12%), complicaciones relacionadas con el parto (8%) y sepsis (7%). La desnutrición, la lactancia materna deficiente y la deficiencia de zinc son factores de riesgo que se superponen con la diarrea y neumonía infantiles – las principales causas infecciosas de morbilidad y mortalidad infantil (OPS, 2017[6]).

El Banco Mundial estimó que la tasa de mortalidad mundial de menores de cinco años era de 39 por cada 1.000 nacidos vivos, mientras que la tasa media de mortalidad de menores de cinco en todos los países de LAC era de 19 muertes por cada 1.000 nacidos vivos (Figura 3.6). Cuba, Bahamas, Antigua y Barbuda, Chile, Uruguay y Costa Rica alcanzaron tasas inferiores a 10 muertes por cada 1.000 nacidos vivos. Las tasas de mortalidad en Bolivia, Dominica, Guyana y Venezuela fueron altas, entre 31 y 35 muertes por cada 1.000 nacidos vivos, mientras que las tasas en Haití fueron muy altas, llegando a 71,7 muertes por 1.000 nacidos vivos. Estos países también tuvieron la mayor mortalidad infantil de la región, como se ha visto en la sección anterior.

Si bien la mortalidad de menores de 5 años ha disminuido en promedio un 46% en los países de LAC en el período comprendido entre 2000 y 2017, los progresos muestran una amplia variabilidad entre los países. Naciones como Bolivia, El Salvador, Perú y Brasil reportaron una disminución de más del 55%, mientras que en Guyana se incrementó en un 121%, en Venezuela en un 42% y en Granada en un 6%. En Haití se registró una reducción del 31% en el período, que sigue estando por debajo de la mejora de la región.

Al igual que en el caso de la mortalidad infantil (véase el indicador "Mortalidad infantil" en el Capítulo 3), también existen desigualdades en las tasas de mortalidad de menores de 5 años dentro de los países. En todos los países, las tasas de mortalidad en este segmento etario varían sistemáticamente en función de los ingresos familiares y la educación de la madre y, en cierta medida, de la ubicación geográfica. Por ejemplo, en Haití la mortalidad de menores de 5 años era unas tres veces mayor entre los niños cuya madre tenía poca o ninguna educación en comparación con aquellos cuya madre tenía más que educación secundaria. La desigualdad por nivel de educación también era grande en Guyana y el Perú. En Perú, Honduras y Haití, las disparidades en la mortalidad de menores de 5 años según los ingresos también eran grandes, ya que los niños del 20% más pobre de la población tenían más o menos el doble de probabilidades de morir antes de cumplir los 5 años que los del 20% más rico. Las desigualdades en las tasas de mortalidad por ubicación geográfica eran relativamente pequeñas (Figura 3.7).

Con la finalidad de alcanzar las metas de los ODS, los países deberán acelerar sus esfuerzos, por ejemplo, mediante la ampliación de las intervenciones preventivas y curativas efectivas, por ejemplo, atención esencial neonatal, suplementos de vitamina A, vacunas contra el rotavirus y sarampión, agua potable, mejoramiento de las condiciones de saneamiento, lactancia materna, alimentos complementarios adecuados, lavado de manos con jabón y manejo adecuado de casos. Un abordaje integrado que aborde las principales causas de las muertes post-neonatales, en específico neumonía, diarrea, malaria y desnutrición, que llegue de manera efectiva hasta los recién nacidos e infantes más vulnerables, podría generar una disminución del 14% en la tasa de mortalidad de menores de cinco (OPS, 2017[6]). Los beneficios podrían ser dobles: reducción de las tasas de mortalidad a corto plazo y sobrevivientes más sanos y con mejores resultados de salud a largo plazo.

> **Definición y comparabilidad**
>
> La mortalidad en menores de 5 años está definida como la probabilidad de un recién nacido de morir antes de cumplir los primeros 5 años de vida y se expresa por cada 1.000 nacidos vivos. En vista que la mortalidad en menores de 5 años se deriva de una tabla de vida, en términos estrictos no es una tasa sino una probabilidad de muerte. Las tasas de mortalidad específicas por edad se emplean para construir tablas de vida, de las cuales se deriva la mortalidad en menores de 5. Algunos países calculan sus tasas de mortalidad infantil a partir de censos, encuestas y muestras de sistemas de registro, en vez de basarse en un registro preciso y completo de las defunciones. Ver el indicador "mortalidad infantil" en el presente Capítulo para las definiciones de las relaciones de tasas
>
> Los datos de mortalidad por condiciones socioeconómicas provienen de encuestas DHS y MICS. Estos tipos de encuestas permiten desglosar los datos de hogares por nivel de educación (sin educación y educación primaria vs. secundaria y universitaria), ingreso (quintiles más bajos y más altos) y residencia rural y urbana.

Referencias

[6] OPS (2017), *Health in the Americas+, 2017 Edition. Summary: Regional Outlook and Country Profiles*, Pan American Health Organization, Washington, D.C., *https://www.paho.org/salud-en-las-americas-2017/wp-content/uploads/2017/09/Print-Version-English.pdf*.

[5] UNICEF et al. (2018), *Levels and Trends in Child Mortality Report 2018*, UNICEF Publications, *https://www.unicef.org/publications/index_103264.html*.

3. MORTALIDAD EN MENORES DE 5 AÑOS

Figura 3.6. **Tasas de mortalidad en menores de 5 años, 2000 y 2017 (o el año más cercano)**

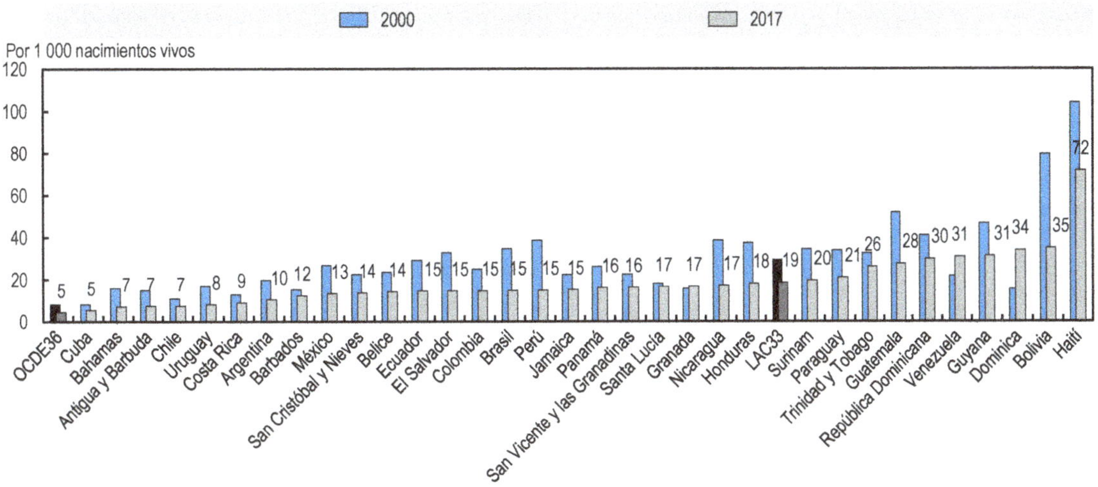

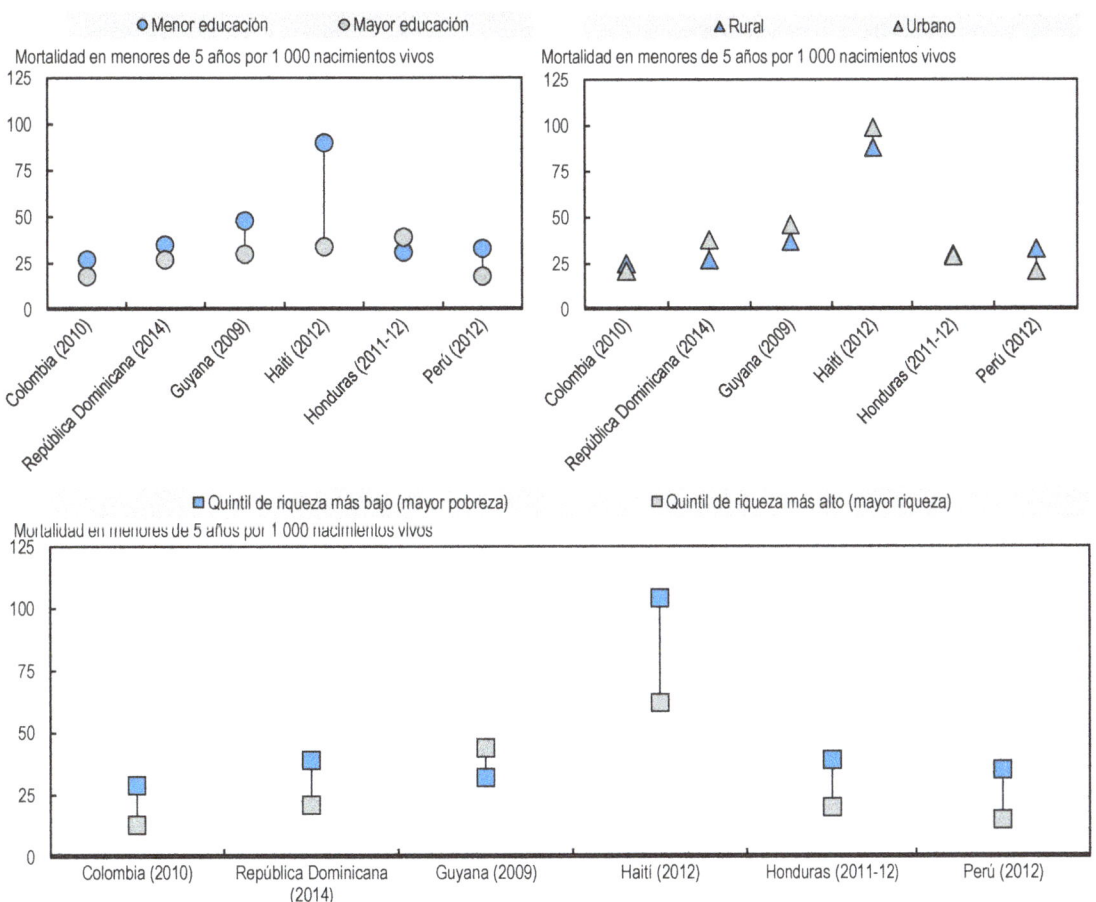

Fuente: UN IGME 2019.

StatLink https://stat.link/nr92q3

Figura 3.7. **Relación de tasa de mortalidad en menores de 5 años por factores socioeconómicos y geográficos, países y años seleccionados**

Fuente: Encuesta Demográfica y de Salud (DHS) y Encuesta de Indicadores Múltiples por Conglomerados (MICS) 2005-2014.

StatLink https://stat.link/h9zuye

3. MORTALIDAD GENERAL

El desarrollo acumulativo de los países ha generado una "transición epidemiológica" en la cual las muertes prematuras se ven reemplazadas por los fallecimientos en la vejez, mientras que las enfermedades transmisibles van siendo sustituidas por ENT (Omran, 2005[7]). Este escenario también se observa en LAC, donde la carga de morbilidad de las ENT en adultos – el grupo etario con mayor productividad económica – acusa un aumento acelerado.

Existen amplias disparidades en la mortalidad adulta de la región de LAC. En el año 2016, para los hombres, la probabilidad de morir entre los 15 y 60 años osciló entre 114 por cada 100.000 habitantes en Chile y 311 por cada 100.000 en Guyana (Figura 3.8). Haití y El Salvador también excedieron las 260 muertes por cada 100.000 habitantes. Entre las mujeres, la probabilidad osciló entre 60 por cada 100.000 habitantes en Chile y 211 en Haití. El índice de mortalidad fue mayor en los hombres que en las mujeres en todos los países y la relación fue incluso mayor en aquellos países con tasas de mortalidad más bajas en términos generales. Las tasas de mortalidad en los hombres fueron alrededor del doble que en las mujeres en la mayoría de los países. En LAC31, la probabilidad promedio de fallecimiento fue de 184 por cada 100.000 habitantes en hombres adultos y de 108 por cada 100.000 habitantes mujeres adultas, una cifra mucho alta que la mortalidad promedio en adultos de los países OCDE (104 por cada 100.000 habitantes para hombres y 53 per 1.000 habitantes en el caso de mujeres).

La mortalidad por todas las causas en toda la población osciló de un poco menos de 700 por cada 100.000 habitantes en Bahamas, Chile y Barbados, hasta más de 1.000 in Honduras y Haití (Figura 3.9). La tasa de mortalidad promedio atribuible a todas las causas en la región LAC fue casi el doble de los países OCDE. Sin embargo, la mortalidad de toda la población declinó en promedio 13% en toda LAC en el periodo 2000 – 2017. Las mayores reducciones se registraron en Guatemala, Honduras, El Salvador, Nicaragua, Chile y República Dominicana (superiores al 15%). La mortalidad global en todos los segmentos etarios guarda una estrecha relación con la mortalidad adulta en todos los países de la región; Haití registra la mayor mortalidad adulta tanto en hombres como en mujeres, así como la mortalidad más elevada atribuible a todas las causas.

El porcentaje de fallecimientos debido a las ENT ha ido en aumento en LAC. Las condiciones cardiovasculares y cánceres son las principales causas de muerte, al representar más del 82% de todos los decesos, en promedio, en los 32 países de LAC (Figura 3.10; ver además la sección "Mortalidad por enfermedades cardiovasculares" y sección "Mortalidad por cáncer" en Capítulo 3). En países OCDE, el promedio fue mayor de 85% y dicho porcentaje sigue en aumento. Sin embargo, enfermedades transmisibles como las infecciones respiratorias, enfermedades diarreicas y tuberculosis, junto con las condiciones maternas y perinatales continúan siendo las principales causas de muerte en muchos países de la región de LAC, con un 10% de todos los fallecimientos en el año 2017. El remanente 8% de los decesos se atribuyen a lesiones y actos de violencia.

El nivel de mortalidad por todas las causas y las causas de muerte son factores importantes para identificar las prioridades de salud pública y evaluar la efectividad del sistema de salud de un país. Los mismos pueden complementarse con múltiples datos que permitan comprender las relaciones con otros factores e incluso pronosticar futuros escenarios de salud que orienten las decisiones en torno a las fuentes de financiamiento y acciones de los sistemas de salud (Foreman et al., 2018[8]).

Definición y comparabilidad

Las tasas de mortalidad se calculan al dividir las cifras anuales de fallecimientos entre las estimaciones demográficas registradas a mediados de un año. Las tasas se han estandarizado por edad a los prospectos demográficos mundiales de la ONU para eliminar las variaciones provenientes de las diferencias en las estructuras etarias de los países. Muchos países en vías de desarrollo carecen de sistemas completos de registros vitales y cerca de un tercio de las naciones de la región no tienen datos recientes. La clasificación errónea de las causas de muerte es otro problema. El Proyecto de Estimaciones Mundiales de Salud de la OMS (GHE) trabaja con una amplia gama de fuentes de datos para cuantificar los efectos globales y regionales de enfermedades, lesiones y factores de riesgo sobre la salud demográfica. La OMS ha desarrollado tablas de vida para todos los estados miembros, a partir de una revisión sistemática de toda la evidencia disponible sobre niveles y tendencias de mortalidad. La probabilidad de morir entre los 15 y 60 años de edad (tasa de mortalidad adulta) se deriva de estas tablas de vida.

Referencias

[8] Foreman, K. et al. (2018), "Forecasting life expectancy, years of life lost, and all-cause and cause-specific mortality for 250 causes of death: reference and alternative scenarios for 2016-40 for 195 countries and territories.", *Lancet (London, England)*, Vol. 392/10159, pp. 2052-2090, http://dx.doi.org/10.1016/S0140-6736(18)31694-5.

[7] Omran, A. (2005), "The epidemiologic transition: a theory of the epidemiology of population change", *The Milbank quarterly*, Vol. 83/4, pp. 731-57, http://dx.doi.org/10.1111/j.1468-0009.2005.00398.x.

Figura 3.8. **Tasa de mortalidad en adultos (probabilidad de morir entre los 15 y 60 años por cada 1.000 habitantes), 2016**

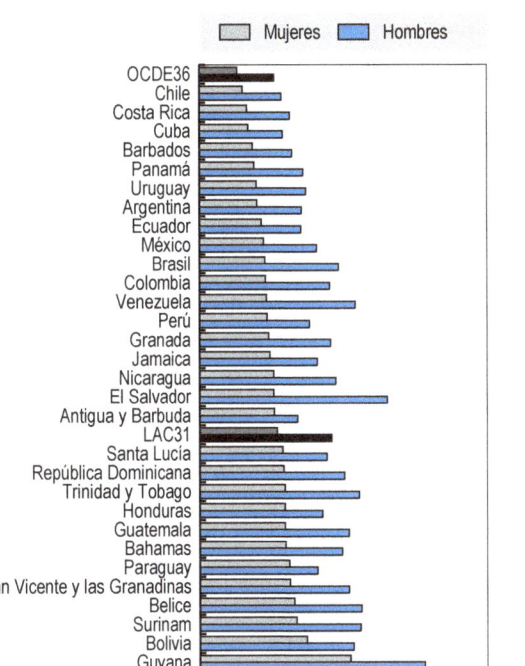

Fuente: Observatorio Global de Salud, OMS (2018).

StatLink https://stat.link/sh1z9e

Figura 3.9. **Tasas de mortalidades atribuibles a todas las causas para toda la población, 2000 y 2017 (o año más cercano)**

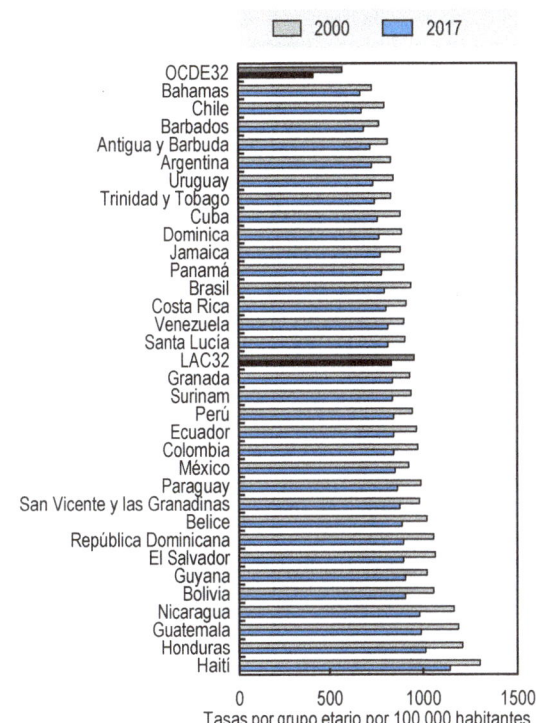

Fuente: Carga Mundial de Enfermedad (2019), IHME.

StatLink https://stat.link/xpw6hm

Figura 3.10. **Proporciones de muertes atribuibles en todas las causas, 2015 (o año más cercano)**

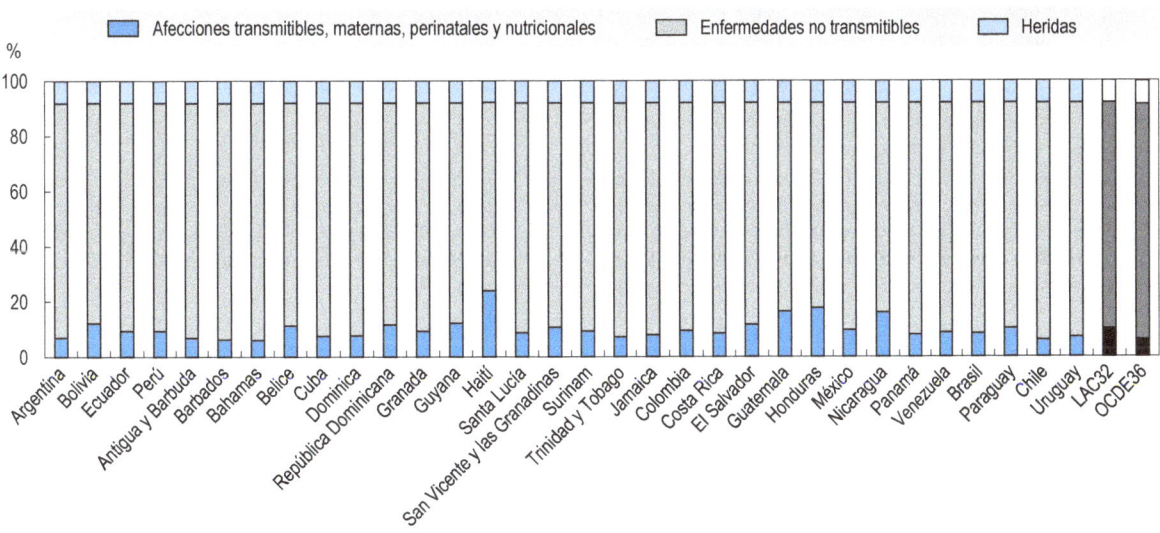

Fuente: Carga Mundial de Enfermedad (2019), IHME.

StatLink https://stat.link/m3sa4t

3. MORTALIDAD POR ENFERMEDADES CARDIOVASCULARES

Las enfermedades cardiovasculares (ECV) son la principal causa de muerte a nivel mundial y se estima que provocan 1,8 millones de decesos anuales en la Región de las Américas (OPS, 2017[6]). Las ECV cubren una gama de afecciones relacionadas con el sistema circulatorio, cardiopatía isquémica (CI) y ACV. La CI se origina por la acumulación de una placa ateroesclerótica en las paredes internas de una arteria coronaria, restringiendo el flujo de sangre que ingresa al corazón. Los ACV se refieren al grupo de afecciones relacionadas con los vasos sanguíneos que alimentan el cerebro. Los tipos de ACV se refieren al infarto isquémico, el cual se produce cuando se detiene o interrumpe el flujo de sangre al cerebro, mientras que el infarto hemorrágico ocurre cuando vasos sanguíneos debilitados se rompen y sangran dentro del espacio subaracnoideo (hemorragia subaracnoidea) o del cerebro (hemorragia intracerebral).

La mayoría de las ECV tienen su origen en factores de riesgo que pueden controlarse, tratarse o modificarse, tales como hipertensión, altos niveles de glucosa en la sangre (ver sección "Glicemia y presión arterial" del Capítulo 5), alto colesterol, obesidad (ver sección "Adultos con sobrepeso y obesidad" del Capítulo 4), falta de actividad física (ver sección "Actividad física" del Capítulo 4), hábito tabáquico (ver sección "Tabaquismo" del Capítulo 4) y consumo excesivo alcohol (ver sección "Alcohol" del Capítulo 4).

Las ECV son la principal causa de muerte en la región de LAC (ver sección "Mortalidad general"). La mortalidad promedio provocada por las ECV disminuyó tanto en LAC como en la OCDE en el periodo 2000 – 2017, aunque la reducción en LAC fue bastante menor (-18% frente a -35%) (Figura 3.11). Países como Perú, Belice y Colombia han experimentado las mayores disminuciones en las tasas de mortalidad por ECV de más del 35%, siendo las únicas naciones de LAC que superan la reducción promedio de la OCDE. Cabe destacar que la República Dominicana es el único país que ha aumentado la mortalidad por ECV de 211 a 267 muertes por cada 100.000 habitantes en el período.

La mortalidad por ECV superó las 300 muertes por cada 100.000 habitantes entre los hombres de Surinam, República Dominicana, Haití y Guyana en 2017 (Figura 3.12). Perú, Nicaragua, Colombia, Panamá, Chile y Ecuador fueron los países que estuvieron por debajo del promedio de la OCDE de 162 muertes de hombres por cada 100.000 habitantes. En el caso de las mujeres, las tasas más altas se observaron en Haití y Guyana, con 473 y 340 muertes por cada 100.000 habitantes, respectivamente. En cambio, Perú tuvo las cifras más bajas en la región, con 78 muertes por cada 100.000 habitantes, siendo el único país por debajo del promedio de la OCDE de 103.

En conjunto, la CI y el ACV representan el 78% de todas las muertes por ECV en todos la región LAC, muy similar al 77% de los países de la OCDE, pero las muertes por hipertensión en LAC son mayores que en la OCDE (8% versus 5%) (Figura 3.13). Las muertes por CI representan más del 60% de todas las muertes por ECV en El Salvador, Honduras y México, mientras que un poco menos del 35% en Santa Lucía, Jamaica y Dominica. En Jamaica, las muertes por ACV representan el 45% de todas las muertes por ECV, y un poco menos del 23% en El Salvador, Costa Rica, México y Argentina.

El éxito de la reducción de las tasas de mortalidad por ECV en los países de la OCDE se debe a la disminución de las tasas de tabaquismo, la ampliación de la capacidad del sistema de salud para controlar el colesterol elevado y la presión arterial, así como mayor acceso a una atención médica efectiva cuando se produce un episodio agudo como un ACV o un infarto agudo al miocardio (ver el indicador "Mortalidad intrahospitalaria por infarto agudo al miocardio y accidente cerebrovascular" en el Capítulo 7) (OCDE, 2015[9]). A medida que aumente la proporción de ancianos en la región de LAC (ver la sección "Envejecimiento" en el Capítulo 3), la demanda de atención médica aumentará, mientras que la complejidad y el tipo de atención que requieren los pacientes con ECV cambiará, por ejemplo, debido al aumento de la multi-morbilidad. El aumento del colesterol total y de la presión arterial, junto con el tabaquismo, el sobrepeso/obesidad y la glucosa alta en la sangre ponen de relieve la necesidad de controlar los factores de riesgo para prevenir el desarrollo de las ECV. Además de los esfuerzos por cambiar los estilos de vida, es necesario fortalecer la atención primaria y aumentar la calidad de los cuidados agudos mediante el mejoramiento de la atención de emergencia y de las habilidades profesionales y capacidad de entrenamiento (OCDE, 2015[9]).

Definición y comparabilidad

Ver el indicador "Mortalidad atribuible a todas las causas" del Capítulo 1 para la definición, fuente y metodología detrás de las tasas de mortalidad.

Referencias

[9] OCDE (2015), *Cardiovascular Disease and Diabetes: Policies for Better Health and Quality of Care*, OECD Health Policy Studies, Ediciones OCDE, París, https://dx.doi.org/10.1787/9789264233010-en.

[6] OPS (2017), *Health in the Americas+, 2017 Edition. Summary: Regional Outlook and Country Profiles*, Pan American Health Organization, Washington, D.C., https://www.paho.org/salud-en-las-americas-2017/wp-content/uploads/2017/09/Print-Version-English.pdf.

Figura 3.11. **Enfermedades cardiovasculares, tasas de mortalidad estimadas, 2000 y 2017 (o año más cercano)**

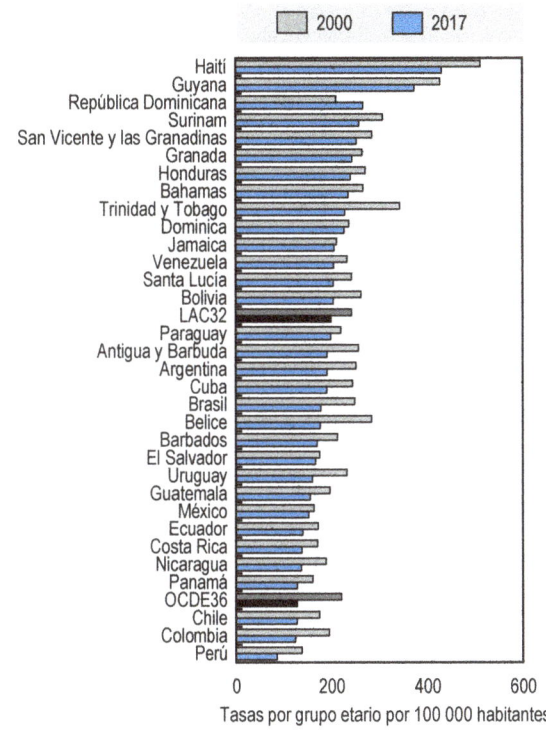

Fuente: Carga Mundial de Enfermedad (2019), IHME.

StatLink https://stat.link/x57wjk

Figura 3.12. **Enfermedades cardiovasculares, tasas de mortalidad estimadas, por sexo, 2017 (o año más cercano)**

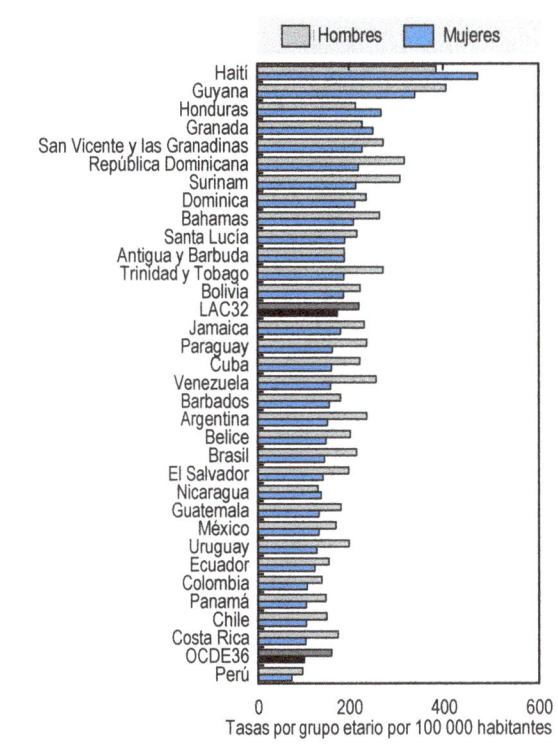

Fuente: Carga Mundial de Enfermedad (2019), IHME.

StatLink https://stat.link/znu3aj

Figura 3.13. **Proporciones de muertes por tipo de enfermedades cardiovasculares, 2017 (o año más cercano)**

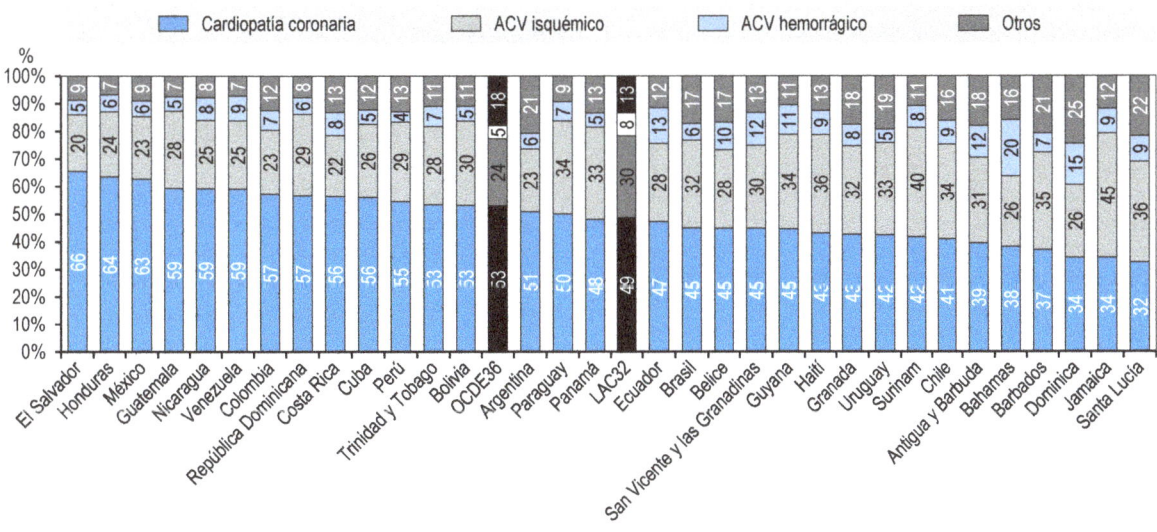

Nota: ACV, ataque cerebrovascular.
Fuente: Carga Mundial de Enfermedad (2019), IHME.

StatLink https://stat.link/72dhnt

3. MORTALIDAD POR CÁNCER

El cáncer es la segunda causa de muerte después de las enfermedades cardiovasculares (ECV) en los países LAC, provocando más de 670.000 defunciones en el 2018 en la región (Bray et al., 2018[10]). El cáncer ocurre cuando células anormales se dividen sin control y son capaces de invadir otros tejidos. Hay más de 100 tipos distintos de cánceres, la mayoría de ellos con nombres de los órganos de origen. Solo entre el 5 y el 10% de todos los tumores malignos son hereditarios, lo que significa que los factores de riesgo modificables como el tabaquismo, la obesidad, la falta de ejercicio físico y la exposición excesiva al sol, así como las exposiciones ambientales, explican hasta el 90-95% de todos los casos de cáncer (Whiteman and Wilson, 2016[11]). La prevención, la detección temprana y el tratamiento siguen a la vanguardia de las herramientas para reducir la carga de morbilidad oncológica.

La tasa promedio de mortalidad por cáncer en LAC fue de 120 por cada 100.000 habitantes en el año 2017, inferior al promedio de los países OCDE, que es de 125 (Figura 3.14). Las muertes por cáncer fueron menos comunes en Nicaragua, México, Colombia, Panamá y Honduras, con tasas inferiores a 90 muertes por 100.000, y las más altas en Uruguay, Dominica y Haití, con más de 150 decesos por cada 100.000 habitantes. La mortalidad oncológica en general ha disminuido en la región de LAC en un 4,5% desde el año 2000, aunque muy por debajo de la reducción del 17% observada en los países OCDE. Sin embargo, diez naciones elevaron su tasa de mortalidad oncológica durante el período 2000-2017, destacándose República Dominicana y Granada, con los mayores aumentos de 18% y 13%, respectivamente. Por otra parte, Colombia y Perú experimentaron la mayor disminución de la región, de un 20%, por encima de la reducción media de la OCDE.

La tasa de mortalidad por cáncer fue mayor en los hombres que en las mujeres en casi todos los países de LAC, con la excepción de Honduras y Nicaragua (Figura 3.15). Dominica y Uruguay son los únicos países de LAC con una relación de cáncer hombre/mujer mayor que los países de la OCDE. Las mayores tasas de mortalidad por cáncer en los hombres se pueden explicar por factores como las diferencias en las hormonas sexuales y los genes del cromosoma X que pueden afectar la función del sistema inmunológico, una mejor educación en materia de salud o conocimiento sobre los síntomas del cáncer por parte de las mujeres, una mayor disposición a someterse a pruebas de detección o buscar ayuda médica y, finalmente, mayor exposición histórica a factores de riesgo como el tabaco y el consumo de alcohol (Afshar et al., 2018[12]).

El sistema respiratorio (tráquea, bronquios y pulmón), el estómago y la zona colorrectal fueron los tres focos de mortalidad por cáncer más comunes en la región de LAC en el 2017, con un 10,6%, 9,4% y 9,35% de las muertes por cáncer, respectivamente (Figura 3.16). Esta situación es diferente a la de los países de la OCDE, donde el sistema respiratorio, el área colorrectal y mama son los sitios de muerte por cáncer más comunes con 22,1%, 11,6% y 6,8%, respectivamente. El cáncer del sistema respiratorio representó más del 15% de las muertes oncológicas en Cuba, Uruguay, Venezuela y Argentina. Los países de bajos ingresos tienden a mostrar una menor proporción de muertes por cáncer del sistema respiratorio, por debajo del 10%. Las muertes por cáncer estomacal presentan mayores proporciones en Guatemala, Bolivia, Ecuador y Perú (más del 15% de todas las muertes por cáncer) y las más bajas en Cuba y Trinidad y Tobago (menos del 5%). El cáncer colorrectal es más prominente en algunos países de mayor ingreso como Barbados, Argentina y Uruguay, aunque las variaciones dentro de la región no son tan significativas. El cáncer de mama representa una mayor proporción de muertes en Bahamas, Barbados, Trinidad y Tobago y Antigua y Barbuda, todas con más del 10%, y una menor proporción en Guatemala, Belice, Ecuador, Bolivia, Chile y Perú (menos del 6%). Por último, el cáncer de cuello uterino es responsable de más del 8% de las muertes oncológicas en Nicaragua y Honduras, cifra muy superior al promedio de LAC, que es de 4.5%. Esta situación podría ser un factor que contribuya a elevar las tasas de mortalidad por cáncer en general entre las mujeres de ambos países. Al cáncer de cuello uterino se le atribuye una participación mucho menor en la mortalidad oncológica en la OCDE (1.4%).

Al igual que en el caso de las ECV, el envejecimiento de la población dará lugar a muchos más casos de cáncer en los próximos decenios, lo que impondrá mayores cargas a aquellos sistemas de salud mal preparados. Dado que los recursos necesarios para tratar el cáncer son cuantiosos (por ejemplo, personal médico especializado, medicamentos y tecnologías costosas), la planificación del control del cáncer en la región de LAC será más efectiva y eficiente si se centra en factores de riesgo como el tabaquismo, la inactividad física y el sobrepeso/obesidad. El diagnóstico oportuno también es clave para reducir la mortalidad, por lo que es necesario promover el acceso al diagnóstico y la atención del cáncer mediante intervenciones de salud pública y una mayor cobertura sanitaria (OCDE, 2013[13]).

Definición y comparabilidad

Ver el indicador "Mortalidad general" del Capítulo 1 para la definición, fuente y metodología detrás de las tasas de mortalidad.

Referencias

[12] Afshar, N. et al. (2018), "Differences in cancer survival by sex: a population-based study using cancer registry data", *Cancer Causes & Control*, Vol. 29/11, pp. 1059-1069, http://dx.doi.org/10.1007/s10552-018-1079-z.

[10] Bray, F. et al. (2018), "Global cancer statistics 2018: GLOBOCAN estimates of incidence and mortality worldwide for 36 cancers in 185 countries", *CA: A Cancer Journal for Clinicians*, Vol. 68/6, pp. 394-424, http://dx.doi.org/10.3322/caac.21492.

[13] OCDE (2013), *Cancer Care: Assuring Quality to Improve Survival*, OECD Health Policy Studies, Ediciones OCDE, París, https://dx.doi.org/10.1787/9789264181052-en.

[11] Whiteman, D. and L. Wilson (2016), "The fractions of cancer attributable to modifiable factors: A global review", *Cancer Epidemiology*, Vol. 44, pp. 203-221, http://dx.doi.org/10.1016/j.canep.2016.06.013.

Figura 3.14. **Todos los tipos de cáncer, tasas de mortalidad estimadas, 2000 y 2017 (o año más cercano)**

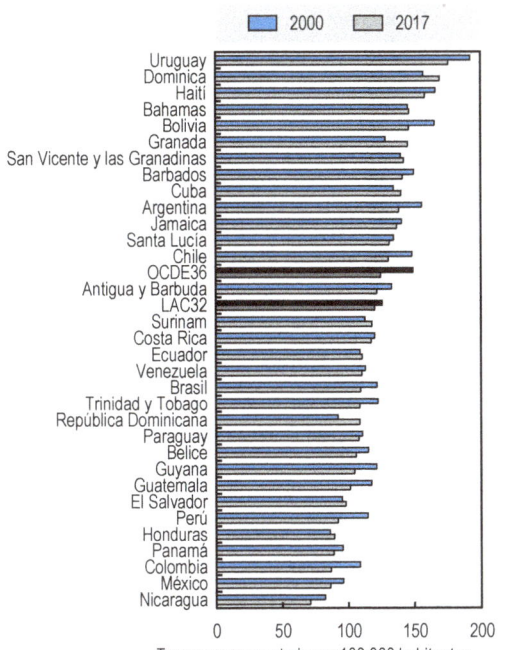

Fuente: Carga Mundial de Enfermedad (2019), IHME.
StatLink https://stat.link/aofkep

Figura 3.15. **Todos los tipos de cáncer, tasas de mortalidad estimadas, por sexo, 2017 (o año más cercano)**

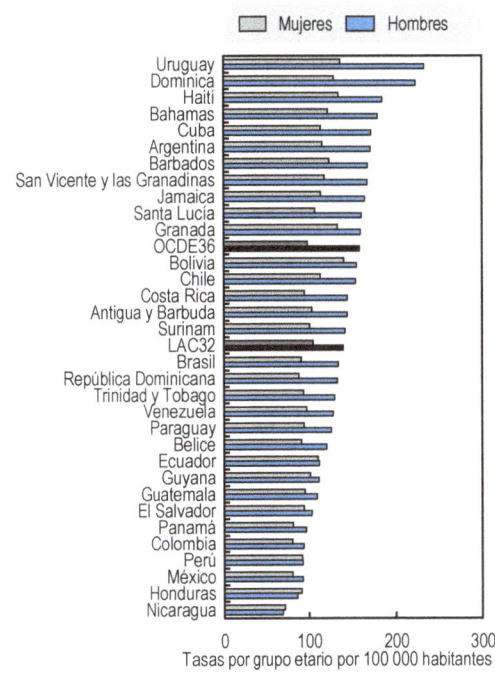

Fuente: Carga Mundial de Enfermedad (2019), IHME.
StatLink https://stat.link/xyivnt

Figura 3.16. **Proporciones de muertes por tipo de cáncer, 2017 (o año más cercano)**

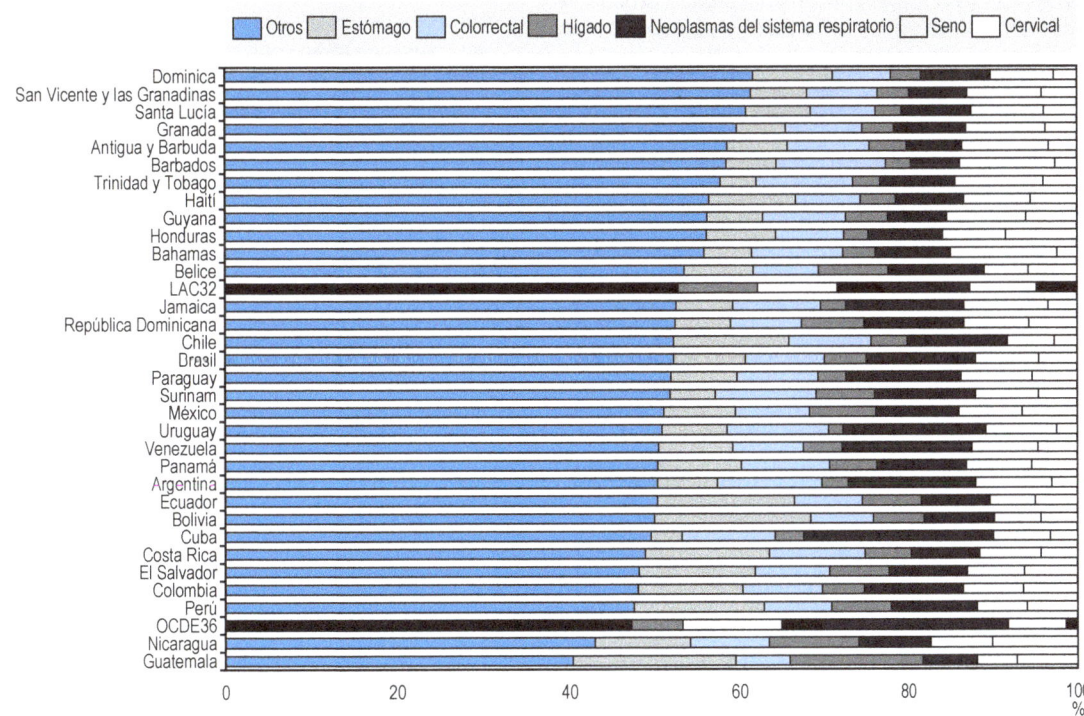

Fuente: Carga Mundial de Enfermedad (2019), IHME.

StatLink https://stat.link/mzjite

3. MORTALIDAD POR LESIONES

Las lesiones son una de las principales causas de muerte y discapacidad en todos los grupos etarios y cobraron más de 635.000 vidas en el 2015 en la Región de las Américas, lo que representa el 9,7% de todos los fallecimientos. Las lesiones son consecuencia de colisiones de tráfico, ahogamientos, envenenamientos, caídas, quemaduras, violencia por agresiones, actos auto-infligidos o de guerra, exposición a fuerzas mecánicas, así como desastres naturales. La magnitud del problema varía mucho de un país a otro según la causa, la edad, el sexo y el grupo de ingresos, pero las muertes por lesiones, tanto intencionales como no intencionales, son acontecimientos en gran medida prevenibles.

En 2017, los hombres tenían tasas de mortalidad mucho más altas que las mujeres en la región de LAC, con 104 muertes por 100.000 para los hombres y 28 muertes por 100.000 para las mujeres, en comparación con 58 y 20 muertes por 100.000, respectivamente, en los países de la OCDE (Figura 3.17). Venezuela muestra la mayor diferencia de género con una mortalidad por lesiones casi seis veces y media más alta entre los hombres que entre las mujeres, seguida de El Salvador y Colombia con tasas de más de cinco veces más altas. Por el contrario, Cuba y Bolivia muestran las menores diferencias entre ambos sexos, con tasas de mortalidad por lesiones de 2,2 y 2,5, respectivamente.

Los fallecimientos violentos fueron la causa más común de muerte por lesiones en la región de LAC en el año 2017, representando el 27% de las muertes por lesiones, seguidas de las muertes por accidentes de tráfico con un 25% y las lesiones auto-infligidas con un 13% (Figura 3.18). Una tendencia diferente se observó en los países de la OCDE donde el 28% de las defunciones por lesiones fueron auto-infligidas, el 22% se debieron a accidentes de tráfico y las muertes violentas representaron el 15%. Sin embargo, la cifra debe considerarse en el contexto del correspondiente aumento mundial del número de vehículos matriculados, lo que sugiere que las intervenciones para mejorar la seguridad vial en el mundo han mitigado el aumento previsto del número de muertes (OMS, 2018[14]). Más de la mitad de todas las muertes por lesiones podrían atribuirse a la violencia interpersonal en Honduras, Jamaica y El Salvador, y la proporción más baja de muertes por lesiones causadas por la violencia se observó en Perú, Uruguay, Bolivia y Chile, todos ellos por debajo del 11% de todas las muertes por lesiones. En Haití, Paraguay, Ecuador y República Dominicana, los accidentes de tránsito representaron más del 37% de las muertes por lesiones y menos del 17% en San Vicente y las Granadinas, Guyana, Jamaica y Cuba. En Surinam, Uruguay, Guyana y Chile, las defunciones auto-infligidas representaron más del 25% de todas las muertes por lesiones, y menos del 6% en Honduras y las Bahamas.

La mortalidad por lesiones debido a violencia aumentó en 33% en LAC entre 1990 y 2017, por debajo del 50% de incremento en la OCDE (Figura 3.19). El mayor aumento se observó en Venezuela, Jamaica y Belice por sobre 150%, mientras que el mayor descenso se produjo en Colombia (-62%), Bolivia (-48%) y Nicaragua (-43%). La mortalidad por lesiones auto-infligidas en el periodo también aumentó en LAC en un 5%, opuesto a la reducción de un 9% en la OCDE. Jamaica muestra el mayor aumento de 132% y Chile exhbe la reducción más pronunciada de -56%. Las muertes por lesiones en accidentes de tránsito en LAC y la OCDE experimentaron un descenso de 22% y 38%, respectivamente, entre 1990 y 2017. Solo Jamaica, República Dominicana, Paraguay y Argentina vieron un aumento, mientras la mayor reducción se observó en Cuba, Bolivia y Nicaragua (por sobre -50%).

Los países OCDE mejoraron sus sistemas de seguridad vial, lo que entraña la puesta en marcha de campañas de educación y prevención, así como de diseño de vehículos y seguridad, y también adoptaron nuevas leyes y reglamentos para reforzar la aplicación de las normativas sobre conducción en estado de embriaguez, los límites de velocidad y el uso de cinturones de seguridad y cascos de motocicleta (ITF, 2017[15]). El 11 de mayo de 2011 se lanzó en todo el mundo la primera Década de Acción para la Seguridad Vial 2011-20. Con el mandato de la Asamblea General de las ONU, el decenio representa una oportunidad histórica para que los países detengan e inviertan la tendencia que, en caso contrario, llevaría a la pérdida de alrededor de 1,9 millones de vidas en las carreteras cada año a partir del 2020.

> **Definición and comparabilidad**
>
> Ver el indicador "Mortalidad atribuibles a todas las causas" en el Capítulo 1 para la definición, fuente y metodología detrás de las tasas de mortalidad.
>
> Las muertes por lesiones en las que no se determina que hubo intencionalidad se distribuyen proporcionalmente a todas las causas que se encuentran en el nivel de grupo de las lesiones.
>
> Las estimaciones de las muertes por lesiones vehiculares proceden de los registros de defunciones, las muertes por accidentes de tráfico reportadas por los sistemas oficiales de vigilancia vial y el modelo de regresión revisado para los países sin datos registrales utilizables de defunciones (OMS, 2018[14]).

Referencias

[15] ITF (2017), *Road Safety Annual Report 2017*, Ediciones OCDE, París, *https://dx.doi.org/10.1787/irtad-2017-en*.

[14] OMS (2018), *Global status report on road safety 2018*, World Health Organization, Geneva, *https://apps.who.int/iris/bitstream/handle/10665/277370/WHO-NMH-NVI-18.20-eng.pdf?ua=1*.

3. MORTALIDAD POR LESIONES

Figura 3.17. **Lesiones, tasas de mortalidad, hombres y mujeres, 2017 (o año más cercano)**

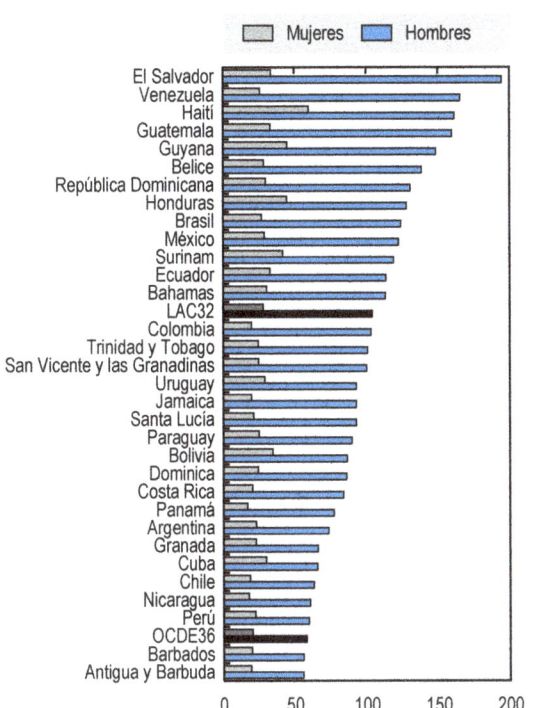

Fuente: Carga Mundial de Enfermedad (2019), IHME.
StatLink https://stat.link/7tjwam

Figura 3.18. **Proporciones de muertes por lesiones, 2017 (o año más cercano)**

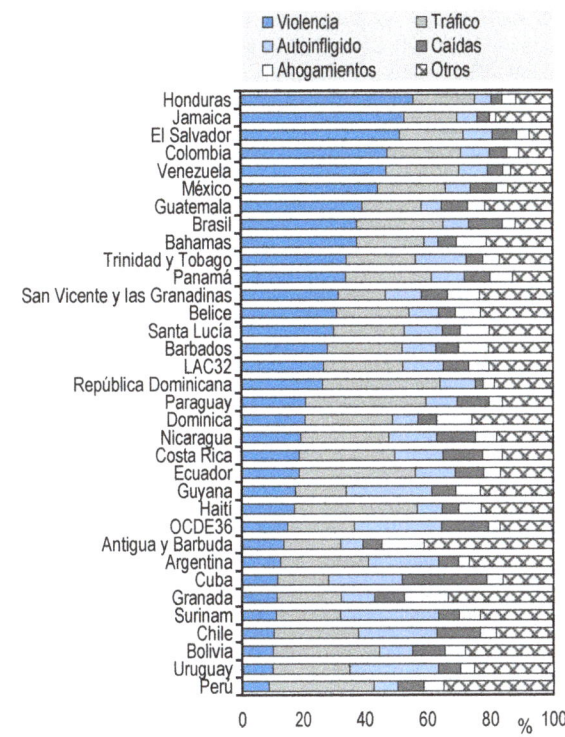

Fuente: Carga Mundial de Enfermedad (2019), IHME.
StatLink https://stat.link/hd25k0

Figura 3.19. **Tasas de crecimiento de fallecimientos por accidentes de tránsito, lesiones auto-infligidas y violencia, 1990-2017 (o el año más cercano)**

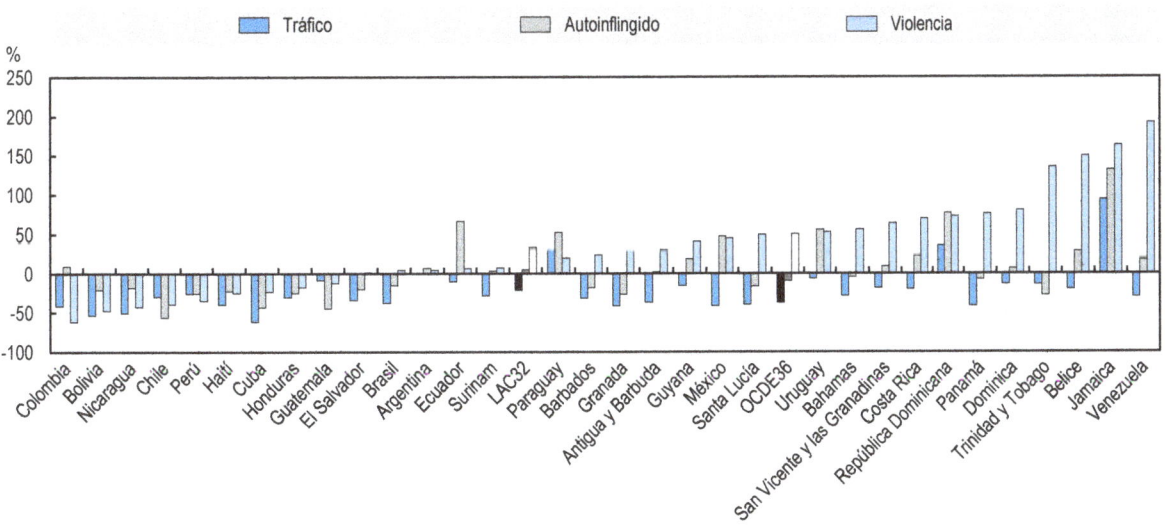

Fuente: Carga Mundial de Enfermedad (2019), IHME.

StatLink https://stat.link/fy3hzq

3. MORTALIDAD MATERNA

La mortalidad materna – la muerte de una mujer mientras está embarazada o dentro de los 42 días siguientes a la terminación del embarazo – es un indicador importante de la salud de la mujer y también para evaluar el desempeño del sistema de salud. En los Objetivos de Desarrollo Sostenible se estableció la meta de reducir la tasa de mortalidad materna mundial por debajo de 70 por cada 100.000 nacidos vivos para el 2030. En LAC se produjeron alrededor de 7.600 muertes maternas el año 2015, la mayoría evitables. Las principales causas fueron las hemorragias post-parto y la hipertensión gestacional, concentradas en los países con mayores tasas de fecundidad, mayor pobreza y menor acceso a servicios de salud de alta calidad (GTR, 2017[16]).

En 31 países de LAC, la razón de mortalidad materna (RMM) promedió 83 muertes por cada 100.000 nacidos vivos en el 2017, mucho mayor que las 8 muertes por cada 100.000 nacidos vivos de los países OCDE (Figura 3.20). Las estimaciones muestran que Chile y Uruguay tienen RMM inferiores a 17. En el otro extremo, Haití tiene una RMM de 480, seguido de Guyana y Bolivia con 169 y 155, respectivamente.

A pesar de las elevadas tasas de algunos países, se ha logrado reducir la mortalidad materna en LAC en un 26% entre 2000 y 2017, sin embargo, menor a la reducción registrada en los países OCDE, que la disminuyeron en un 40% en el mismo período. Belice, Chile, Bolivia y Ecuador redujeron la MMR en más de un 50%. No obstante, la RMM aumentó en 5 países: Santa Lucía (36%), República Dominicana (19%), Haití (10%), Venezuela (5%) y Jamaica (4%).

En 16 países de LAC, la RMM está inversamente relacionada con la cobertura de la asistencia calificada durante el parto (Figura 3.21). Aunque la mayoría de los países (11) tuvieron más del 95% de los partos atendidos por profesionales de la salud calificados, el país con la mayor RMM, Haití, fue también el país con la proporción más baja de partos atendidos por personal médico calificado (42%). Por otro lado, países como Guyana, Venezuela y Surinam muestran una alta cobertura de asistencia especializada en los partos (96% o más) pero una RMM relativamente alta (sobre 120), lo que probablemente evidencia problemas de calidad en la atención.

El aumento de la cobertura de la atención prenatal (al menos cuatro visitas) se asocia con una menor RMM, lo que indica la efectividad de la asistencia prenatal (Figura 3.22). Granada se aparta de la tendencia al tener una baja cobertura de atención prenatal (sólo el 67% de las mujeres embarazadas realizan al menos cuatro controles de salud), pero una RMM relativamente baja de 25. Por el contrario, Bolivia y Guyana muestran una cobertura de atención prenatal superior al 85%, pero una RMM mayor a 200 defunciones por cada 100.000 nacidos vivos, lo que podría vincularse con menores porcentajes de atención médica calificada en los partos, pero también con problemas de calidad de la atención.

El riesgo de muerte materna puede reducirse mediante la planificación familiar, un mayor acceso a servicios de alta calidad antes, durante y después del parto, brindados por profesionales de la salud capacitados. Toda estrategia debe abordar las disparidades en la prestación de estos servicios esenciales de salud reproductiva destinados a las poblaciones desatendidas. Además, el fortalecimiento de los sistemas de salud en general y el programa de cobertura sanitaria universal, junto con acciones multisectoriales (por ejemplo, educación de la mujer, lucha contra la violencia) son esfuerzos de colaboración que son cruciales para reducir las muertes maternas en la región de LAC (OMS et al., 2018[17]).

Definición y comparabilidad

La mortalidad materna se define como la muerte de una mujer mientras está embarazada o dentro de los 42 días siguientes a la terminación del embarazo, independiente de la duración y el sitio del embarazo, debida a cualquier causa relacionada con o agravada por el embarazo mismo o su atención, pero no por causas accidentales o incidentales. Se incluyen aquí las muertes directas por complicaciones obstétricas, las intervenciones, las omisiones o el tratamiento incorrecto. También comprende las muertes indirectas debidas a patologías preexistentes o a enfermedades desarrolladas durante el embarazo, cuando éstas se hayan visto agravadas por los efectos del embarazo. La mortalidad materna se mide en este caso mediante la razón de mortalidad materna (RMM). Es el número de muertes maternas durante un período determinado por cada 100.000 nacidos vivos durante el mismo período. Existen dificultades para identificar con precisión las muertes maternas. Muchos países de la región no cuentan con sistemas de registro civil precisos o completos, por lo que la RMM se deriva de otras fuentes como los censos, las encuestas de hogares, los historiales de los hermanos, las autopsias verbales y los estudios estadísticos. Por ello, las estimaciones deben manejarse con cautela.

Referencias

[17] GTR (2017), *Panorama de la Situación de la Morbilidad y Mortalidad Maternas: América Latina y el Caribe*, Grupo de Trabajo para la Reducción de la Mortalidad Materna. Naciones Unidas, *https://lac.unfpa.org/sites/default/files/pub-pdf/MSH-GTR-Report-Esp.pdf*.

[18] ONS et al. (2018), *Survive, Thrive, Transform. Global Strategy for Women's, Children's and Adolescents' Health: 2018 report on progress towards 2030 targets*, World Health Organization, Geneva, *https://www.everywomaneverychild.org/wp-content/uploads/2018/05/EWECGSMonitoringReport2018.pdf*.

3. MORTALIDAD MATERNA

Figura 3.20. **Razón de mortalidad materna estimada, 2015 (o último año disponible) y cambio porcentual desde el año 2000**

País	Muertes por 100 000 habitantes	% de variación durante el período
OCDE36	8	-40.0
Chile	13	-58.1
Uruguay	17	-34.6
Granada	25	-34.2
Barbados	27	-46.0
Costa Rica	27	-32.5
México	33	-40.0
Belice	36	-59.6
Cuba	36	-21.7
Argentina	39	-40.9
Antigua y Barbuda	42	-4.5
El Salvador	46	-37.0
Panamá	52	-42.9
Ecuador	59	-51.6
Brasil	60	-13.0
Honduras	65	-23.5
Trinidad y Tobago	67	-17.3
San Vicente y las Granadinas	68	-15.0
Bahamas	70	-6.7
Jamaica	80	3.9
LAC31	83	-25.9
Colombia	83	-11.7
Paraguay	84	-49.1
Perú	88	-38.9
República Dominicana	95	18.8
Guatemala	95	-41.0
Nicaragua	98	-39.5
Santa Lucía	117	36.0
Surinam	120	-45.7
Venezuela	125	5.0
Bolivia	155	-53.2
Guyana	169	-26.8
Haití	480	9.8

Fuente: Observatorio Global de Salud, OMS (2019).

StatLink https://stat.link/lwmuxz

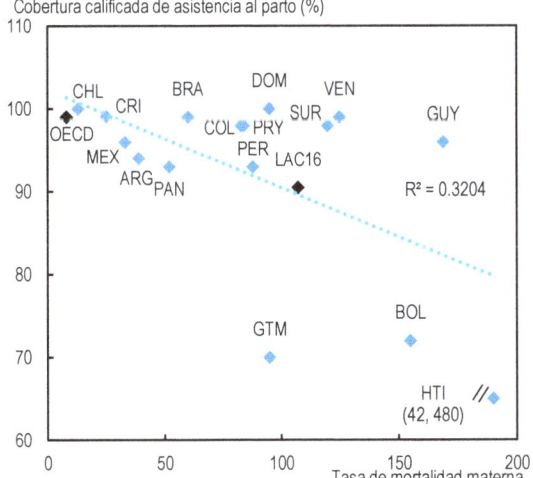

Figura 3.21. **Cobertura de partos atendidos por personal capacitado y razones de mortalidad materna estimadas, último año disponible**

Fuente: Observatorio Global de Salud, OMS (2019). Ministerio de Salud para Costa Rica.

StatLink https://stat.link/zksbn2

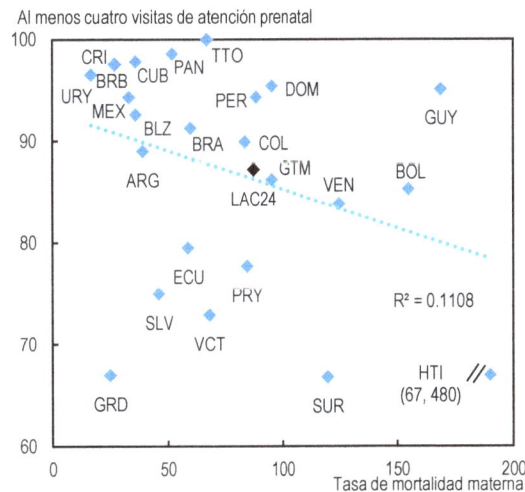

Figura 3.22. **Cobertura de atención prenatal y mortalidad materna, último año disponible**

Fuente: Observatorio Global de Salud, OMS (2019).

StatLink https://stat.link/o4twlp

3. TUBERCULOSIS

A nivel mundial en 2016, el número total de nuevos casos de tuberculosis (TB) se estimó en 10,42 millones, de los cuales más de 160.000 se registraron en LAC. El número de muertes por TB se estimó en 1,45 millones, de las cuales más de 15.000 se produjeron en LAC. La mayoría de estos casos y muertes por TB afectan de manera desproporcionada a los hombres, excepto en los primeros 15 años de vida en que la situación es similar en ambos sexos (GBD Tuberculosis Collaborators et al., 2018[18]). La mayoría de los casos de TB son evitables siempre que se diagnostique y se administre el tratamiento adecuado. La OMS declaró la TB como una emergencia sanitaria mundial en 1993 y la Alianza Alto a la Tuberculosis, coordinada por la OMS, fijó el objetivo de reducir a la mitad la prevalencia de la TB y la mortalidad asociada con ella para el 2015, en comparación con la base de referencia de 1990. Los Objetivos de Desarrollo Sostenible prevén el fin de la epidemia de tuberculosis para 2030.

La tasa de incidencia más alta se registró en Haití, Perú y Bolivia con 176, 123 y 108 casos por cada 100.000 habitantes en 2018, respectivamente (Figura 3.23). Se observaron bajas tasas de incidencia, inferiores a 5 casos por cada 100.000 habitantes, en Barbados, Granada, Jamaica and Santa Lucía. San Cristóbal y Nieves no reportó ningún caso nuevo en el año 2018.

Las mayores tasas de mortalidad por TB (sin incluir el VIH) se registraron en Guyana y Bolivia, con 15 y 11 muertes por cada 100.000 habitantes. Las tasas de mortalidad más bajas se observan en Jamaica, Cuba, Costa Rica y Barbados, todos ellas por debajo de 1 muerte por cada 100.000 habitantes (Figura 3.23).

Aunque la tasa media de captación de TB en la región es en general elevada (83% de captación de todos los casos en el año 2016), hubo un gran número de casos no detectados en Bolivia y Haití, donde las tasas de captación fueron del 62% y 75%, respectivamente, los dos únicos países por debajo del 80% (Figura 3.24). Se han ampliado las prestaciones de servicios de alta calidad en materia de TB en los países LAC y muchos casos son tratados, alcanzando excelentes tasas de tratamiento exitoso en Granada, Dominica y Barbados. En contraste, la tasa de tratamiento exitoso más baja corresponde a Jamaica con un 23%, seguida de Argentina con un 54%, muy por debajo del promedio de LAC33 de 76%.

En general, los países de LAC enfrentan los retos que plantea la TB, con una incidencia y una mortalidad en constante disminución desde 1990, a pesar de las disparidades que se observan en la región. La reducción media de la incidencia fue de un 10% entre 2000 y 2018. La mayor disminución en este período se observó en Honduras, Barbados, y San Vicente y las Granadinas con una caída de más del 60%, mientras que en Granada la incidencia creció en un 282%, sin embargo, la línea de base era baja, con 0,7 casos por cada 100.000 habitantes (Figura 3.25).

La región LAC sigue enfrentándose a grandes desafíos en el control de la TB, entre ellos la prestación de servicios para las personas más vulnerables. Las estrategias más relevantes a desarrollar comprenden la implementación y ampliación de diagnósticos tempranos con nuevas pruebas moleculares rápidas, el estudio epidemiológico de los contactos, el uso de esquemas acortados de tratamiento de TB resistente a múltiples fármacos, la reducción de las brechas de financiamiento y la necesidad de contar con mayor experticia técnica (OPS, 2018[19]).

Definición y comparabilidad

La TB es una enfermedad contagiosa, causada por la bacteria *Mycobacterium tuberculosis*. Suele atacar los pulmones, pero también puede afectar a otras partes del cuerpo. Se propaga a través del aire, cuando las personas que padecen la enfermedad tosen, estornudan, hablan o escupen. La mayoría de las infecciones en los seres humanos son latentes y asintomáticas; cerca de una de cada diez infecciones latentes termina convirtiéndose en una enfermedad activa. Si no se trata, la TB activa mata entre el 20% y el 70% de las víctimas en un plazo de diez años, dependiendo de la severidad.

La tasa de incidencia de la TB es el número de nuevos casos de la enfermedad que se estima se producen en un año, por cada 100.000 habitantes. La tasa de prevalencia de la TB es el número total de personas que padecen la enfermedad en un momento determinado, por cada 100.000 habitantes. La mortalidad por TB no comprende la TB asociada con enfermedad por VIH, según el CIE-10.

Referencias

[19] GBD Tuberculosis Collaborators, H. et al. (2018), "Global, regional, and national burden of tuberculosis, 1990-2016: results from the Global Burden of Diseases, Injuries, and Risk Factors 2016 Study.", *The Lancet. Infectious diseases*, Vol. 18/12, pp. 1329-1349, http://dx.doi.org/10.1016/S1473-3099(18)30625-X.

[20] OPS (2018), *Tuberculosis en las Américas 2018* http://iris.paho.org/xmlui/handle/10665.2/49510.

Figura 3.23. **Estimación de la carga de morbilidad provocada por la tuberculosis, 2018**

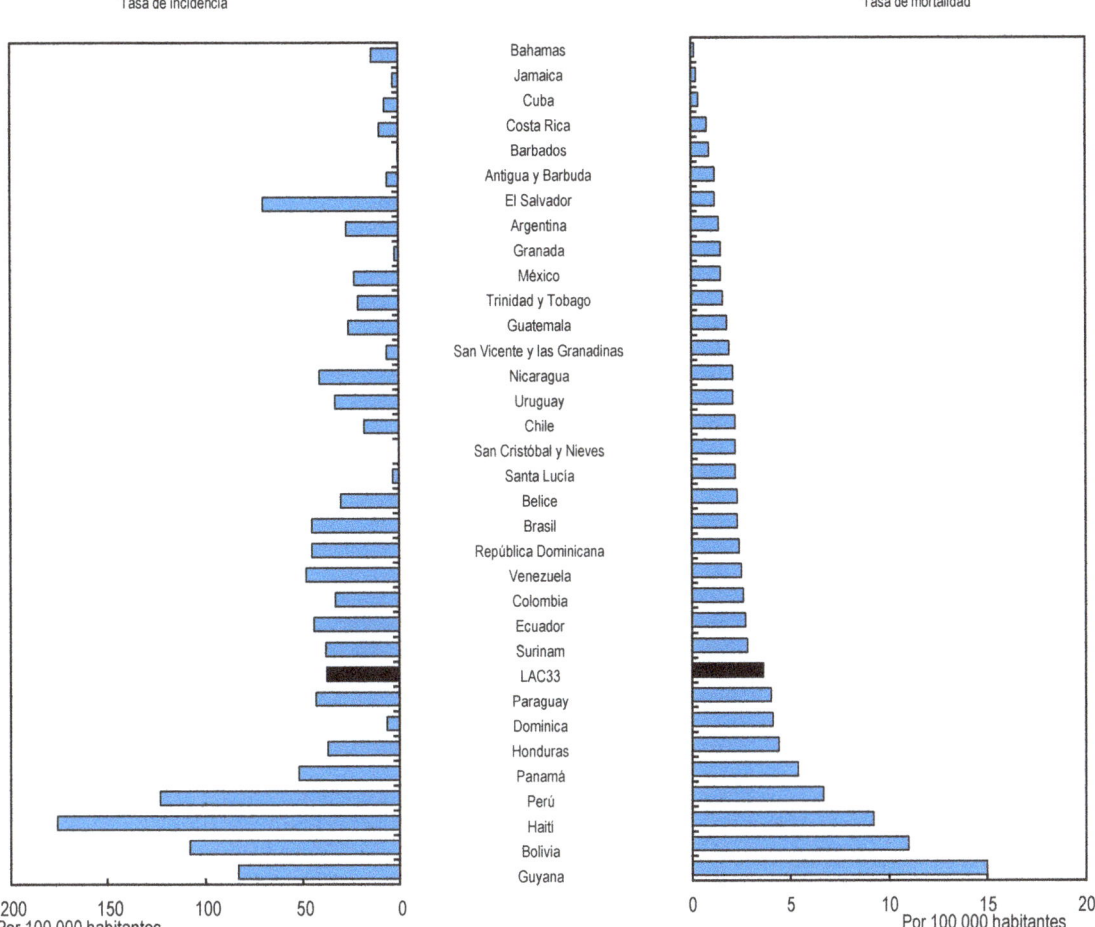

Fuente: Observatorio Global de Salud, OMS (2019).

StatLink https://stat.link/5q7z2e

Figura 3.24. **Tratamiento exitoso de la tuberculosis para nuevos casos y detección de casos, 2017 (o año más cercano)**

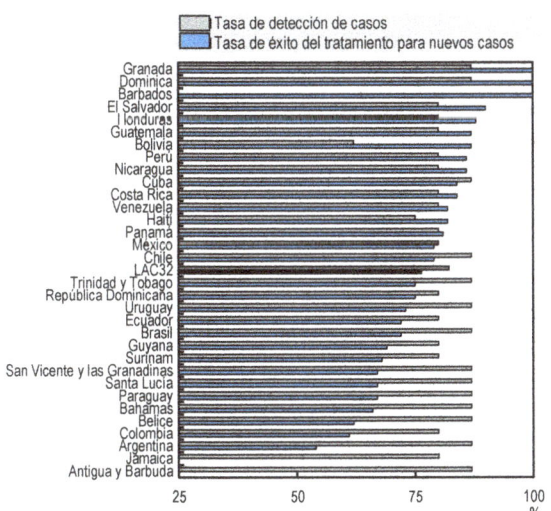

Fuente: Observatorio Global de Salud, OMS (2019).

StatLink https://stat.link/8gfhw2

Figura 3.25. **Cambios en la incidencia de tuberculosis, 2000-2018 (o año más cercano)**

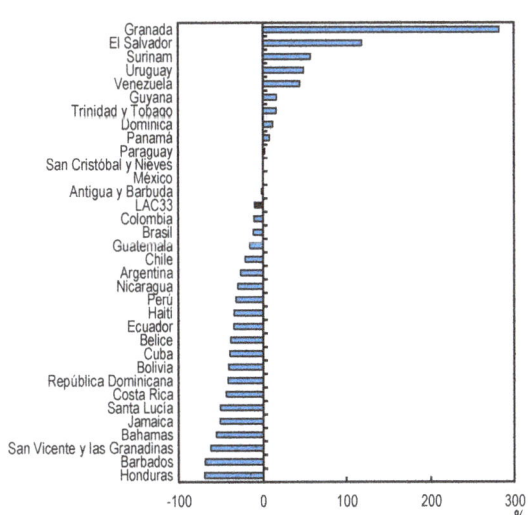

Fuente: Observatorio Global de Salud, OMS (2019).

StatLink https://stat.link/9hveg4

3. VIH/SIDA

El VIH/SIDA llegó a la región de LAC a principios de los años ochenta y se propagó de manera heterogénea. El Caribe ha sido y sigue siendo una de las áreas más afectadas en términos de prevalencia, sólo superada por algunas regiones africanas (UNAIDS, 2019[20]). Las ONU han establecido la meta de eliminar la epidemia de SIDA como amenaza pública a través de un ODS para 2030, definido como la reducción del número de nuevas infecciones por VIH y de muertes relacionadas con el SIDA en un 90% con respecto a 2010 (UNAIDS, 2014[21]).

En LAC27, la prevalencia en adultos entre 14 y 49 años de edad oscila entre el 0,2% en México y Nicaragua y el 2% en Haití en el 2018 (Figura 3.26, panel izquierdo). Aunque la prevalencia general en la región no es muy alta, el número de personas que viven con el VIH es superior a 2 millones en los países que presentan informes, la mayoría de los cuales viven en Brasil con más de 900.000 personas, seguidos de México con 230.000 y Colombia y Haití con 160.000 cada uno.

La ampliación del tratamiento antirretroviral (TAR) ha aumentado las tasas de supervivencia de las personas con VIH, pero alrededor de la mitad de las personas que reúnen los requisitos para el tratamiento no lo reciben en el mundo. En LAC26, la cobertura estimada es muy baja (<40%) en Belice y Jamaica, mientras que supera el 70% en Perú, Colombia, Cuba y México (Figura 3.27). Esto indica que algunos países con una alta prevalencia (por ejemplo, México) están abordando la problemática de la cobertura del tratamiento, pero la región continúa muy alejada de la meta de tratar al 90% de las personas que viven con el VIH/SIDA.

No obstante, la tendencia es positiva en los últimos años, ya que la mayoría de los países de LAC ha reducido las tasas de incidencia. En el período 2010-2018, El Salvador, Bahamas y Nicaragua redujeron la incidencia en un 50%, 33% y 30%, respectivamente, seguidos de Colombia, Haití y Cuba que redujeron el número de nuevas infecciones por VIH en más de un 25% (Figura 3.28). De los 5 países que muestran un aumento, Chile es el que más incrementa la incidencia de VIH en un 23%, seguido de Brasil con 13% y Costa Rica con un 11%, pero esto países se mantienen bajo la media regional de prevalencia de VIH.

El fortalecimiento de la agenda de prevención y tratamiento del VIH podría contribuir a combatir la amenaza del SIDA en la región. El enfoque de ONUSIDA 90-90-90 es fundamental, ya que afirma que para 2020, el 90% de las personas que viven con el VIH conocerán su estado serológico, el 90% de las personas con diagnóstico de VIH recibirán TAR, y el 90% de las personas que reciben TAR lograrán la supresión del virus. La rápida ampliación de la TAR en LAC ofrece una oportunidad sin precedentes para aplicar con éxito no sólo las intervenciones para la prevención y tratamiento, sino también para integrarse con otros servicios esenciales relacionados con la salud sexual y reproductiva, el virus de la hepatitis C, la tuberculosis, el suministro de agujas y jeringas esterilizadas, la terapia asistida por medicamentos y las enfermedades no transmisibles. Los beneficios de la TAR y los servicios integrados podrán materializarse por completo sólo si las personas que viven con el VIH reciben un diagnóstico y una atención efectiva. Para ello será necesario focalizar los esfuerzos y eliminar los obstáculos, especialmente entre las principales poblaciones afectadas, por ejemplo, trabajadores sexuales, sus clientes, los hombres que tienen sexo con hombres, los transexuales y los consumidores de drogas inyectables, junto con la colaboración activa de los actores, entre ellos la sociedad civil de cada país (Bekker et al., 2018[22]).

Definición y comparabilidad

El Virus de Inmunodeficiencia Humana (VIH) es un retrovirus que destruye o altera las células del sistema inmunológico. A medida que la infección del VIH avanza, la persona se vuelve más susceptible a las infecciones. La etapa más avanzada de la infección por VIH es el Síndrome de Inmunodeficiencia Adquirida (SIDA). Una persona infectada por el VIH puede tardar entre 10 y 15 años en desarrollar el SIDA, aunque los medicamentos antirretrovirales pueden ralentizar el proceso.

La prevalencia del VIH entre los adultos de 15 a 49 años de edad es el número de personas de 15 a 49 años de edad que se estima viven con el VIH, dividido por el número total de personas de 15 a 49 años de edad en un momento determinado.

Referencias

[23] Bekker, L. et al. (2018), "Advancing global health and strengthening the HIV response in the era of the Sustainable Development Goals: the International AIDS Society-Lancet Commission.", *Lancet (London, England)*, Vol. 392/10144, pp. 312-358, http://dx.doi.org/10.1016/S0140-6736(18)31070-5.

[21] UNAIDS (2019), *AIDSinfo*, Joint United Nations Programme on HIV and AIDS, http://aidsinfo.unaids.org/.

[22] UNAIDS (2014), *90–90–90: an ambitious treatment target to help end the AIDS epidemic*, Joint United Nations Programme on HIV/AIDS, Geneva, https://www.unaids.org/sites/default/files/media_asset/90-90-90_en.pdf.

Figura 3.26. **Tasa de prevalencia del VIH, % de adultos entre 15 y 49 años de edad, y personas que viven con VIH, número absoluto, 2018 (o año más cercano)**

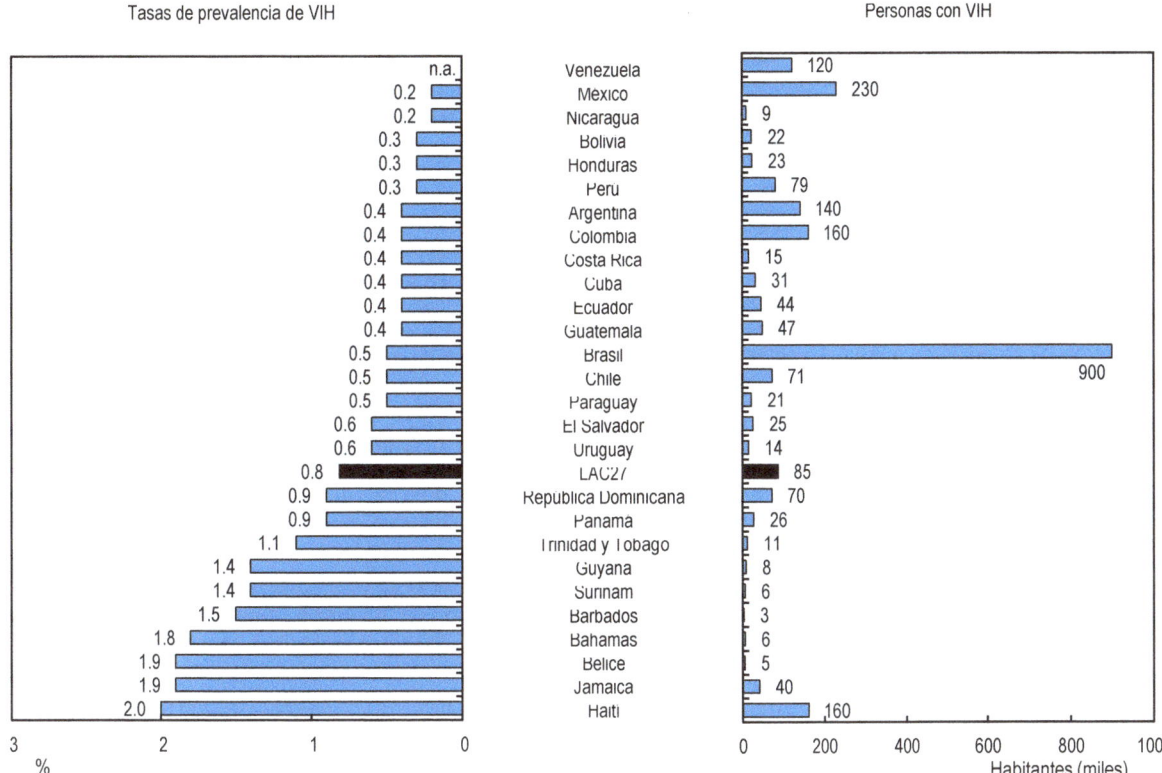

Fuente: OMS 2019.

StatLink https://stat.link/xl3vfb

Figura 3.27. **Cobertura de la terapia antiretroviral entre personas viviendo con VIH, 2018 (o año más cercano)**

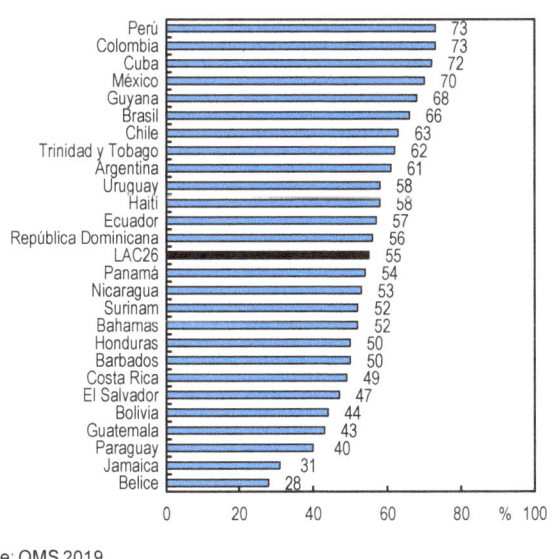

Fuente: OMS 2019.

StatLink https://stat.link/fbdvgx

Figura 3.28. **Nuevas infecciones de VIH por cada 1.000 habitantes no infectados, 2010 y 2018 (o año más cercano)**

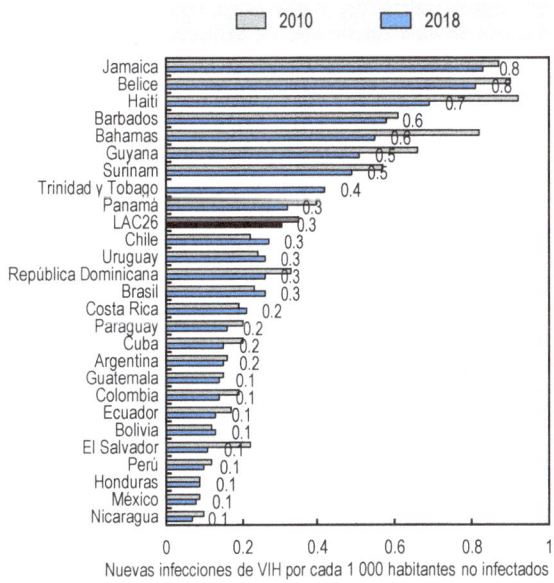

Fuente: ONUSIDA 2019.

StatLink https://stat.link/ex47qh

3. ENFERMEDADES TRANSMITIDAS POR MOSQUITOS

La malaria, el dengue y el Zika son tres enfermedades que se transmiten por las picaduras de mosquitos infectados. Están presentes en LAC con diversos grados de incidencia. La malaria es una enfermedad tropical ocasionada por un parásito transmitido por los mosquitos hembras Anopheles. Después de permanecer en el hígado, los parásitos de la malaria se multiplican en los glóbulos rojos, causando síntomas como fiebre, dolor de cabeza y vómitos. Como parte de los ODS, la ONU se estableció como meta acabar con la epidemia de paludismo para el 2030. Entre 2000 y 2017, ha habido una reducción global del 60% de las muertes por malaria, convirtiéndola en uno de los mayores éxitos de salud pública del siglo XXI (The Global Fund, n.d.[23]).

En la región de LAC, los esfuerzos de los países han reducido en gran medida los nuevos casos de malaria hasta el punto de que ha sido casi o completamente erradicada en Costa Rica, Belice, Argentina, El Salvador y Paraguay, además de que varios países ya no reportan datos de incidencia. Sin embargo, la región sigue siendo vulnerable a los brotes. La mayor incidencia en la región se encuentra en Venezuela, con 48 casos por cada 1.000 habitantes en riesgo en 2017, casi triplicándose en los últimos 3 años, después de haber sido casi erradicada (Figura 3.29, panel izquierdo). Además, Venezuela también ostenta el mayor número de muertes por malaria con 456 personas fallecidas en el país, seguido de Haití, Guyana y Brasil con 81, 33 y 30 muertes, respectivamente.

El dengue es una infección viral transmitida por el mosquito Aedes aegypti y sigue siendo un problema de salud pública en las Américas, a pesar de los esfuerzos de los países por detenerlo y mitigarlo. El dengue causa una grave enfermedad similar a la gripe (por ejemplo, fiebre alta, dolor de cabeza, dolor detrás de los ojos, náuseas, vómitos, inflamación de las glándulas, dolores musculares y articulares, sarpullido) y a veces puede llegar a provocar una complicación potencialmente letal llamada dengue grave o hemorrágico. Una vez infectados, los humanos se convierten en los principales portadores y multiplicadores del virus, actuando como origen del virus para los mosquitos no infectados. No existe un tratamiento específico para la fiebre del dengue (OMS, 2019[24]).

La incidencia del dengue en la región es heterogénea, destacándose Nicaragua con 934 casos por cada 100.000 habitantes en 2018, seguido de Belice con 564, Paraguay con 469 y Granada con 428 (Figura 3.30). La letalidad de la enfermedad también varía, alcanzando un porcentaje de más del 1% sólo en Jamaica. En la mayoría de los países de la región, las enfermedades no generaron ninguna muerte durante el año 2018.

El Zika es una enfermedad viral causada por el virus Zika transmitido por el mosquito Aedes aegypti, que consiste en fiebre leve, sarpullido, dolores de cabeza, artralgia, mialgia, astenia y conjuntivitis no purulenta. Una de cada cuatro personas puede desarrollar síntomas, pero en los afectados la enfermedad suele ser leve, con síntomas que pueden durar entre dos y siete días. No hay un tratamiento específico para la enfermedad del Zika (OPS, 2019[25]).

La incidencia del Zika es muy alta en Panamá con 66 casos por cada 100.000 habitantes en 2018. Belice, Guatemala y Bolivia le siguen con 33, 16 y 13 casos por cada 100.000 habitantes. No se reportaron muertes por Zika en 2018 (Figura 3.31).

Las enfermedades de transmisión vectorial afectan de manera desproporcionada a las comunidades vulnerables, que carecen de métodos adecuados de prevención, sistemas de saneamiento e infraestructuras modernas. Es fundamental que los países garanticen el acceso a una cobertura de buena calidad entre estas comunidades para protegerlas de las enfermedades transmisibles como el paludismo, el dengue y el Zika. La preparación y el control de los brotes son cruciales para una adecuada prevención y respuesta, para lo cual los países deben desarrollar sus capacidades y recursos. Por ejemplo, el uso de mosquiteros tratados con insecticidas y la fumigación residual de interiores son medidas preventivas importantes para que las poblaciones de riesgo eviten las picaduras de los mosquitos.

Definición y comparabilidad

El subregistro de los casos y muertes por enfermedades transmitidas por mosquitos sigue siendo un grave problema en los países con un acceso insuficiente y limitado a los servicios de salud y con sistemas de vigilancia deficientes. El número de muertes causadas por el enfermedades transmitidas por mosquitos se estimó ajustando el número de casos reportados en función de la integridad de la información, la probabilidad de que los casos den resultados positivos de parásitos y el grado de utilización de los servicios de salud.

Referencias

[25] ONS (2019), *Dengue and severe dengue*, World Health Organization, *https://www.who.int/news-room/fact-sheets/detail/dengue-and-severe-dengue*.

[26] OPS (2019), *Zika, Infección por Virus*, Oficina Regional para las Américas de la Organización Mundial de la Salud *https://www.paho.org/hq/index.php?option=com_topics&view=article&id=427&Itemid=414&lang=es*.

[24] The Global Fund (n.d.), *Malaria. The Global Fund to Fight AIDS, Tuberculosis and Malaria*, 2019, *https://www.theglobalfund.org/en/malaria/*.

3. ENFERMEDADES TRANSMITIDAS POR MOSQUITOS

Figura 3.29. **Casos confirmados y muertes estimadas por malaria, 2018 (o año más cercano)**

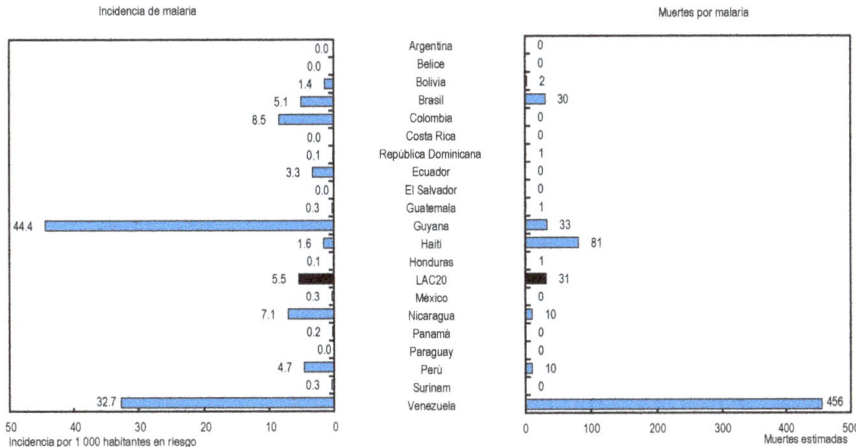

Fuente: Observatorio Global de Salud, OMS (2019).

StatLink https://stat.link/iyb5ku

Figura 3.30. **Incidencia y mortalidad por dengue, 2018 (o año más cercano)**

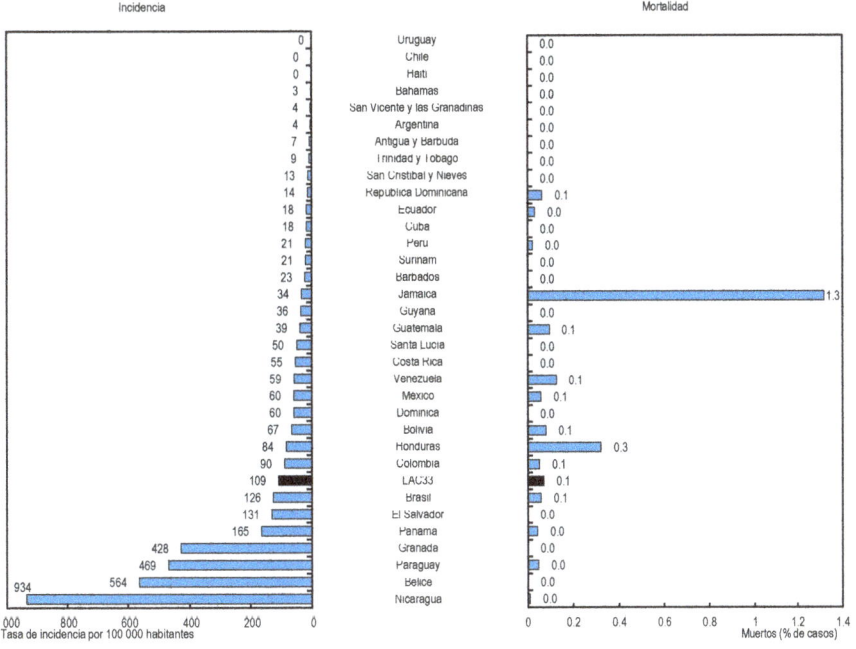

Fuente: OPS 2019.

StatLink https://stat.link/jp136d

Figura 3.31. **Incidencia del Zika, 2018 (o año más cercano)**

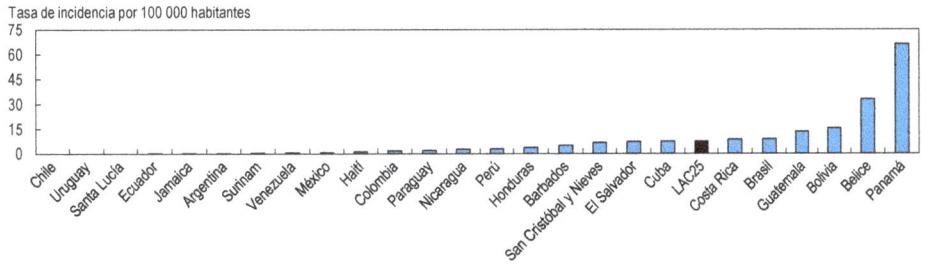

Fuente: OPS 2019.

StatLink https://stat.link/flu8kr

3. DIABETES

La diabetes es una enfermedad metabólica crónica, caracterizada por altos niveles de glucosa en la sangre. Se produce ya sea porque el páncreas deja de producir la hormona insulina (diabetes tipo 1, diabetes insulinodependiente, predisposición genética), que regula el azúcar en la sangre, o por una reducción de la capacidad de producir insulina (diabetes tipo 2, no insulinodependiente en la mayoría de los casos, relacionada con el estilo de vida), o por una reducción de la capacidad de respuesta a la insulina (resistencia a la insulina). Las personas con diabetes corren un mayor riesgo de desarrollar enfermedades cardiovasculares como un infarto cardíaco o un accidente cerebrovascular. También corren un alto riesgo de perder la vista, de que amputación de un pie o una pierna debido al daño de los nervios y los vasos sanguíneos, y de sufrir insuficiencia renal que requiera diálisis o un trasplante. A nivel mundial, se estima que en el año 2014 había 422 millones de adultos con diabetes, en comparación con los 108 millones de 1980. La prevalencia mundial de la diabetes casi se ha duplicado desde 1980, pasando del 4.7% al 8.5% en la población adulta, responsable de 1,5 millones de muertes en 2012, con 2,2 millones de muertes adicionales debidas a una glucosa en sangre superior a la óptima (OMS, 2016[26]). En LAC, alrededor de 41 millones de adultos (mayores de 20 años) padecen diabetes y alrededor de la mitad de ellos no han sido diagnosticados y no saben que están desarrollando complicaciones a largo plazo.

Entre los países de LAC, la prevalencia de diabetes en adultos en 2019 variaba entre menos del 6% en Ecuador y Argentina hasta el 17% en Belice (Figura 3.32). En promedio, la prevalencia en LAC fue del 9,7%, un aumento del 7,4% en 2010. Belice es el país que ha experimentado el mayor aumento, 10 puntos porcentuales, mientras que la prevalencia tanto en Venezuela como en Uruguay ha disminuido en diabetes en torno a 6 puntos porcentuales entre 2010 y 2019.

En el período 2010-2019, la mortalidad atribuible a glicemia elevada en el grupo de edad de 20 a 79 años aumentó en países como Paraguay (+72%), Antigua y Barbuda (+65%) y Santa Lucía (+55%). En promedio, aumentó en LAC en un 8%, en oposición a la reducción promedio de la OCDE de 14% (Figura 3.33). Varios países experimentaron disminuciones significativas, como Honduras (-47%), Haití (-37%) y Guyana (-30%). En 2019, el país con la mayor mortalidad fue Guyana con 188 muertes por cada 100.000 habitantes en el grupo de edad de 20 a 79 años, seguido de Surinam y San Vicente y las Granadinas, con 155 y 153, respectivamente. Estos tres países son los únicos por encima del promedio de la OCDE de 151 muertes por cada 100.000 habitantes

Las políticas pueden orientarse a reducir tanto la prevalencia como la mortalidad de la diabetes. El fortalecimiento de la respuesta integral a las enfermedades no transmisibles, entre ellas la diabetes, en particular en la atención primaria, es una medida esencial. En general, los países que cuentan con sólidos sistemas de atención primaria obtienen mejores resultados en cuanto a la diabetes (por ejemplo, Costa Rica y Cuba). En el caso de la diabetes, cabe citar la aplicación de directrices y protocolos para mejorar el diagnóstico y la gestión, garantizando el acceso equitativo a las tecnologías esenciales para todos los grupos poblacionales (por ejemplo, insulina). La mayoría de los países de LAC cuentan con programas dedicados a la diabetes, lo que constituye un paso relevante para su control (OMS, 2016[26]). La prevalencia debe ser abordada apuntando a los comportamientos de riesgo, por ejemplo, la dieta poco saludable y el sedentarismo como los principales factores, así como el consumo de alcohol y tabaco.

Definición y comparabilidad

La prevalencia de la diabetes se refiere al porcentaje de personas entre 20 y 79 años de edad que padecen diabetes tipo 1 o 2. Las estimaciones precisas sobre la diabetes a nivel nacional y mundial dependen en gran medida de la calidad y la disponibilidad de las fuentes de datos. Se buscaron y seleccionaron las fuentes de datos de acuerdo con criterios establecidos, y se estimó la prevalencia estandarizada, específica por edad, tanto de la diabetes y como de la tolerancia disminuida a la glucosa (TDG). En los países en que no se disponía de fuentes de datos, la prevalencia se extrapoló a partir de fuentes de datos de países similares. La mortalidad por 100.000 habitantes se calcula basado en el número de muertes atribuibles a glicemia elevada en el grupo entre 20 y 79 años de la Federación Internacional de Diabetes, y la población total entre 20 y 79 años de los Prospectos Poblacionales de las Naciones Unidas.

Referencias

[27] OMS (2016), *Informe mundial sobre la diabetes*, Organización Mundial de la Salud, *https://apps.who.int/iris/handle/10665/254649*.

3. DIABETES

Figura 3.32. **Diabetes en adultos entre 20 y 79 años de edad, prevalencia ajustada por edad, 2010 y 2019**

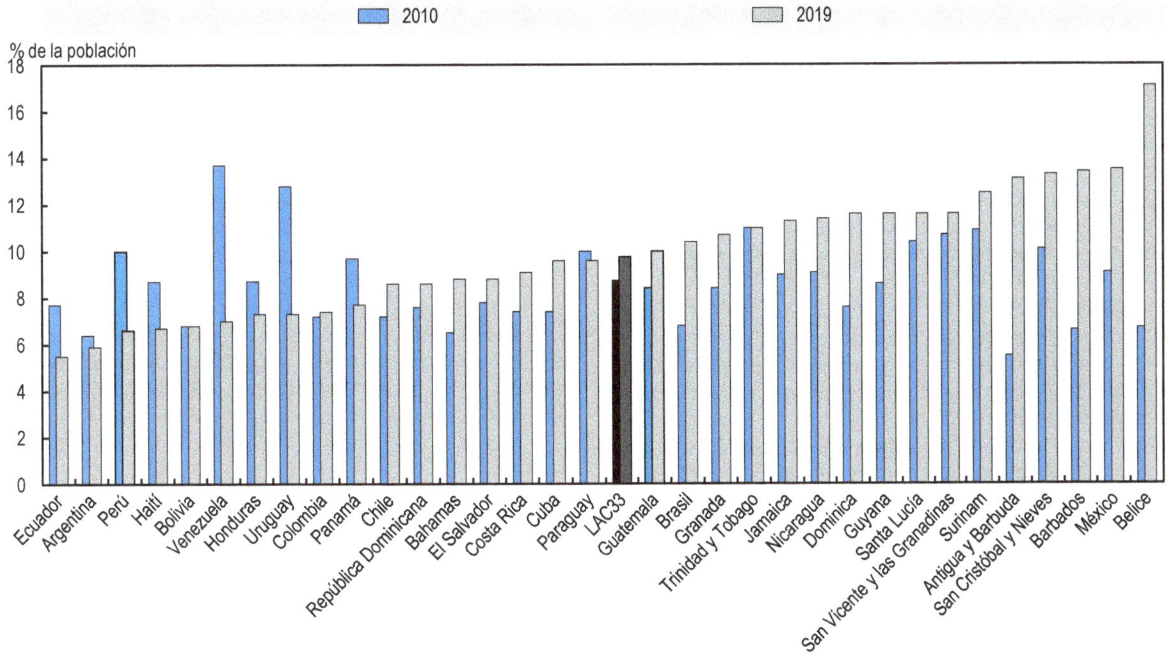

Fuente: Federación Internacional de Diabetes. Atlas de la Diabetes 2020.

StatLink https://stat.link/khxcef

Figura 3.33. **Muertes atribuibles a glicemia elevada en adultos entre 20 y 69 años de edad, por cada 100.000 habitantes, por país, 2010 y 2019**

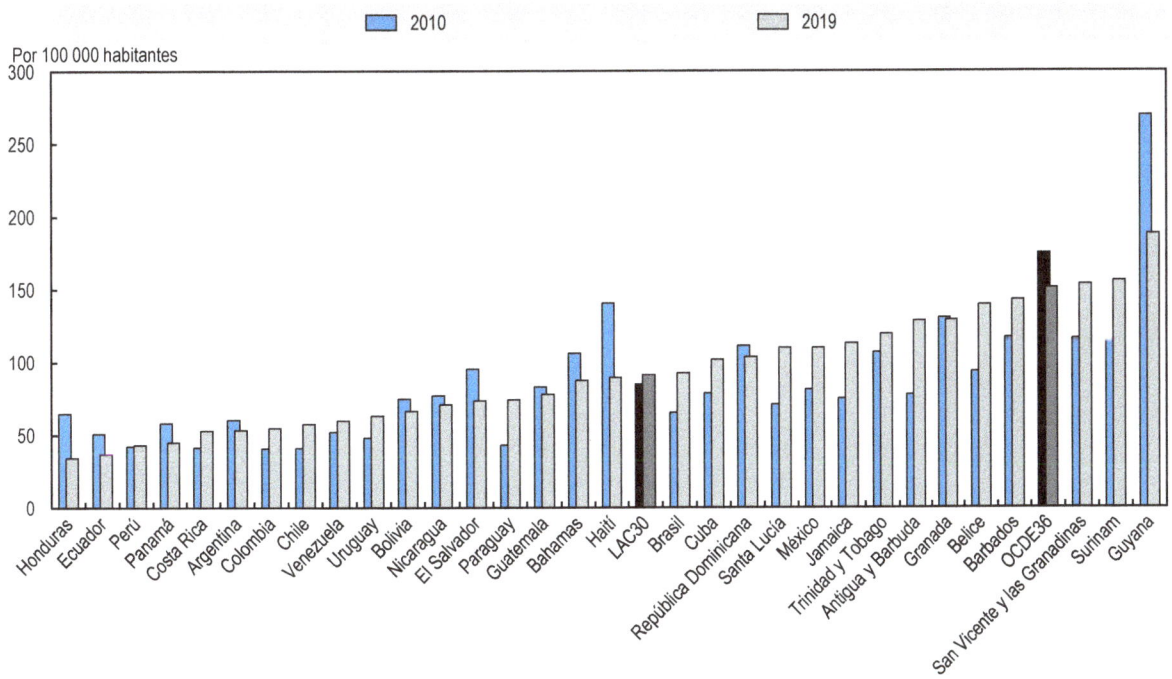

Fuente: Federación Internacional de Diabetes. Atlas de la Diabetes 2020.

StatLink https://stat.link/y3z27j

PANORAMA DE LA SALUD: LATINOAMÉRICA Y EL CARIBE 2020 © OCDE/El Banco Internacional de Reconstrucción y Fomento/El Banco Mundial 2020

3. ENVEJECIMIENTO

El envejecimiento de la población tiene lugar de forma natural cuando se prolonga la esperanza de vida (ver el indicador "Esperanza de vida al nacer" en el Capítulo 1) y disminuyen las tasas de fecundidad. En LAC, la esperanza de vida ha aumentado alrededor de 4 años desde el año 2000 (ver sección "Esperanza de vida al nacer") y la fecundidad ha disminuido de 2,6 a 2 hijos por mujer, por debajo de la tasa de reemplazo de 2,1, necesaria para mantener el número de población actual. Esto último se ha dado debido a la mayor accesibilidad a la salud reproductiva, principalmente a los distintos métodos anticonceptivos (ver indicador "Salud reproductiva" en el Capítulo 4), y una mayor integración al mercado laboral. El envejecimiento poblacional es una consecuencia de las exitosas políticas de salud y desarrollo de las últimas décadas, pero no está libre de plantear problemas propios (CEPAL, 2019[27]).

Se espera que la proporción de población mayor de 65 años se duplique con creces para el año 2050, llegando a más del 18% en LAC31 (Figura 3.34, panel izquierdo). Esta cifra seguirá siendo inferior al 27% previsto en los países de la OCDE, que se encuentran más inmersos en el proceso de envejecimiento demográfico. En LAC31, la proporción de adultos mayores será muy elevada en Barbados y Cuba, ambos por encima del 25%. En el extremo inferior, Belice tendrá menos del 10% de su población mayor de 65 años. Las mujeres tienden a vivir más que los hombres y, por lo tanto, la proporción de ancianas será probablemente aún mayor. La velocidad a la que ya se está desarrollando este proceso no tendrá precedentes y tendrá consecuencias significativas. Por ejemplo, la proporción de la población mayor de 65 años se triplicará en Nicaragua, país que en 2015 era todavía relativamente joven.

El crecimiento de la proporción de población mayor de 80 años será aún más drástico (Figura 3.34, panel derecho). Se prevé que, en promedio, la proporción de esta población se triplicará para 2050 en LAC, alcanzando un promedio del 5,2%. El mayor aumento se producirá en Guyana, Bahamas, Brasil, Antigua y Barbuda y Cuba, países que cuadruplicarán con creces su población mayor de 80 años.

Otra consideración importante es el hecho de que el envejecimiento de la población implica una disminución de la porción de la población económicamente activa (entre 15 y 64 años). El porcentaje de población en edad de trabajar en el año 2050 será 4 veces la población de adultos mayores de 65, cuando era 9 veces en el 2015 (Figura 3.35). La situación será más severa en Uruguay, Cuba, Barbados y Chile, donde sólo habrá dos adultos en edad de trabajar por cada persona mayor de 65 años en 2050.

Dichos cambios demográficos desafiarán la sostenibilidad financiera no sólo de los sistemas de salud sino también de los sistemas de seguridad social y de la economía en su conjunto. Además, la edad avanzada suele exacerbar las desigualdades preexistentes en cuanto a ingresos, educación, género y lugar de residencia urbana o rural, lo que subraya la importancia de que en el futuro se formulen políticas orientadas hacia la equidad (OCDE, 2017[28]). Muchos países de LAC que están llegando a la transición demográfica a un ritmo acelerado se enfrentan a plazos mucho más breves para prepararse antes de alcanzar proporciones elevadas de poblaciones envejecidas. El envejecimiento de la población exige una acción centrada en la equidad, enfoque de género y derechos humanos en varios sectores, y probablemente dé lugar a una mayor demanda de atención de salud con mano de obra intensiva a largo plazo. Por lo tanto, los países de LAC podrían pensar en planificar con anticipación el vasto conjunto de políticas que otros países de la OCDE ya han puesto en marcha, por ejemplo, en las áreas de personal de cuidados a largo plazo, cobertura financiera y sistemas de protección social (Muir, 2017[29]).

Definición y comparabilidad

Las proyecciones demográficas se basan en la "variante media" de las proyecciones más recientes de la ONU, 'World Population Prospects' – revisión de 2019.

Referencias

[28] CEPAL (2019), *América Latina y el Caribe: Estimaciones y proyecciones de población*, Comisión Económica para América Latina, https://www.cepal.org/es/temas/proyecciones-demograficas/estimaciones-proyecciones-poblacion-total-urbana-rural-economicamente-activa.

[30] Muir, T. (2017), "Measuring social protection for long-term care", *OECD Health Working Papers*, No. 93, Ediciones OCDE, París, https://dx.doi.org/10.1787/a411500a-en.

[29] OCDE (2017), *Preventing Ageing Unequally*, Ediciones OCDE, París, https://dx.doi.org/10.1787/9789264279087-en.

Figura 3.34. **Proporción de la población mayor de 65 y de 80 años de edad, 2015 y 2050**

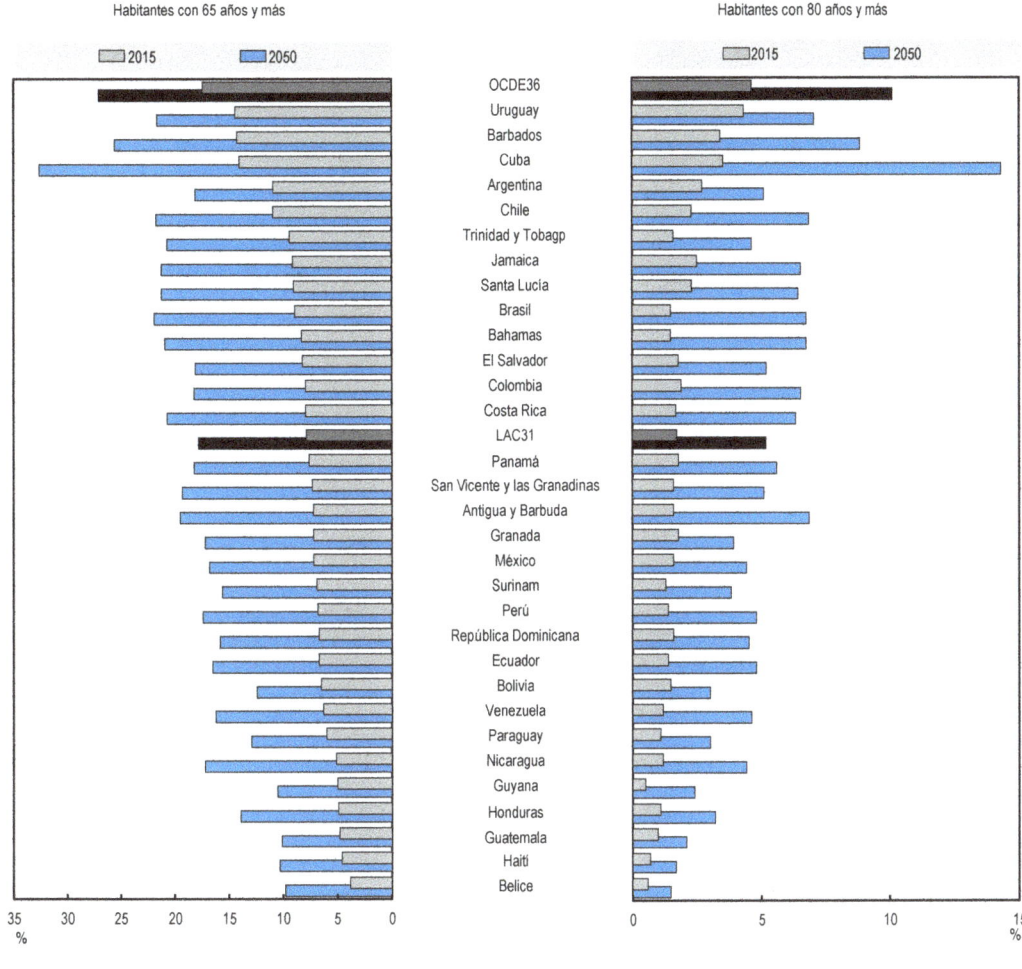

Fuente: Perspectivas Demográficas Mundiales de la ONU, 2019.

StatLink https://stat.link/27wctf

Figura 3.35. **Proporción del segmento poblacional de 15-64 años en comparación con el segmento de personas mayores de 65 años, 2015 y 2050**

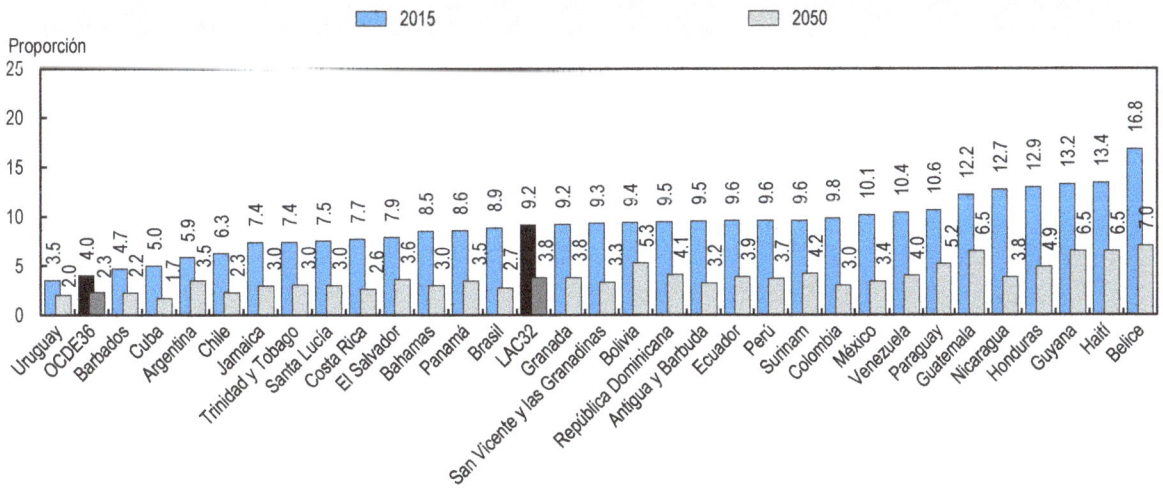

Fuente: Perspectivas Demográficas Mundiales de la ONU, 2019.

StatLink https://stat.link/406pre

Capítulo 4

Determinantes de la salud

4. PLANIFICACIÓN FAMILIAR

La OMS estima que 214 millones de mujeres en edad reproductiva en los países en vías de desarrollo que desean evitar el embarazo no utilizan un método anticonceptivo moderno (OMS, 2018[1]). El ODS correspondiente a los servicios de salud reproductiva tiene como objetivo proporcionar acceso universal para 2030, e integrar la salud reproductiva y sexual en las agendas, estrategias y programas nacionales. La agenda global para la salud y derechos sexuales y reproductivos está vinculado a la igualdad de género y al bienestar de la mujer, y afecta la salud de los recién nacidos, niños, adolescentes y las madres, así como a sus roles en la configuración del futuro desarrollo económico y la sostenibilidad del medio ambiente (Starrs et al., 2018[2]). La planificación familiar es un componente clave de todo paquete esencial de salud reproductiva y sexual, y es una de las intervenciones de salud pública más costo-efectivas, que contribuye a reducir en gran manera la mortalidad y la morbilidad materno-infantil (UNFPA, 2018[3]).

La salud reproductiva implica tener una vida sexual responsable, satisfactoria y segura, junto con la libertad de tomar decisiones sobre la reproducción. Esto implica el acceso a métodos de regulación de la fertilidad y a una atención sanitaria adecuada durante el embarazo y el parto, proporcionando a los padres la mejor oportunidad de tener un bebé sano, feliz y próspero cuando estén preparados para iniciar o ampliar una familia. Las mujeres que tienen acceso a la anticoncepción pueden protegerse de los embarazos no deseados y algunos métodos también sirven de protección contra las enfermedades de transmisión sexual (por ejemplo, el uso de condones). El espaciamiento de los nacimientos también puede tener beneficios positivos tanto para la salud reproductiva de la madre como para la salud y el bienestar general del niño, mucho más allá del período del embarazo y el nacimiento.

La prevalencia del uso de anticonceptivos varía ampliamente en la región de LAC. En Costa Rica, Colombia, Nicaragua y Brasil, más de tres cuartas partes de las mujeres casadas o en unión libre en edad reproductiva reportan haber usado algún método anticonceptivo (Figura 4.1). Sin embargo, tanto Haití como Guyana informan que menos del 35% de las mujeres casadas o en unión libre en edad reproductiva utilizan algún método anticonceptivo. En cuanto a los métodos anticonceptivos modernos, en países como Haití, Guyana, Trinidad y Tobago, Bolivia, Surinam, Belice y Guatemala, se observa que menos del 50% de las mujeres los utilizan.

En ocho países LAC con información, la satisfacción de la demanda de planificación familiar en general reporta índices más altos entre las mujeres que viven en zonas urbanas, con mayores ingresos y niveles de educación (Figura 4.2). Estas diferencias son más evidentes en Haití y Guatemala, con un acceso entre seis a más de 20% menor en los grupos menos privilegiados. Algunos países como Paraguay reportan diferencias menos significativas con un acceso homogéneo en las tres categorías. En la mayoría de los casos en que tanto las mujeres con mayores privilegios sociales como las que tienen menos privilegios reportan un alto acceso a la planificación familiar (más del 80-85%), las tasas tienden a ser similares entre ambos grupos. Esto respalda el hecho de que la amplia disponibilidad de servicios de planificación familiar contribuye no sólo a un mayor acceso sino también a reducir las desigualdades sociales en la utilización de dichos servicios.

Los países de LAC pueden continuar mejorando la información y los servicios de salud sexual y reproductiva, los que deben ser accesibles y asequibles para todas las personas. Las intervenciones modernas de planificación familiar pueden incorporarse aún más en el conjunto de servicios esenciales para proporcionar una cobertura universal, prestando especial atención a las personas más pobres y vulnerables. Además, los países también deben tomar medidas más allá del sector salud para cambiar las normas sociales, leyes y políticas, defender los derechos humanos y promover la igualdad de género. (Starrs et al., 2018[2]; OMS, 2018[1]).

Definición y Comparabilidad

La prevalencia de anticonceptivos es el porcentaje de mujeres o su pareja sexual que en la actualidad utiliza al menos un método anticonceptivo, independientemente del método utilizado. Normalmente se reporta como un porcentaje de las mujeres casadas o en unión libre de 15 a 49 años. Los métodos anticonceptivos modernos comprenden anticonceptivos orales combinados ("la píldora"), anticonceptivos con progesterona sola ("la mini-píldora"), implantes, inyectables, parches, anillo vaginal, dispositivos intrauterinos, condones masculinos y femeninos, vasectomía, ligadura de trompas, método de amenorrea de lactancia, píldoras de anticoncepción de emergencia, método de días estándar, método de temperatura corporal basal, método de dos días y método sintotérmico. Los métodos tradicionales consideran el método del calendario o del ritmo y el método de retiro o el coito interrumpido.

Las mujeres con una demanda de planificación familiar satisfecha son aquellas que son fértiles y sexualmente activas, están usando un método anticonceptivo y dicen querer tener más hijos. También se reporta como el porcentaje de mujeres casadas o en unión libre de 15 a 49 años. La información sobre el uso de anticonceptivos y la demanda insatisfecha de planificación familiar es generalmente recolectada a través de encuesta de hogares representativos a nivel nacional. Los formatos de encuesta más utilizados son las Encuestas Demográficas y de Salud (DHS) y las Encuestas de Indicadores Múltiples por Conglomerados (MICS).

Referencias

[1] OMS (2018), *Planificación familiar*, Organización Mundial de Salud, *https://www.who.int/es/news-room/fact-sheets/detail/family-planning-contraception*.

[2] Starrs, A. et al. (2018), "Accelerate progress-sexual and reproductive health and rights for all: report of the Guttmacher-Lancet Commission.", *Lancet (London, England)*, Vol. 391/10140, pp. 2642-2692, http://dx.doi.org/10.1016/S0140-6736(18)30293-9.

[3] UNFPA (2018), *Plan Estratégico del UNFPA, 2018-2021*, Fondo de Población de las Naciones Unidas, *https://www.unfpa.org/resources/strategic-plan-2018-2021*.

4. PLANIFICACIÓN FAMILIAR

Figura 4.1. **Prevalencia de anticonceptivos, mujeres casadas o en unión libre, 2015 o última estimación disponible**

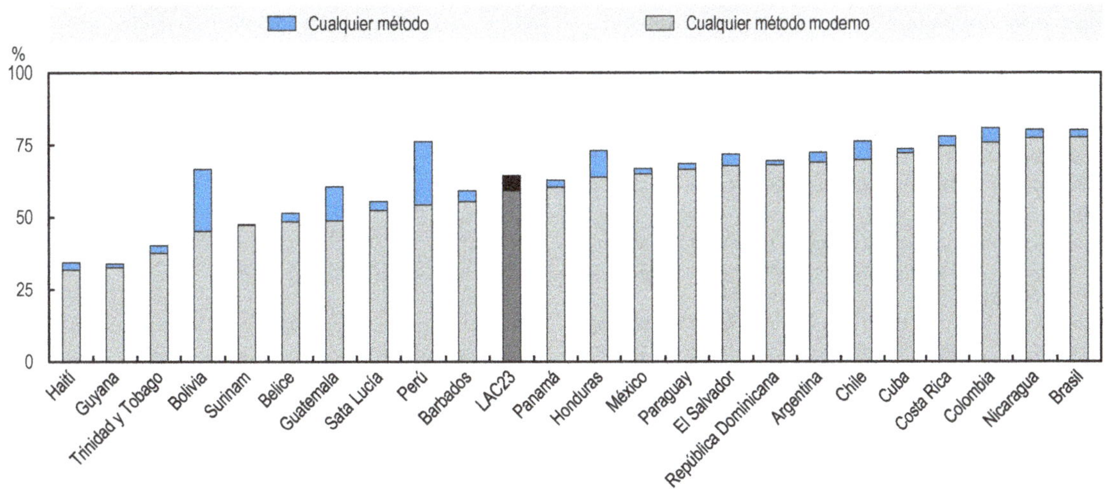

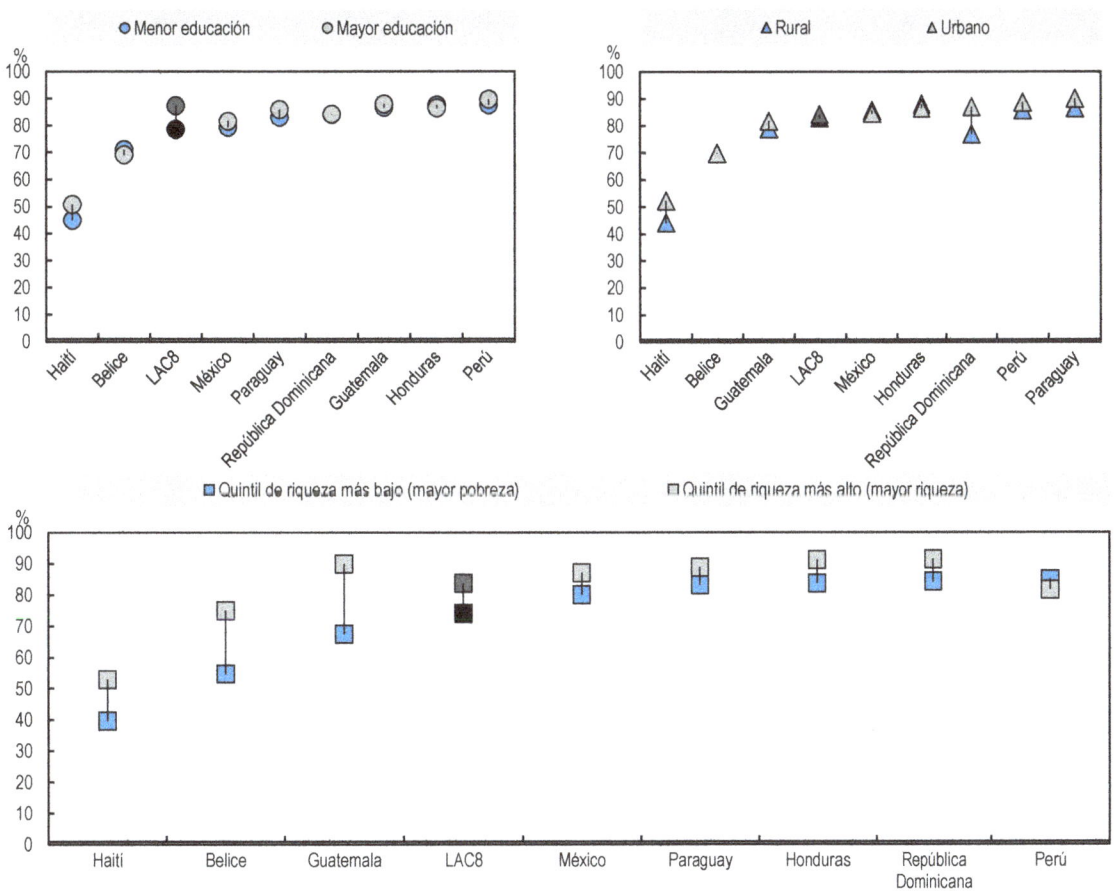

Nota: Los datos de Haití son de 2016 y los de Surinam de 2010.
Fuente: Uso de anticonceptivos en el mundo 2019, UNFPA. Ministerio de Salud para Costa Rica.

StatLink https://stat.link/8la6g5

Figura 4.2. **Demanda de planificación familiar satisfecha, por características socioeconómicas, cualquier método, países seleccionados, última estimación disponible**

Fuente: Encuestas DHS y MICS, varios años.

StatLink https://stat.link/zf6n2w

4. NACIMIENTO PREMATURO Y BAJO PESO AL NACER

A nivel mundial, el parto prematuro (es decir, el nacimiento antes de las 37 semanas completas de gestación) es la principal causa de muerte en menores de 5 años, responsable de aproximadamente 1 millón de fallecimientos en el año 2015 (véase el indicador "Mortalidad de menores de 5 años" en el Capítulo 3). En casi todos los países con datos fiables, las tasas de nacimientos prematuros van en aumento. Muchos supervivientes de nacimientos prematuros también se enfrentan a toda una vida de discapacidades, entre ellas dificultades de aprendizaje, visuales, auditivos, así como de desarrollo a largo plazo (OMS, 2018[4]).

En la región de LAC, la mayoría de los países se acercan al promedio regional de 9,5% de nacimientos prematuros. Colombia es el único país significativamente por encima de la media, con cerca del 15% de nacimientos prematuros, seguido de Brasil con el 11%. Las tasas más bajas se observaron en Cuba (6%) y México (7%) (Figura 4.3, panel izquierdo). La mayoría de las tasas de los países de LAC son más bajas que la tasa mundial, pero hay oportunidades de mejora través de intervenciones como el enfoque nacional en la mejora de la atención obstétrica y neonatal y el establecimiento sistemático de un sistema de referencias con una mayor capacidad de las unidades de atención neonatal, así como del personal y el equipo (Howson, Kinney and Lawn, 2012[5]). En promedio, 10 de cada 100 recién nacidos tuvieron bajo peso al nacer en todos los países de LAC (Figura 4.3, panel derecho). Existen diferencias muy significativas entre los países de la región, que van desde un bajo 5% en Cuba y un 6% en Chile, hasta la tasa más alta del 23% en Haití, seguido de Guyana con un 16%.

El bajo peso al nacer ha disminuido en promedio 0,4 puntos porcentuales en 26 países de LAC en el período 2000-15, lo que sugiere que, en general, la región aún tiene un trecho que mejorar en lo que respecta a este indicador. Chile, Brasil, Venezuela y Costa Rica son los únicos países de LAC que han aumentado el número de recién nacidos con bajo peso al nacer, mientras que la mayor disminución se produjo en Surinam, Guatemala y Honduras, con más de un punto porcentual de disminución entre 2000 y 2015 (Figura 4.4).

La atención prenatal puede ayudar a las mujeres a prepararse para el parto y a comprender las señales de advertencia durante el embarazo y el parto. Una mayor cobertura de la atención prenatal se asocia con un mayor peso al nacer en los países de LAC, lo que sugiere la importancia que tiene la atención prenatal sobre el estado de salud infantil en todos los países (Figura 4.5). Sin embargo, esta correlación no se aplica por igual en todos los países. Por ejemplo, tanto Barbados como Trinidad y Tobago reportan tener el 100% y el 98% de por lo menos cuatro visitas de atención prenatal, pero su prevalencia de bajo peso al nacer es del 12%, una cifra superior al promedio de LAC del 10%. Esto podría explicarse en parte por la baja calidad de la atención prenatal. Por otro lado, países como Granada, Paraguay y Bolivia muestran una cobertura de atención prenatal inferior al promedio de LAC24 (87%), pero también una prevalencia de bajo peso al nacer del 7-9%. Algunas de las diferencias entre los países pueden atribuirse a prácticas y preferencias culturales, como los diferentes enfoques respecto a la privacidad o las percepciones sobre lo que implica la atención prenatal y postnatal.

El nacimiento prematuro se puede prevenir en gran medida. Entre las intervenciones efectivas para reducir los nacimientos prematuros están los programas para dejar de fumar, la administración de suplementos de progesterona, el cerclaje cervical, los consultorios de vigilancia y exámenes de partos prematuros, el diagnóstico y la preparación, los corticosteroides, el sulfato de magnesio y la tocólisis (Osman, Manikam and Watters, 2018[6]). La mayoría de ellos existen en varios países de LAC y podrían desarrollarse aún más. Además, las tres cuartas partes de las muertes asociadas con el nacimiento prematuro pueden evitarse aún sin instalaciones de cuidados intensivos. Hoy en día, las intervenciones más ventajosas en términos económicos son el método madre-canguro (contacto continuo piel con piel iniciado desde el primer minuto del nacimiento), inicio temprano y lactancia materna exclusiva (desde la primera hora del vida) y la atención básica de infecciones y dificultades respiratorias (OMS, 2018[4]) que también pueden ampliarse en los países de LAC.

Definición y comparabilidad

El nacimiento prematuro se define como los bebés que nacen vivos antes de que se completen las 37 semanas de embarazo. Existen subcategorías de nacimiento prematuro según la edad gestacional: extremadamente prematuro (menos de 28 semanas); muy prematuro (28-32 semanas) y pretérmino moderado a prematuro tardío (32-37 semanas). La Organización Mundial de la Salud (OMS) define «bajo peso al nacer» como un peso al nacer inferior a 2500 gramos. (5,5 libras), independientemente de la edad gestacional del bebé. Esta cifra se basa en las observaciones epidemiológicas relativas al aumento del riesgo de muerte del bebé y sirve para las estadísticas sanitarias comparativas internacionales. En los países desarrollados, las principales fuentes de información son los registros nacionales de nacimiento. En el caso de los países en desarrollo, las estimaciones sobre el bajo peso al nacer se derivan principalmente de las madres que participan en las encuestas nacionales de hogares, así como de los sistemas de información habituales (OMS y UNICEF, 2004[7]).

La atención prenatal se define como la atención que prestan los profesionales de la salud cualificados a mujeres y adolescentes embarazadas con el fin de garantizar las mejores condiciones de salud tanto para la madre como para el bebé durante el embarazo. La recomendación es realizar al menos cuatro visitas durante el embarazo (OMS, 2016[8]).

Referencias

[5] Howson, C., M. Kinney and J. Lawn (eds.) (2012), *Born Too Soon: The Global Action Report on Preterm Birth*, Organización Mundial de Salud, https://www.who.int/maternal_child_adolescent/documents/born_too_soon/en/.

[8] OMS (2016), *Recomendaciones de la OMS sobre atención prenatal para una experiencia positiva del embarazo*, Organización Mundial de Salud, https://www.who.int/reproductivehealth/publications/maternal_perinatal_health/anc-positive-pregnancy-experience/es/.

[4] OMS (2018), *Nacimientos prematuros*, Organización Mundial de Salud, https://www.who.int/es/news-room/fact-sheets/detail/preterm-birth.

[7] OMS y UNICEF (2004), *Low birthweight : country, regional and global estimates*, Organización Mundial de Salud, https://apps.who.int/iris/handle/10665/43184.

[6] Osman, R., L. Manikam and K. Watters (2018), "Interventions to reduce premature births: a review of the evidence", *The Lancet*, Vol. 392, p. S69, http://dx.doi.org/10.1016/s0140-6736(18)32188-3.

4. NACIMIENTO PREMATURO Y BAJO PESO AL NACER

Figura 4.3. **Tasas de nacimientos prematuros y de bebés con bajo peso al nacer, 2015 (o el último año disponible)**

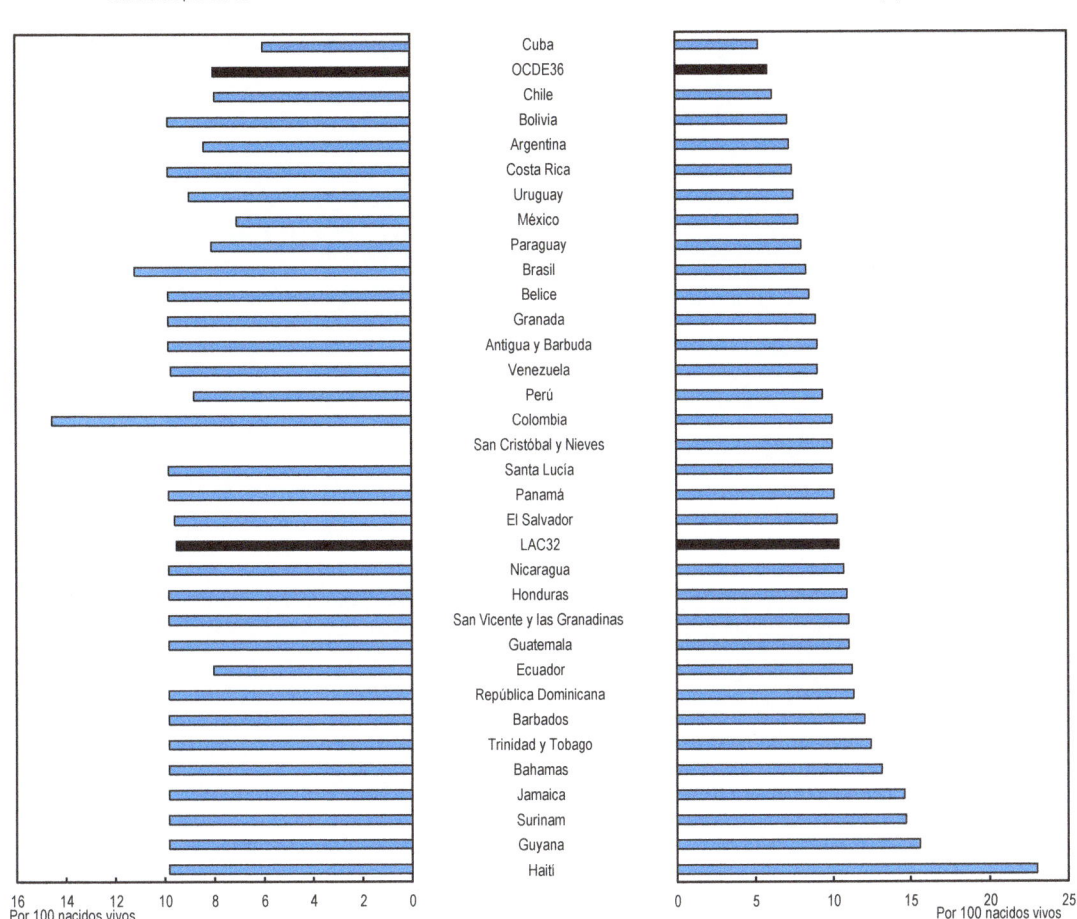

Fuente: UNICEF, 2019.

StatLink https://stat.link/in6eub

Figura 4.4. **Aumento o disminución del bajo peso al nacer, 2000-15 (o el año más cercano)**

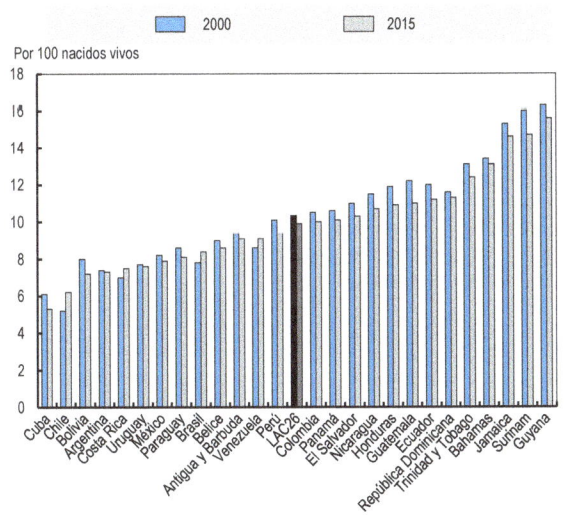

Fuente: UNICEF-OMS Estimaciones de bajo peso al nacer, 2019.

StatLink https://stat.link/sixzuf

Figura 4.5. **Cobertura de atención prenatal y bajo peso al nacer, 2016 (o último año disponible)**

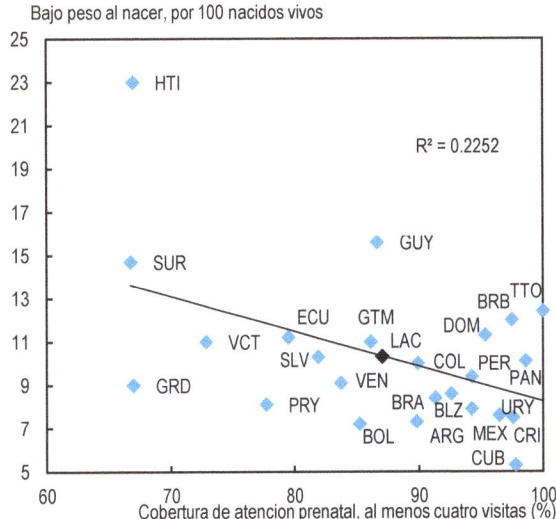

Fuente: OMS GHO 2018.

StatLink https://stat.link/v68xq3

4. ALIMENTACIÓN DE LACTANTES Y NIÑOS PEQUEÑOS

Las prácticas de alimentación de infantes y niños pequeños influyen en gran medida en sus posibilidades de supervivencia a corto plazo y en la capacidad de desarrollar todo su potencial a largo plazo. Contribuyen a un crecimiento saludable, disminuyen las tasas de retraso en el crecimiento y de obesidad y conducen a un mayor desarrollo intelectual (Victora et al., 2016[9]). Desde el inicio del embarazo de una mujer hasta el segundo cumpleaños de su hijo, los primeros 1.000 días representan una oportunidad clave para asegurar el bienestar y crear las bases de una vida productiva y saludable. La lactancia materna es a menudo la mejor manera de proporcionarles nutrición a los bebés. La leche materna les brinda a los lactantes los nutrientes que necesitan para un desarrollo saludable, así como los anticuerpos que ayudan a protegerlos de enfermedades infantiles comunes como la diarrea y la neumonía, las dos principales causas de mortalidad infantil en todo el mundo (ver el Capítulo 3. Mortalidad infantil). La lactancia materna también está relacionada con mejores resultados de salud a medida que los niños crecen (Rollins et al., 2016[10]). Los adultos que fueron amamantados cuando eran bebés a menudo tienen una presión sanguínea más baja y menor colesterol, así como tasas más bajas de sobrepeso, obesidad y diabetes tipo 2. La lactancia materna también mejora el coeficiente intelectual (CI), la asistencia escolar y está vinculada a mayores niveles de ingresos en la vida adulta. Más de 800.000 muertes de menores de cinco años podrían evitarse cada año en todo el mundo si todos los bebés de 0 a 23 meses fueran amamantados de manera óptima (Victora et al., 2016[9]). La lactancia también beneficia a las madres por su efecto en el control de la fertilidad, reduciendo el riesgo de cáncer de mama y de ovario más adelante en la vida y disminuyendo las tasas de obesidad.

En LAC19, la mayoría de los países que reportan datos indican niveles de lactancia materna exclusiva por debajo de la meta de la OMS, con un promedio de 35% de niños alimentados exclusivamente con leche materna en los primeros 6 meses de vida (Figura 4.6). Más de la mitad de los lactantes son alimentados exclusivamente con leche materna en Perú, Bolivia y Guatemala, mientras que la tasa es inferior a uno de cada cinco en Barbados y menor a uno cada diez en República Dominicana.

Después de los primeros seis meses de vida, un bebé necesita alimentos complementarios adicionales nutricionalmente adecuados y seguros, mientras continúa amamantando. En 24 países de LAC con datos, el 83% de los niños reciben algún alimento sólido, semisólido y blando en su dieta, con Jamaica y Ecuador por debajo del 75%, y Argentina, Brasil, Cuba y El Salvador por encima del 90%. Además, en promedio, el 43% de los niños de LAC continuaron amamantando hasta los 2 años de edad, una tasa inferior al 30% en Santa Lucía y Brasil, y superior al 60% en Perú, El Salvador y Guatemala (Figura 4.7).

La lactancia materna exclusiva es más común en los países de renta baja y mediana-baja que en los de ingresos altos en LAC, así como entre las mujeres rurales más pobres y con menor educación que las mujeres de mayores ingresos y nivel educativo que viven en las ciudades (Figura 4.8). Sin embargo, en países como Costa Rica, República Dominicana, Jamaica y Paraguay, las mujeres que viven en las zonas urbanas amamantan exclusivamente más que las mujeres de las zonas rurales. Argentina es el único país con datos en el que las mujeres más educadas y ricas muestran mayores tasas de exclusividad en LAC.

Los factores clave que pueden conducir a tasas de lactancia inadecuadas son amplios y abarcan varias dimensiones de la sociedad. Comprenden prácticas y políticas hospitalarias y de cuidados de salud que no fomentan la lactancia, falta de apoyo adecuado y cualificado para la lactancia, específicamente en los centros de salud y en la comunidad, comercialización intensa de sustitutos de la leche materna y legislación inadecuada sobre permisos de maternidad y paternidad y políticas laborales que no facilitan la lactancia. En conclusión, teniendo en cuenta los persistentemente altos niveles de desnutrición infantil, las prácticas de alimentación de los lactantes y los niños pequeños deben seguir mejorándose para hacer frente a los desafíos actuales y futuros. (Rollins et al., 2016[10]).

Definición y comparabilidad

La lactancia materna exclusiva se define como no proporcionar otro alimento o bebida, ni siquiera el agua, que no sea la leche materna (incluida la leche extraída o de una nodriza) durante los primeros seis meses de vida, con excepción de las sales de rehidratación oral, las medicinas y los jarabes (vitaminas, minerales y medicamentos). A partir de entonces, para satisfacer las necesidades nutricionales en evolución, los lactantes deben recibir alimentos complementarios adecuados y seguros mientras siguen siendo amamantados hasta los dos años de edad o más.

Las fuentes habituales de información sobre las prácticas de alimentación de los lactantes y los niños pequeños son las encuestas en los hogares. También miden otros indicadores sobre las prácticas de alimentación de lactantes y niños pequeños, tales como la frecuencia mínima de alimentación, diversidad dietética mínima y dieta mínimamente aceptable. Los formatos de encuesta más comunes son las Encuestas Demográficas y de Salud (DHS) y las Encuestas de Indicadores Múltiples por Conglomerados (MICS)

Referencias

[10] Rollins, N. et al. (2016), "Why invest, and what it will take to improve breastfeeding practices?", *The Lancet*, Vol. 387/10017, pp. 491-504, http://dx.doi.org/10.1016/s0140-6736(15)01044-2.

[9] Victora, C. et al. (2016), "Breastfeeding in the 21st century: epidemiology, mechanisms, and lifelong effect", *The Lancet*, Vol. 387/10017, pp. 475-490, *http://dx.doi.org/10.1016/s0140-6736(15)01024-7*.

4. ALIMENTACIÓN DE LACTANTES Y NIÑOS PEQUEÑOS

Figura 4.6. **Bebés con lactancia materna exclusiva – primeros 6 meses de vida, 2016 o año más próximo**

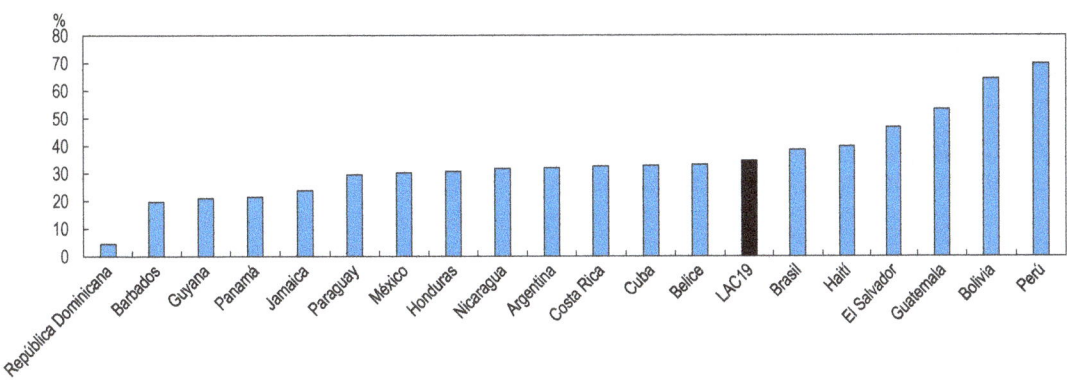

Fuente: Informe Mundial de la Infancia de UNICEF 2017.

StatLink https://stat.link/3oxwsq

Figura 4.7. **Prácticas de alimentación después de los 6 meses de edad, países seleccionados (2006-17)**

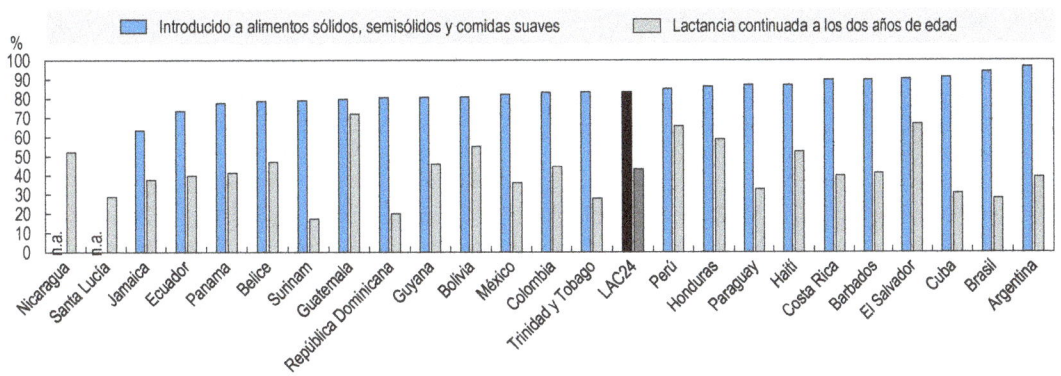

Fuente: Encuestas DHS y MICS 2006-2017; UNICEF Alimentación de lactantes y niños pequeños.

StatLink https://stat.link/f0k1zu

Figura 4.8. **Bebés alimentados exclusivamente con leche materna en los primeros seis meses de vida, por factores socioeconómicos y geográficos seleccionados**

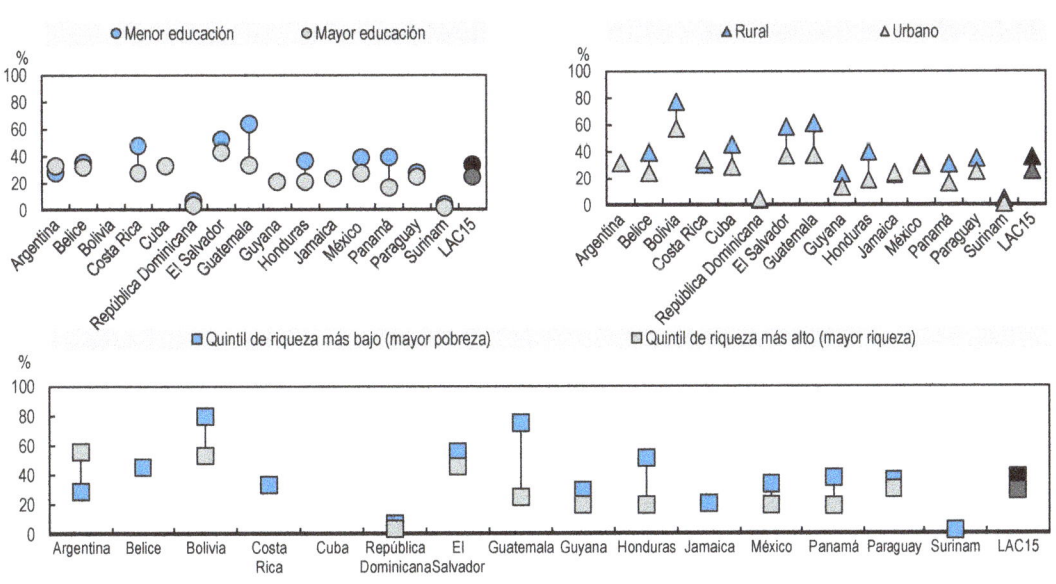

Fuente: Encuestas DHS y MICS 2006-2017; UNICEF Alimentación de lactantes y niños pequeños.

StatLink https://stat.link/ykb68t

PANORAMA DE LA SALUD: LATINOAMÉRICA Y EL CARIBE 2020 © OCDE/El Banco Internacional de Reconstrucción y Fomento/El Banco Mundial 2020

4. MALNUTRICIÓN INFANTIL

Un componente clave del capital humano son las personas sanas y bien alimentadas a lo largo de su vida, pero muchos niños y niñas no tienen acceso a suficientes alimentos nutritivos e higiénicos, y a una dieta equilibrada que satisfaga sus necesidades de crecimiento y desarrollo óptimos para llevar una vida activa y saludable. Se calcula que en todo el mundo hay 150,8 millones de niños con retraso en el desarrollo, 50,5 millones con bajo peso (emaciación) y 38,3 millones con sobrepeso (Development Initiatives, 2018[11]). Por lo tanto, muchos países enfrentan una doble carga de malnutrición caracterizada por la coexistencia de desnutrición y sobrepeso, la obesidad o las enfermedades no transmisibles relacionadas con la dieta; un desafío de salud que está en aumento en muchos países de LAC. La malnutrición infantil también contribuye a que los resultados cognitivos y educativos sean peores en las etapas posteriores de la infancia y adolescencia, lo que a su vez afecta al potencial de la vida entera y determina en gran medida la situación socioeconómica del individuo.

La meta 2.2 de los ODS de las Naciones Unidas establece que para 2030 se debe poner fin a todas las formas de malnutrición, incluyendo el logro para 2025 de las metas de nutrición acordadas internacionalmente, en cuanto al retraso en el crecimiento y la emaciación en menores de cinco años, e incluye también un indicador sobre el sobrepeso infantil. Posteriormente, en abril de 2016, la Asamblea General de las Naciones Unidas proclamó 2016-2025 como el Decenio de las Naciones Unidas de Acción sobre la Nutrición para erradicar el hambre y la malnutrición en todas sus formas (desnutrición, deficiencias de micronutrientes, sobrepeso u obesidad) y reducir la carga de las enfermedades no transmisibles relacionadas con la alimentación en todos los grupos etarios (UN, 2019[12]).

Las tasas de retraso en el crecimiento en LAC son generalmente más bajas que en otras regiones del mundo, pero sigue siendo un problema importante en varias naciones. En promedio, el 13% de los niños menores de 5 años presentan retraso en el crecimiento en LAC27 (Figura 4.9). La tasa asciende a casi el 47% en Guatemala y es superior al 20% en Haití, Ecuador y Honduras, mientras que en Chile y Santa Lucía es inferior al 3%. Las tasas de emaciación también son más bajas que en otras regiones, con un promedio del 2.5% entre los niños menores de cinco años, pero Barbados, Guyana y Uruguay tienen tasas significativamente más altas que el promedio, siendo superiores al 6%. Las tasas más bajas se observan en Chile, Perú, Guatemala y Colombia, todas por debajo del 1%.

Los países con mayor prevalencia de retraso en el crecimiento tienden a tener una mortalidad de menores de cinco años superior a la media, lo que refleja el hecho de que más o menos la mitad de todas las muertes antes de los cinco años pueden atribuirse a la malnutrición (Figura 4.10). Guatemala se desvía significativamente de la tendencia al tener una tasa de retraso en el crecimiento de casi 4 veces el promedio de LAC, con una tasa de mortalidad en menores de cinco años de ocho puntos por encima del promedio de LAC. La razón principal yace en la elevada tasa de pobreza y a la gran desigualdad que existe en el país, lo que hace que la mitad de la población no pueda pagar el costo de la canasta básica de alimentos. A esto hay que sumarle los efectos de los desastres naturales y el cambio climático que perjudica la producción de alimentos (WFP, 2019[13]).

El sobrepeso y la obesidad infantil se perfilan como uno de los retos más importantes del siglo. En LAC26, la prevalencia media de sobrepeso entre los menores de cinco años es de casi el 8% (Figura 4.11). Las tasas más altas se observan en Paraguay y Barbados con más de 12%, seguidos por Trinidad y Tobago, Bolivia, Panamá y Argentina, donde más de un niño de cada 10 tiene sobrepeso. A su vez, las tasas son inferiores al 5% en Haití, Surinam y Guatemala.

La identificación, promoción y aplicación de medidas que aborden de manera simultánea y sinérgica la desnutrición, el sobrepeso, la obesidad y las enfermedades no transmisibles relacionadas con la dieta son oportunidades importantes y prioridades inmediatas. Entre ellas figuran: sistemas alimentarios para una dieta sana y sostenible, sistemas de salud alineados que proporcionen una cobertura universal de las medidas esenciales en materia de nutrición, protección social y educación relacionada con la nutrición, comercio e inversión para mejorar la nutrición, entornos seguros y facilitadores a la nutrición en todas las edades, y fortalecimiento y promoción de la gobernanza y la rendición de cuentas en materia de nutrición. (OMS, 2017[14]).

Definición y comparabilidad

La definición de la OMS de sobrepeso es el peso para la estatura con más de dos desviaciones típicas por encima de la mediana establecida en los patrones de crecimiento infantil de la OMS; la definición de la OMS de obesidad infantil es el peso para la estatura con más de tres desviaciones típicas por encima de la mediana establecida en los patrones de crecimiento infantil de la OMS.

El retraso en el crecimiento (baja estatura para la edad) refleja la incapacidad de alcanzar el potencial de crecimiento lineal como resultado de condiciones de salud y/o nutrición deficiente a largo plazo.

La emaciación generalmente indica una reciente y severa pérdida de peso debido a que una persona no ha tenido suficiente comida para comer y/o ha tenido una enfermedad infecciosa como la diarrea que le ha hecho perder peso.

Referencias

[11] Development Initiatives (2018), *Global Nutrition Report: shining a light to spur action on nutrition*, Development Initiatives Poverty Research Ltd, Bristol, https://globalnutritionreport.org/documents/344/2018_Global_Nutrition_Report_Executive_Summary.pdf.

[14] OMS (2017), *The double burden of malnutrition*, Organización Mundial de Salud, https://www.who.int/nutrition/publications/doubleburdenmalnutrition-policybrief/en/.

[12] UN (2019), *El Decenio de las Naciones Unidas de Acción sobre la Nutrición 2016-2025*, https://www.un.org/nutrition/es.

[13] WFP (2019), *Guatemala | Programa Mundial de Alimentos*, https://www.wfp.org/countries/guatemala.

4. MALNUTRICIÓN INFANTIL

Figura 4.9. **Prevalencia del retraso en el crecimiento y la emaciación en menores de 5 años, último año disponible**

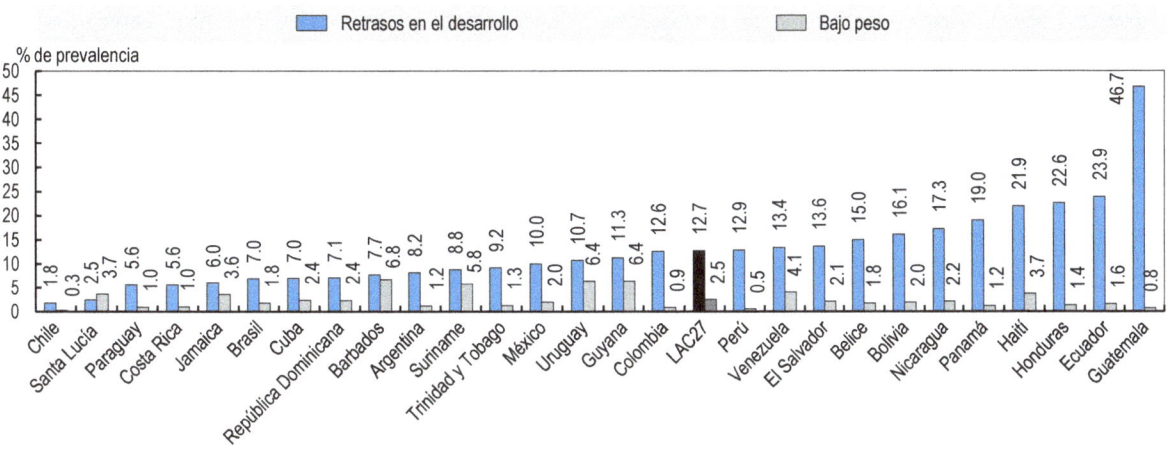

Fuente: OMS GHO 2018.

Figura 4.10. **Mortalidad y prevalencia del retraso en el crecimiento de menores de 5 años, último año disponible**

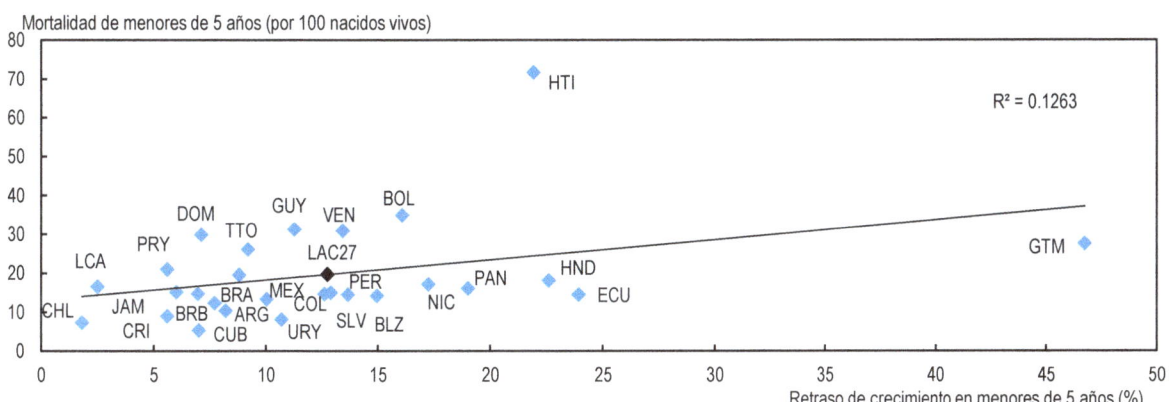

Fuente: Observatorio Global de Salud, OMS 2018.

Figura 4.11. **Prevalencia de sobrepeso en menores de 5 años, último año disponible**

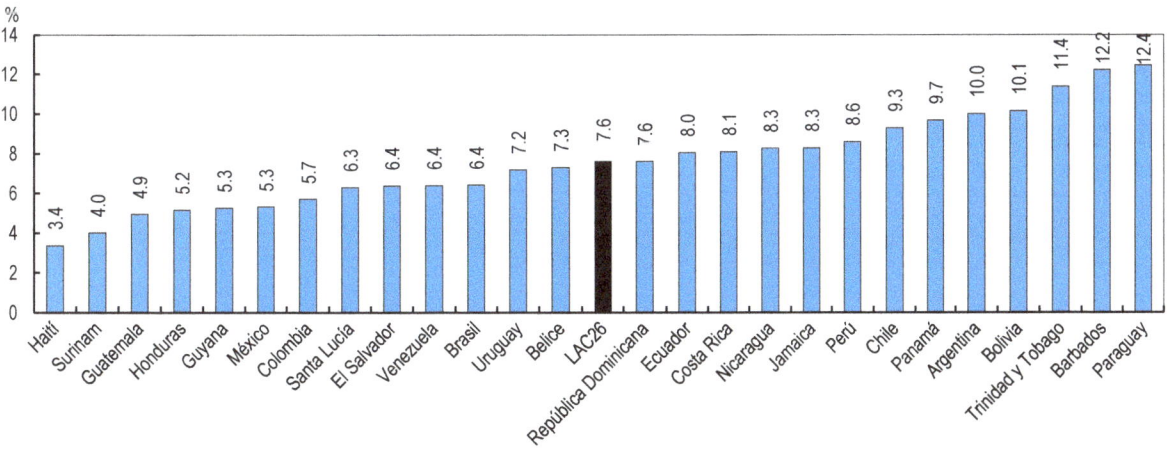

Fuente: Observatorio Global de Salud, OMS 2018.

4. SALUD DE LOS ADOLESCENTES

La adolescencia es una fase de transición fundamental en el desarrollo humano, ya que representa un cambio de la infancia a la madurez física, psicológica y social. Durante este período, los adolescentes aprenden y desarrollan conocimientos y habilidades para lidiar con aspectos críticos de su salud y desarrollo mientras sus cuerpos maduran. Las adolescentes, en especial más jóvenes se encuentran en una situación de especial vulnerabilidad porque corren el riesgo de un embarazo y un parto prematuros (UNICEF, 2017[15]). En la actualidad, hay dos transiciones claras en lo que respecta a la población adolescente: la transición demográfica, con un aumento del número de adolescentes (de 10 a 24 años de edad) de 1.530 millones en 1990 a 1.800 millones en 2016; y la transición epidemiológica, en la que ha disminuido el número de países clasificados como de carga múltiple para pasar a clasificarse como predominantes en las enfermedades no transmisibles (Weiss and Ferrand, 2019[16]).

Los factores de riesgo de las enfermedades no transmisibles, la principal causa de muertes prematuras en adultos, a menudo se adquieren en la adolescencia. El sobrepeso y la obesidad son uno de estos factores de riesgo claves. En LAC, más del 38% de los adolescentes, tanto hombres como mujeres, tenían sobrepeso o eran obesos en 2016 (Figura 4.12). Entre los adolescentes varones, Argentina y Chile lideraron el grupo con más de la mitad de su población adolescente viviendo con sobrepeso u obesidad, mientras que Colombia y Santa Lucía se situaron en el otro extremo con menos del 29%. Entre las adolescentes mujeres, Bahamas, México y Venezuela tienen más del 45% de sobrepeso y obesidad, mientras que Haití es el único país de la región con menos del 30%.

Entre 2010 y 2016, la obesidad en la región de LAC aumentó en todos los países, con un promedio de crecimiento superior al 34% entre los adolescentes varones y casi un 30% entre las adolescentes mujeres (Figura 4.13). El mayor aumento entre los adolescentes varones se produjo en Trinidad y Tobago, Haití, Santa Lucía y Guyana, con un incremento superior al 50%, mientras que en Venezuela, México, Argentina, Uruguay y Bahamas el aumento fue inferior al 20%. Asimismo, el mayor aumento entre las adolescentes se produjo en Trinidad y Tobago, con un 57%, seguida de Santa Lucía, Haití y Guyana, con poco más del 45%. Los menores incrementos se dan en Uruguay y Bahamas, ambos por debajo del 15% de crecimiento.

Otro aspecto clave para los adolescentes de todo el mundo es la elevada prevalencia de embarazos durante la juventud. En LAC25, la tasa de natalidad promedio de las adolescentes es de 62 nacimientos por cada 1.000 mujeres adolescentes, lo que representa casi el triple de la tasa de los países de la OCDE, que es de 21 nacimientos por cada 1.000 mujeres adolescentes (Figura 4.14). Cabe destacar que todos los países de LAC están situados por encima de la media de la OCDE. La tasa de natalidad más alta entre las adolescentes se encuentra en la Honduras con 101 nacimientos por cada 1.000 mujeres adolescentes (una de cada 10 adolescentes dará a luz), seguido de Nicaragua y Guatemala con 92 nacimientos. Por otra parte, Bahamas y Trinidad y Tobago tienen las tasas de natalidad en adolescentes más bajas de la región, con 32 y 389, respectivamente.

La Estrategia Mundial para la Salud de la Mujer, el Niño y el Adolescente 2016-2030 fomenta un mundo en el que "cada mujer, niño y adolescente, en todos los entornos, haga realidad sus derechos a la salud y el bienestar físico y mental, tenga oportunidades sociales y económicas y pueda participar plenamente en la configuración de sociedades prósperas y sostenibles". Con el objetivo de poner fin a las muertes prevenibles, garantizar la salud y el bienestar y ampliar el entorno propicio, hay que actuar en varias esferas: liderazgo de los países, financiación de la salud, resiliencia de los sistemas de salud, potencial individual, participación de la comunidad, acción multisectorial, estados humanitarios y frágiles, investigación e innovación y rendición de cuentas (ONU, 2015[17]). Los países de LAC están tomando esta agenda de muchas maneras y adaptándola a su contexto nacional, con la oportunidad de reunir el impulso internacional para dar un gran paso en el mejoramiento de la salud de los adolescentes desde una perspectiva multifacética.

> **Definición y comparabilidad**
>
> La definición de la OMS de sobrepeso en la adolescencia se refiere al índice de masa corporal superior a una desviación estándar por encima de la mediana, según los estándares de crecimiento infantil de la OMS.
>
> La definición de la OMS de la obesidad adolescente es un índice de masa corporal superior a 2 desviaciones estándar por encima de la mediana, según los estándares de crecimiento infantil de la OMS.
>
> La tasa de natalidad en la adolescencia se define como el número anual de nacimientos de mujeres de 15 a 19 años por cada 1.000 mujeres de ese grupo de edad. También se llama tasa de fecundidad específica por edad para las mujeres de 15 a 19 años.

Referencias

[15] UNICEF (2017), *Adolescent Health*, http://data.unicef.org/topic/maternal-health/adolescent-health/.

[17] ONU (2015), *The Global Strategy for Women's, Children's and Adolescents' Health, 2016-2030*, Every Woman Every Child, Organización Mundial de Salud, https://www.who.int/life-course/partners/global-strategy/en/.

[16] Weiss, H. and R. Ferrand (2019), *Improving adolescent health: an evidence-based call to action*, Lancet Publishing Group, http://dx.doi.org/10.1016/S0140-6736(18)32996-9.

4. SALUD DE LOS ADOLESCENTES

Figura 4.12. **Adolescentes con sobrepeso u obesidad, 2016**

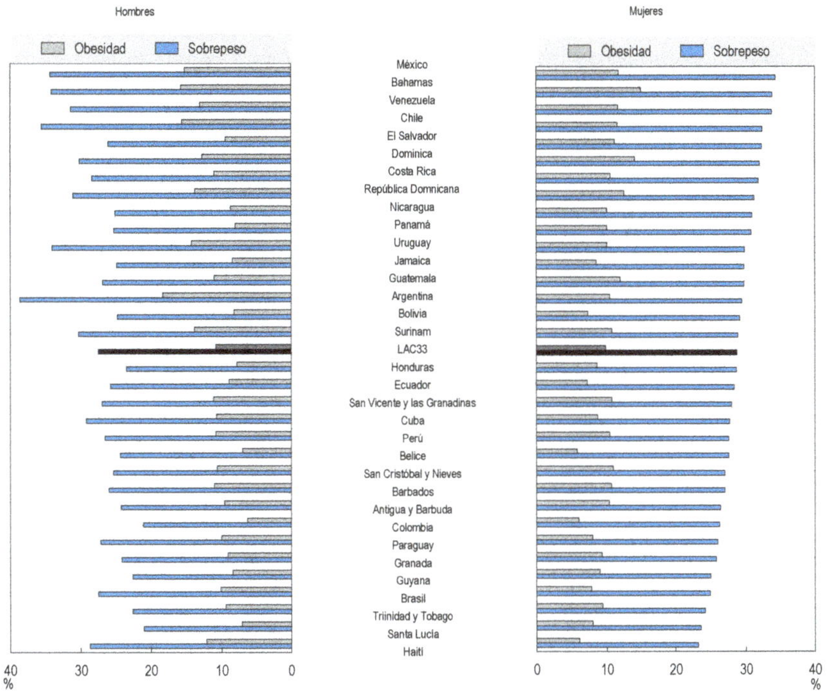

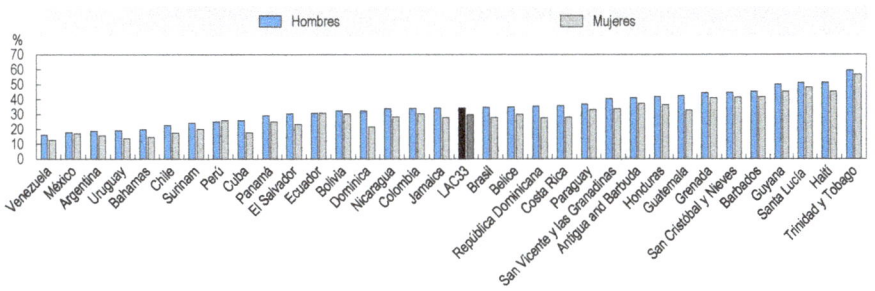

Fuente: Observatorio Global de Salud, OMS 2019.

StatLink https://stat.link/7dzvbs

Figura 4.13. **Cambio en la prevalencia de la obesidad, 2010-16**

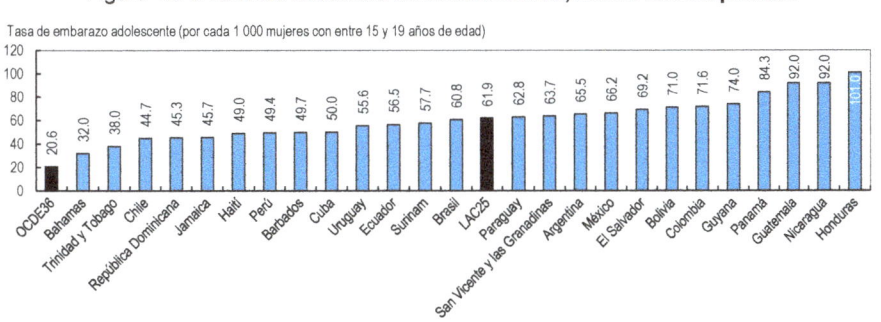

Fuente: Observatorio Global de Salud, OMS 2019.

StatLink https://stat.link/kq5409

Figura 4.14. **Tasa de natalidad en adolescentes, último año disponible**

Fuente: Observatorio Global de Salud, OMS 2019.

StatLink https://stat.link/ymswdv

PANORAMA DE LA SALUD: LATINOAMÉRICA Y EL CARIBE 2020 © OCDE/El Banco Internacional de Reconstrucción y Fomento/El Banco Mundial 2020

4. ADULTOS CON SOBREPESO Y OBESIDAD

El sobrepeso y la obesidad constituyen problemas importantes de salud pública, ya que la epidemia global tiene consecuencias de gran alcance para los individuos, la sociedad y la economía. La obesidad es un factor de riesgo establecido para numerosas condiciones de salud, entre ellas hipertensión, colesterol alto, diabetes, enfermedades cardiovasculares, problemas respiratorios, enfermedades esqueléticas y algunas formas de cáncer; la mortalidad reporta un aumento progresivo una vez que se cruza el umbral del sobrepeso. Por lo tanto, la obesidad y el sobrepeso acortan la esperanza de vida, aumentan los costes sanitarios, disminuyen la productividad de los trabajadores y reducen el PIB de los países (OCDE, 2019[18]). En todo el mundo en el año 2016, el 39% de los hombres y de las mujeres tenían sobrepeso, y el 11% de los hombres y el 15% de las mujeres eran obesos. (OCDE, 2019[18]) Esto significa que casi 2.000 millones de adultos en todo el mundo tenían sobrepeso y, de ellos, más de 500 millones eran obesos. Cuarenta y un millones de niños menores de cinco años tenían sobrepeso o eran obesos en 2016; mientras que más de 340 millones de niños y adolescentes de 5 a 19 años tenían sobrepeso o eran obesos. Tanto la condición de sobrepeso como de la obesidad han mostrado un marcado incremento en las últimas cuatro décadas (OMS, 2018[19]).

En los países de la OCDE, el 63% de los hombres y el 52% de las mujeres sufren de sobrepeso (pre-obesidad + obesidad). En los países de LAC, el 61% de las mujeres tienen sobrepeso (Figura 4.15). En México y Chile más del 75% de la población femenina tiene sobrepeso, mientras que las tasas más bajas se observan en Paraguay y Trinidad y Tobago con menos del 55%. De manera similar, el 53% de los hombres en los países de LAC tienen sobrepeso. Chile encabeza la región con un 74% de su población masculina con sobrepeso, seguido de México (70%) y Argentina (66%). Santa Lucía y Trinidad y Tobago están por debajo del 40% con la tasa más baja de la región.

La población de las mujeres con sobrepeso aumentó en todos los países de LAC entre 2010 y 2016, pero la tasa de crecimiento promedio representó más de la mitad del aumento promedio en los países de la OCDE (6% vs. 13%). Haití y Trinidad y Tobago muestran los mayores incrementos, de un 10% cada uno (Gráfico 4.16), mientras que el menor crecimiento se registró en Venezuela (3%), seguido de Chile, Uruguay y Bahamas (4%). Entre los hombres, la región de LAC aumentó en un 9% mientras que en la OCDE estuvo cerca del 16%. El mayor aumento se produjo en Haití (17%), seguido de Dominica (13%), Jamaica (12%) y Guyana (12%), mientras que Venezuela y Argentina tienen la menor tasa de aumento por debajo del 6%.

En los países de LAC, la obesidad es mayor en las mujeres (29%) que en los hombres (18%) (Figura 4.15). Entre las mujeres, Bahamas y Dominica tienen más del 35% de la población femenina obesa, mientras que Paraguay, Perú y Ecuador están por debajo del 25%. El mayor aumento de la obesidad femenina entre 2010 y 2016 se registró en Haití (22%) y Trinidad y Tobago (20%), mientras que el menor crecimiento se dio en Venezuela y Bahamas (8%) (Figura 4.17). Entre los hombres, Argentina tiene la tasa de obesidad más elevada (27%), seguida de Chile y Uruguay (25%), mientras que Trinidad y Tobago (11%), Antigua y Barbuda (12%) y Santa Lucía (12%) se encuentran en el otro extremo (Figura 4.15). Haití vuelve a liderar el crecimiento con un aumento del 39%, seguido de la República Dominicana y Guyana (30%). Venezuela y Argentina presentan el menor incremento de un 13% (Figura 4.17).

Los determinantes sociales de la salud tales como la pobreza, el agua y saneamiento inadecuado y el acceso desigual a la educación y a los servicios de salud, están detrás del fenómeno de la malnutrición. Un factor impulsor clave de la creciente epidemia de obesidad es un entorno alimentario cambiante, en el que se comercializan agresivamente alimentos procesados pobres en nutrientes y densos en energía, fácilmente disponibles y a menudo más baratos que las alternativas más saludables. Países como México, Chile, Perú, Uruguay y Ecuador han logrado desarrollar algunas políticas relacionadas con la imposición de impuestos a las bebidas endulzadas con azúcar y el etiquetado al frente del envase, además de regular la publicidad de alimentos dirigida a los niños. Estos esfuerzos pueden complementarse con políticas como el etiquetado de menús, intervenciones anti-sedentarias en el lugar de trabajo y campañas en los medios de comunicación, ya que no sólo son eficaces sino que también tienen un rendimiento positivo de la inversión (OCDE, 2019[18]).

Definición y comparabilidad

La medida más utilizada para medir el bajo peso, el sobrepeso y la obesidad en los adultos es el Índice de Masa Corporal (IMC). Es un número único que evalúa el peso de un individuo en relación a la altura, y se define como el peso en kilogramos dividido por el cuadrado de la altura en metros.

Según la clasificación de la OMS, se considera que los adultos con un IMC inferior a 18.5 tienen un peso inferior al normal o son delgados y que 25 o más tienen sobrepeso. Se considera que los adultos que tienen un IMC entre 20 y 30 tienen pre obesidad. Un IMC de 30 o más se define como obesidad.

En muchos países, las estimaciones auto declaradas de altura y peso se recogen mediante encuestas de salud basadas en la población, mientras que en otros países se realizan mediciones entre la población. Estas diferencias limitan la comparabilidad de los datos. Las estimaciones del IMC a partir de los exámenes de salud son más fiables y, en general, dan como resultado valores más altos que los de las encuestas auto informadas.

Referencias

[18] OCDE (2019), *The Heavy Burden of Obesity: The Economics of Prevention*, OECD Health Policy Studies, Ediciones OCDE, París, *https://dx.doi.org/10.1787/67450d67-en*.

[19] OMS (2018), *Obesidad y sobrepeso*, Organización Mundial de Salud, *https://www.who.int/es/news-room/fact-sheets/detail/obesity-and-overweight*.

4. ADULTOS CON SOBREPESO Y OBESIDAD

Figura 4.15. **Adultos con sobrepeso u obesidad, 2016**

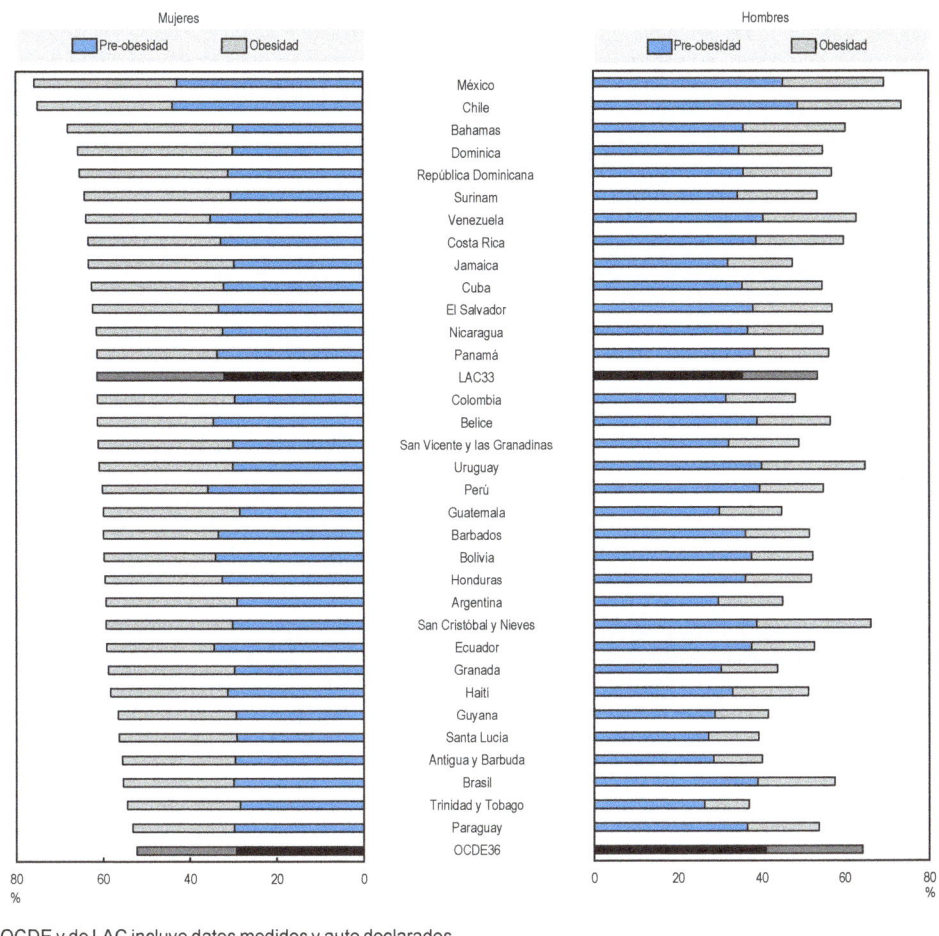

Nota: El promedio de la OCDE y de LAC incluye datos medidos y auto declarados.
Fuente: Observatorio Global de Salud, OMS 2018; Estadísticas de Salud de la OCDE para México, Chile, Colombia, Brasil y Costa Rica.

StatLink 🖇 https://stat.link/j860fw

Figura 4.16. **Cambio en la prevalencia del sobrepeso, 2010-16**

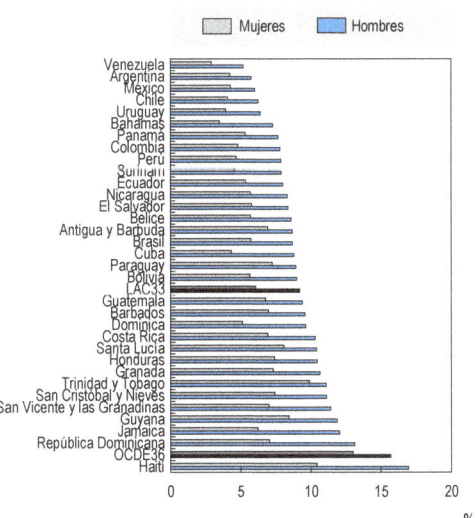

Nota: El promedio de la OCDE y de LAC incluye datos medidos y auto declarados.
Fuente: Observatorio Global de Salud, OMS 2018; Estadísticas de Salud de la OCDE para México, Chile, Colombia, Brasil y Costa Rica.

StatLink 🖇 https://stat.link/0hq6vz

Figura 4.17. **Cambio en la prevalencia de la obesidad, 2010-16**

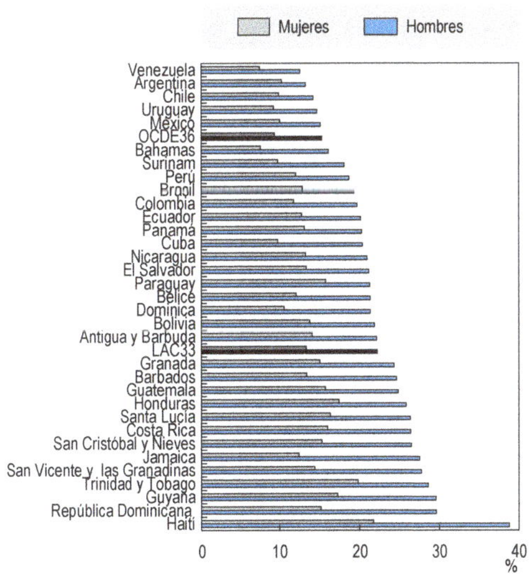

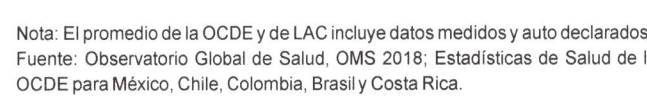

Nota: El promedio de la OCDE y de LAC incluye datos medidos y auto declarados.
Fuente: Observatorio Global de Salud, OMS 2018; Estadísticas de Salud de la OCDE para México, Chile, Colombia, Brasil y Costa Rica.

StatLink 🖇 https://stat.link/y4awd2

4. AGUA Y SANEAMIENTO

La exposición a comportamientos inadecuados en materia de agua potable, saneamiento e higiene (WASH) es vital para la salud, los medios de subsistencia y el bienestar de las personas. La diarrea, las infecciones respiratorias, la malnutrición, la esquistosomiasis, el paludismo, las infecciones por helmintos transmitidas por el suelo y el tracoma son algunas de las enfermedades asociadas a la falta de agua potable y saneamiento. En 132 países de ingresos bajos y medios, se estima que en 2016 se produjeron 829.000 muertes atribuibles al agua, el saneamiento y la higiene y 49,8 millones de AVAD a causa de enfermedades diarreicas, lo que equivale al 60% de todas las muertes por diarrea (Prüss-Ustün et al., 2019[20]). Más de medio millón de niños menores de 5 años mueren cada año debido a enfermedades diarreicas. (Prüss-Ustün et al., 2019[20]) Se estima que el 88% de esta carga es atribuible al agua, el saneamiento y la higiene y se concentra principalmente en los niños y niñas de los países en desarrollo. Un mejor acceso al agua y al saneamiento es fundamental para mejorar la salud, pero también contribuye al progreso social y económico, uno de los muchos vínculos con el capital humano que se describen en esta publicación. Ayuda a aumentar las tasas de matrícula en la educación, mejora el nivel de vida y reduce los costos de atención de la salud necesarios para mantener una fuerza laboral productiva (UNICEF y OMS, 2017[21]).

El acceso a las instalaciones sanitarias básicas ha crecido en LAC en los últimos años (Figura 4.18, panel izquierdo). En el 2017, casi tres de cada cuatro personas que viven en áreas rurales y casi siete de cada ocho personas que viven en áreas urbanas en los países de LAC tienen acceso a saneamiento básico. Sin embargo, en Haití y Bolivia sólo alrededor del 24% y el 36% de las personas que viven en las zonas rurales tienen acceso a un saneamiento básico para la eliminación adecuada de los excrementos, respectivamente, lo que significa que la defecación al aire libre sigue siendo común. El saneamiento básico urbano en estos dos países aumenta a 44% y 72%, respectivamente, pero sigue siendo sustancialmente inferior al promedio de LAC. Los progresos han sido particularmente rápidos en Paraguay y Chile, con un aumento entre 2010 y 2017 de más de 30 puntos porcentuales en la proporción de la población que vive en zonas rurales con acceso a saneamiento básico. Bolivia y Panamá reportaron el mayor incremento de 25 y 21 puntos porcentuales en la población que vive en áreas urbanas con acceso a saneamiento básico durante el mismo periodo. Guatemala y Santa Lucía fueron los únicos países de LAC que informaron de una disminución en el porcentaje de la población con acceso a saneamiento básico en las zonas urbanas entre los años 2010 y 2017.

Entre 2010 y 2017, la mayoría de los países de LAC mejoraron el acceso al agua potable básica (Figura 4.19, panel derecho). Sólo Antigua y Barbuda, Barbados y Venezuela experimentaron pequeñas disminuciones. En promedio, casi nueve de cada diez personas en las zonas rurales y casi todas las personas en las zonas urbanas tienen acceso a fuentes de agua mejoradas en LAC. Sólo Nicaragua, Perú y Haití se quedaron atrás, ya que tres cuartas partes o menos de la población que vive en las zonas rurales tiene acceso a fuentes básicas de agua. En Haití, la tasa fue del 40%, lo que significa que menos de la mitad de la población rural tiene acceso a agua potable. El acceso mejoró significativamente en Bolivia, Chile, El Salvador y, especialmente, Paraguay, que informó de un aumento de la población que vive en zonas rurales con acceso a agua potable básica de más de 25 puntos porcentuales entre 2010 y 2017 (Figura 4.19, panel izquierdo).

Las Naciones Unidas fijaron la meta de lograr el acceso universal y equitativo al agua potable segura y asequible para todos, así como el acceso a un saneamiento y una higiene adecuados y equitativos para todos y poner fin a la defecación al aire libre para el 2030. Además, la estrategia de UNICEF en materia de agua, saneamiento e higiene tiene como objetivo garantizar que todos los niños y niñas vivan en un entorno limpio y seguro, y que obtengan acceso al saneamiento básico y al agua potable en los centros de desarrollo de la primera infancia, en la escuela, en los centros de salud y en las situaciones humanitarias. Los subsidios públicos basados en los impuestos, las tarifas de agua bien diseñadas y el uso estratégico de los flujos de ayuda al sector del agua pueden contribuir a garantizar que los grupos pobres y vulnerables tengan acceso a servicios de agua sostenibles y asequibles (OMS, 2012[22]).

> **Definición y comparabilidad**
>
> Las personas que utilizan fuentes mejoradas de agua potable que no requieren más de 30 minutos por viaje para recoger agua se clasifican como que tienen al menos servicios básicos de agua potable. Una fuente de agua potable mejorada se construye de manera que esté protegida del contacto con el exterior, especialmente de la materia fecal. Las fuentes mejoradas incluyen agua corriente, grifos públicos, perforaciones y pozos o manantiales excavados y protegidos (UNICEF y OMS, 2017[21]).
>
> Las personas que utilizan una instalación de saneamiento mejorada que no se compartió con otros hogares se clasifican como que tienen al menos servicios de saneamiento básico. Las instalaciones de saneamiento mejoradas separan higiénicamente los excrementos del contacto humano mediante el uso de la descarga de agua en los sistemas de alcantarillado, las fosas sépticas o las letrinas de pozo, junto con letrinas de pozo mejoradas o inodoros de compostaje (UNICEF y OMS, 2017[21]).
>
> La base de datos del Programa Conjunto de Monitoreo del Abastecimiento de Agua y del Saneamiento (JMP) de la OMS/UNICEF incluye encuestas y censos de hogares representativos a nivel nacional que hacen preguntas sobre el agua y el saneamiento, en su mayoría realizados en países en desarrollo. En general, los países desarrollados suministran datos administrativos.
>
> Los países que muestran el 100% no están incluidos en la figura.

Referencias

[22] OMS (2012), *Informe del GLAAS de 2012: Análisis y evaluación mundiales del saneamiento y el agua potable de ONU-Agua : El reto de ampliar y mantener los servicios*, Organización Mundial de Salud, https://www.who.int/water_sanitation_health/publications/glaas_report_2012/es/.

[20] Prüss-Ustün, A. et al. (2019), "Burden of disease from inadequate water, sanitation and hygiene for selected adverse health outcomes: An updated analysis with a focus on low- and middle-income countries", *International Journal of Hygiene and Environmental Health*, Vol. 222/5, pp. 765-777, http://dx.doi.org/10.1016/j.ijheh.2019.05.004.

[21] UNICEF y OMS (2017), *Progresos en materia de agua potable, saneamiento e higiene: informe de actualización de 2017 e indicadores de referencia de los ODS*, WHO/UNICEF Joint Monitoring Programme for Water Supply, Sanitation and Hygiene, https://www.unicef.org/spanish/publications/index_96611.html.

4. AGUA Y SANEAMIENTO

Figura 4.18. **Acceso al saneamiento básico, 2017 y cambio entre 2010-17**

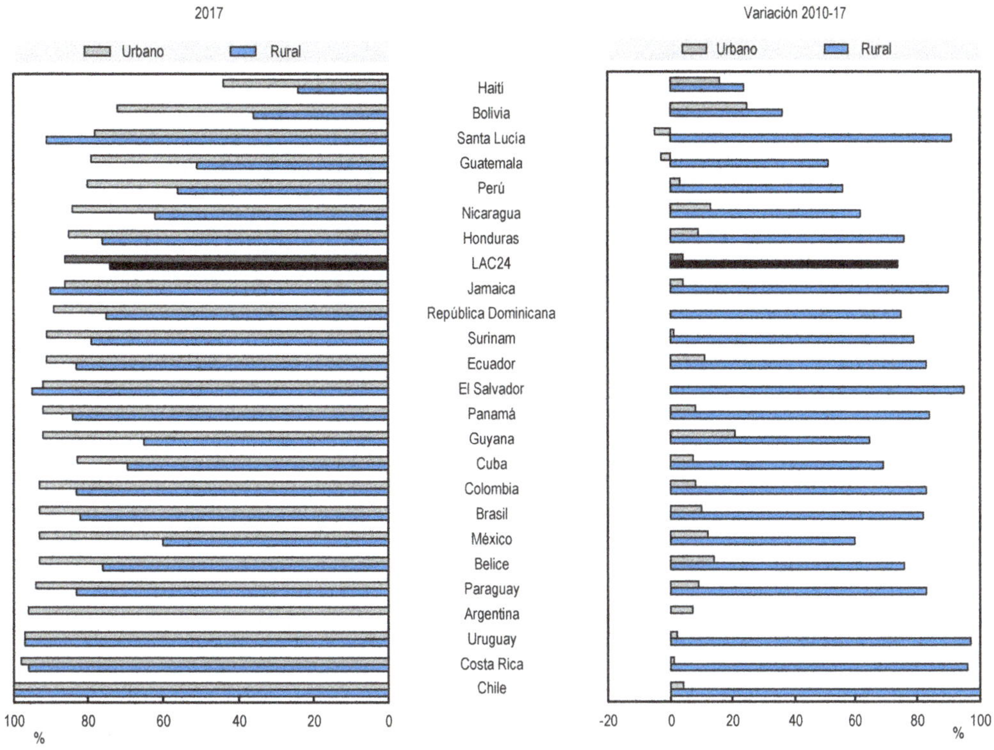

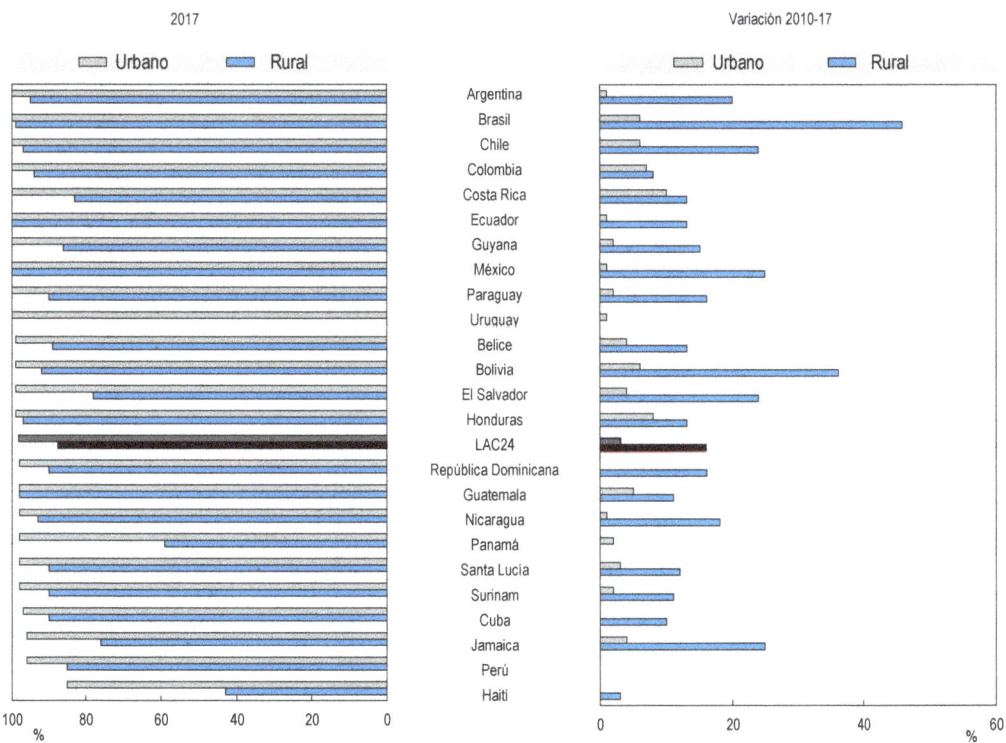

Fuente: Observatorio Global de Salud, OMS 2019.

StatLink https://stat.link/a7rzw1

Figura 4.19. **Acceso al agua potable básica, 2017 y cambio entre 2010-17**

Fuente: Observatorio Global de Salud, OMS 2019.

StatLink https://stat.link/x9bv8j

PANORAMA DE LA SALUD: LATINOAMÉRICA Y EL CARIBE 2020 © OCDE/El Banco Internacional de Reconstrucción y Fomento/El Banco Mundial 2020

4. TABAQUISMO

El consumo de tabaco es el segundo factor de riesgo más importante de muerte prematura y discapacidad en el mundo, y se ha cobrado más de 5 millones de vidas cada año desde 1990. Los efectos negativos del tabaquismo se extienden más allá de la salud individual y de la población, afectando también a la economía. En todo el mundo en 2015, la prevalencia normalizada por edad del tabaquismo diario era del 25% para los hombres y del 5,4% para las mujeres, lo que representa una reducción del 28,4% y del 34,4%, respectivamente, desde 1990. Se estima que en 2015 se produjeron entre 5,7 y 7 millones de muertes debidas al tabaquismo, lo que equivale al 11,5% de todas las muertes mundiales (Reitsma et al., 2017[23]). Actualmente, se estima que 1.100 millones de personas son fumadoras activas, de los cuales el 84% son varones y el 80% viven en países de ingresos bajos y medios. Además, el humo de segunda mano causa más de 1,2 millones de muertes prematuras al año, de las cuales 65.000 son niños (OMS, 2019[24]). Los ODS de la ONU piden que se refuerce la aplicación del Convenio Marco de la OMS para el Control del Tabaco en todos los países, según corresponda.

La proporción de fumadores de tabaco diarios varía enormemente entre los países, pero cerca de uno de cada cuatro hombres de 15 años o más en LAC18 fuma a diario, una tasa muy similar a la de la OCDE (Figura 4.20). Las tasas son particularmente altas en Cuba, donde más de la mitad de los hombres fuman, seguido de Surinam con 43%. Las tasas más bajas entre los hombres se observan en Costa Rica, Panamá y México, todas por debajo del 10%. Las tasas son más bajas entre las mujeres, con un 7% que fuman diariamente, también más bajas que la media de la OCDE. Chile está en la cima con más de una mujer de cada cinco que fuman, seguido de cerca por Cuba y Argentina. Las mujeres cubanas fuman tres veces menos que los hombres. Las tasas más bajas para las mujeres se encuentran en Barbados y Ecuador con menos del 1%, seguido de El Salvador, Costa Rica, Haití y Panamá, todos por debajo de un 2%.

Entre los adolescentes de 13 a 15 años de edad en 29 países de LAC, la prevalencia del consumo de tabaco en los hombres era del 15% y casi del 12% en las mujeres. Chile muestra el mayor consumo de tabaco entre las mujeres (26%), seguido de Argentina (25%) y México (18%), mientras que las tasas más bajas se encuentran en la República Dominicana (6%) y Honduras (6%). Entre los hombres, San Vicente y las Granadinas es el país que más tabaco consume (24%), seguido de Argentina (23%) y México (22%). Paraguay es el país con la menor tasa entre los hombres de 7% (Figura 4.21).

El aumento de los precios del tabaco mediante impuestos más altos es una de las intervenciones más efectivas para reducir el consumo de tabaco, al desalentar a los jóvenes a comenzar a fumar cigarrillos y alentar a los fumadores a dejar de hacerlo. Una revisión reciente de los estudios realizados en los países de LAC determinó que los aumentos de los impuestos reducen efectivamente el consumo de cigarrillos y también se puede esperar que aumenten los ingresos por concepto de impuestos a los cigarrillos (Guindon, Paraje and Chaloupka, 2018[25]), los cuales pueden ser utilizados en intervenciones complementarias. El impuesto promedio en LAC es del 48% para un paquete de 20 cigarrillos (Figura 4.22). Los países con mayores impuestos sobre el tabaco son Chile y Argentina con más del 80%, pero no son los países con los precios más altos. El tabaco más caro se encuentra en Jamaica con un precio de 14,3 USD, mientras que el más barato se observa en Paraguay, Colombia, Cuba, Dominica y Guyana, todos por debajo de los 3 USD.

Los países de LAC pueden fortalecer sus regulaciones para reducir el consumo de tabaco mediante la plena implementación del Convenio Marco de la OMS para el Control del Tabaco. Para ello, se puede seguir la estrategia de la OMS MPOWER para Monitorear el uso del tabaco y las políticas de prevención; proteger a la gente del uso del tabaco; ofrecer ayuda para dejar el uso del tabaco; advertir sobre los peligros del tabaco; hacer cumplir las prohibiciones de publicidad, promoción y patrocinio del tabaco; y aumentar los impuestos sobre el tabaco (OMS, 2019[24]).

Definición y comparabilidad

El tabaquismo diario de los adultos se define como el porcentaje de la población de 15 años o más que declara fumar todos los días. Las estimaciones para 2015 se basaron en datos obtenidos de una amplia gama de encuestas de salud y de hogares, incluida la Encuesta Mundial sobre el Tabaco en los Adultos (GATS). Los resultados fueron la población estándar de la OCDE normalizada por edad para los países de la OCDE y la población estándar de la OMS para los países no pertenecientes a la OCDE.

El consumo actual de tabaco entre los jóvenes se deriva del Estudio Mundial sobre el Tabaco en Jóvenes 2010-2017. Se define como el porcentaje de jóvenes de 13 a 15 años que han consumido cualquier producto de tabaco al menos una vez durante los últimos 30 días previos a la encuesta.

Referencias

[25] Guindon, G., G. Paraje and F. Chaloupka (2018), "The Impact of Prices and Taxes on the Use of Tobacco Products in Latin America and the Caribbean", *American Journal of Public Health*, Vol. 108/S6, pp. S492-S502, http://dx.doi.org/10.2105/ajph.2014.302396r.

[24] OMS (2019), *Tobaco*, Organización Mundial de Salud, https://www.who.int/es/news-room/fact-sheets/detail/tobacco.

[23] Reitsma, M. et al. (2017), "Smoking prevalence and attributable disease burden in 195 countries and territories, 1990–2015: a systematic analysis from the Global Burden of Disease Study 2015", *The Lancet*, Vol. 389/10082, pp. 1885-1906, http://dx.doi.org/10.1016/s0140-6736(17)30819-x.

4. TABAQUISMO

Figura 4.20. **Estimaciones de la prevalencia estandarizada por edad del consumo diario de tabaco en personas de 15 años o más, 2016**

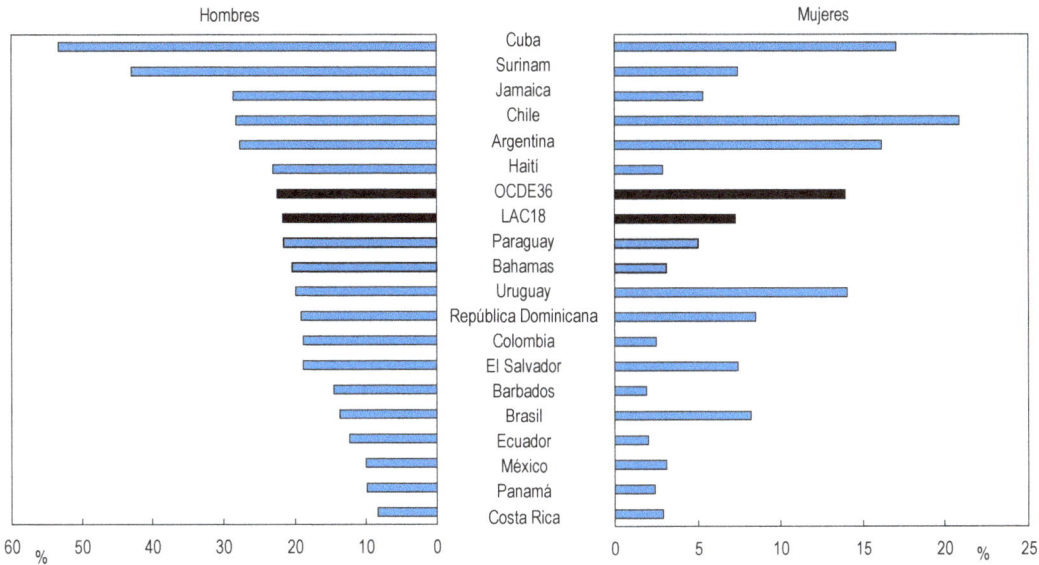

Fuente: Observatorio Global de Salud, OMS 2018. Estadísticas de Salud de la OCDE 2019 para México, Chile, Colombia, Costa Rica y Brasil.

StatLink ⟶ https://stat.link/14z6kv

Figura 4.21. **Prevalencia del consumo actual de tabaco entre los jóvenes de 13 y 15 años, última estimación disponible**

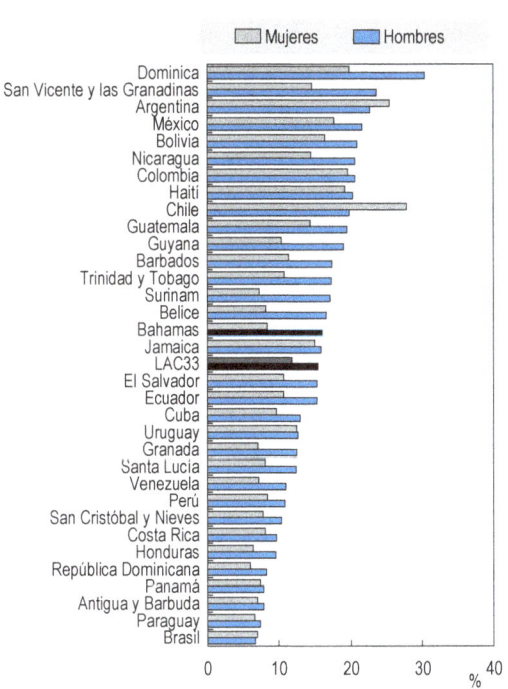

Fuente: Encuestas Mundiales sobre el Tabaco en Jóvenes 2010-2017.

StatLink ⟶ https://stat.link/eo2kul

Figura 4.22. **Impuestos nacionales y precio de venta al público de un paquete de 20 cigarrillos de la marca más vendida, 2016**

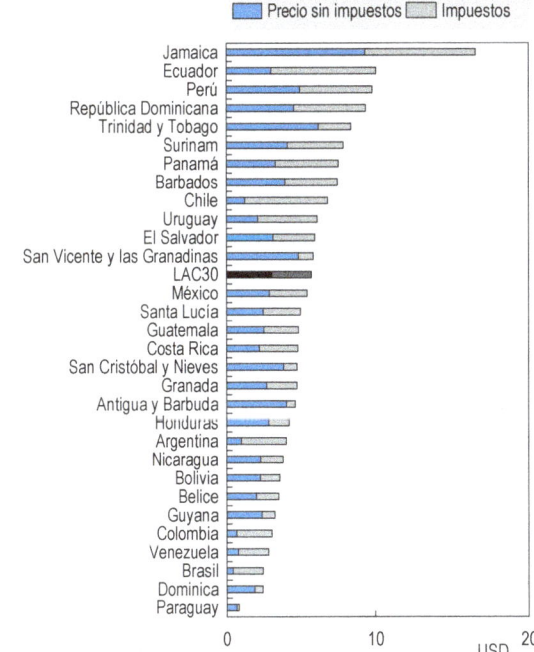

Fuente: Reporte de la OMS de la epidemia mundial del tabaquismo 2017.

StatLink ⟶ https://stat.link/p94tjc

PANORAMA DE LA SALUD: LATINOAMÉRICA Y EL CARIBE 2020 © OCDE/El Banco Internacional de Reconstrucción y Fomento/El Banco Mundial 2020

4. ALCOHOL

El consumo de alcohol es un factor de riesgo importante para la carga de enfermedad, tanto en términos de mortalidad como de morbilidad, y se ha relacionado con numerosos resultados sanitarios y sociales negativos, incluyendo más de 200 enfermedades y lesiones como el cáncer, derrames cerebrales y la cirrosis hepática, entre otros. La exposición fetal al alcohol aumenta el riesgo de defectos de nacimiento y de discapacidad intelectual. El abuso de alcohol también está asociado con una serie de problemas de salud mental, incluyendo la depresión y los trastornos de ansiedad, la obesidad y las lesiones involuntarias (OMS, 2018[26]). En 2016, se atribuyeron 2,8 millones de muertes al consumo de alcohol en todo el mundo, lo que corresponde al 2,2% del total de muertes estandarizadas por edad entre las mujeres y al 6,8% entre los hombres. En términos de la carga de enfermedad global, el consumo de alcohol provocó el 1,6% del total de AVAD a nivel mundial entre las mujeres y el 6% entre los hombres, situando el consumo de alcohol como el séptimo factor de riesgo principal de muerte prematura y discapacidad en 2016, en comparación con otros factores de riesgo en los estudios sobre la Carga Global de Enfermedad (Griswold et al., 2018[27]).

El consumo medio de alcohol en la región de LAC es superior a los 6 litros per cápita en 2016, menor a los 9,3 litros per cápita en la OCDE. El consumo más bajo se observa en Guatemala, Costa Rica y El Salvador, mientras que el más alto se observa en Uruguay, Santa Lucía, Argentina y Barbados (Figura 4.23, panel izquierdo). El consumo es en general más alto entre los países más desarrollados, en consonancia con las tendencias de otras regiones del mundo. La evolución del consumo de alcohol en el período 2010-16 ha sido muy heterogénea entre los países, pero la media regional ha aumentado en casi 3%. Países como Guatemala y Venezuela experimentaron disminuciones de más del 25%, mientras que Dominica y Trinidad y Tobago aumentaron su ingesta per cápita en el mismo porcentaje (Figura 4.23, panel derecho).

El consumo de alcohol en exceso y en cortos espacios de tiempo son patrones de bebida con más riesgos para la salud. En promedio, en la región de LAC, en 2016 el 43% de la población que bebe ha tenido un episodio de consumo excesivo de alcohol en los últimos 30 días (Figura 4.24). En Perú, Santa Lucía, Granada, San Cristóbal y Nieves, y Trinidad y Tobago, alrededor de la mitad de todos los bebedores reportan un comportamiento de consumo excesivo de alcohol. Los índices de consumo excesivo de alcohol están por debajo del 35% en países como Chile, Guatemala, El Salvador, Argentina y Uruguay, lo que sugiere una cultura de consumo diferente en algunos de los países con mayor consumo de la población. En cuanto a los patrones de género, en promedio los hombres tienen episodios de consumo excesivo de alcohol más de 2,5 veces superiores a los de las mujeres, con Perú, Santa Lucía, Granada, San Cristóbal y Nieves y Trinidad y Tobago a la cabeza de ambos géneros.

En lo que respecta a los accidentes de tránsito en la región de LAC, entre uno de cada tres con conductores varones y más de uno de cada cinco con conductores mujeres pueden atribuirse al consumo de alcohol (Figura 4.25). Las tasas son superiores al 40% para los conductores varones en Argentina, Uruguay, Barbados, Granada, Santa Lucía y Trinidad y Tobago, mientras que entre las mujeres las tasas son superiores al 40% en Santa Lucía y superiores al 30% en Barbados y Trinidad y Tobago.

La reducción de los problemas de salud, seguridad y socioeconómicos atribuibles al alcohol requiere estrategias integrales (por ejemplo, abordar los determinantes sociales más amplios de la salud) y aquellas que se dirigen a los bebedores de alcohol. En la región se pueden desarrollar más las políticas de sensibilización sobre los problemas de salud pública causados por el uso nocivo del alcohol y garantizar el apoyo a políticas eficaces en materia de alcohol, regulando la publicidad de las bebidas alcohólicas y restringiendo la disponibilidad del alcohol, en particular para los jóvenes. Las políticas de conducción bajo los efectos del alcohol han demostrado ser eficaces. Por ejemplo, en Chile se promulgó una política de "tolerancia cero" en 2012 con resultados positivos. La demanda puede reducirse a través de mecanismos de impuestos y precios, que en los países de LAC han sido menos utilizados como herramienta de política. Por último, en relación con los trastornos por consumo de alcohol, la implementación de programas de detección e intervenciones breves, junto con la provisión de un tratamiento accesible y asequible, es una estrategia eficaz (OMS, 2018[26]; Sassi, 2015[28]).

Definición y comparabilidad

El consumo de alcohol se mide en términos de consumo anual de litros de alcohol puro por persona de 15 años o más. Las fuentes se basan principalmente en los datos de la FAO (Organización de las Naciones Unidas para la Agricultura y la Alimentación), que consisten en estimaciones anuales de la producción y el comercio de bebidas proporcionadas por los Ministerios de Agricultura y Comercio nacionales. La metodología para convertir las bebidas alcohólicas en alcohol puro puede diferir entre los países. Los datos son para el alcohol registrado y excluyen las fuentes caseras, las compras transfronterizas y otras fuentes no registradas. La información sobre los patrones de consumo de alcohol se deriva de encuestas y estudios académicos.

Referencias

[27] Griswold, M. et al. (2018), "Alcohol use and burden for 195 countries and territories, 1990–2016: a systematic analysis for the Global Burden of Disease Study 2016", *The Lancet*, Vol. 392/10152, pp. 1015-1035, *http://dx.doi.org/10.1016/s0140-6736(18)31310-2*.

[26] OMS (2018), *Alcohol*, Organización Mundial de Salud, *https://www.who.int/es/news-room/fact-sheets/detail/alcohol*.

[28] Sassi, F. (ed.) (2015), *Tackling Harmful Alcohol Use: Economics and Public Health Policy*, Ediciones OCDE, París, *https://dx.doi.org/10.1787/9789264181069-en*.

4. ALCOHOL

Figura 4.23. **Consumo registrado de alcohol, población de 15 años y más, 2016**

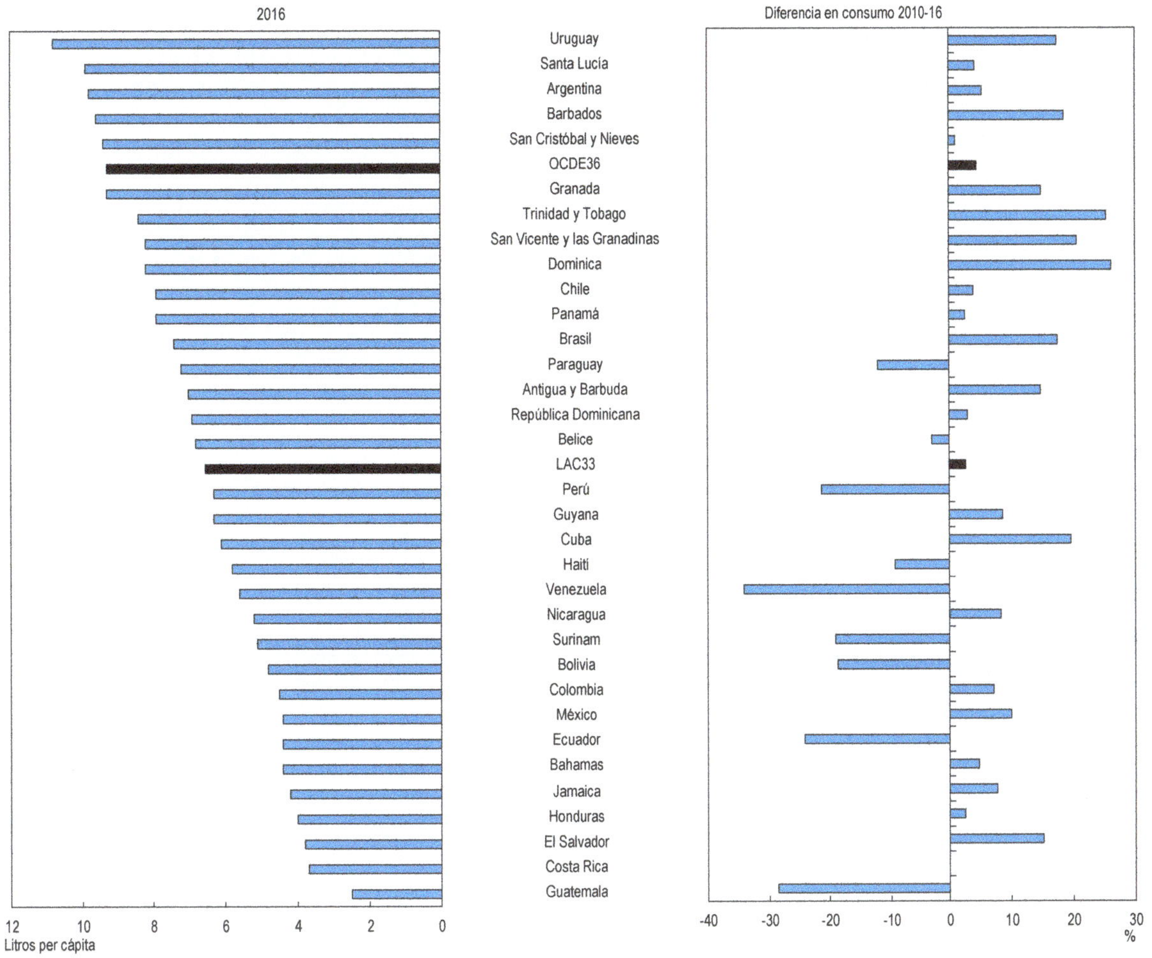

Fuente: Observatorio Global de Salud, OMS 2018. Estadísticas de Salud de la OCDE 2019 para México, Chile, Colombia, Costa Rica y Brasil.

StatLink https://stat.link/cwqsd7

Figura 4.24. **Consumo excesivo de alcohol (sólo bebedores), últimos 30 días (%), 2016**

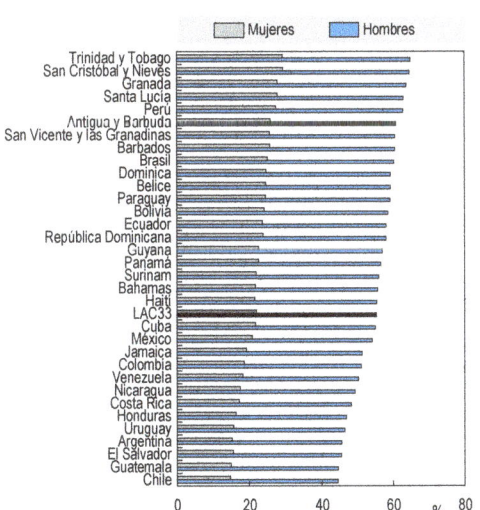

Fuente: Observatorio Global de Salud, OMS 2018.

StatLink https://stat.link/sonbmx

Figura 4.25. **Proporción de muertes en accidentes de tránsito atribuibles al alcohol, 2016**

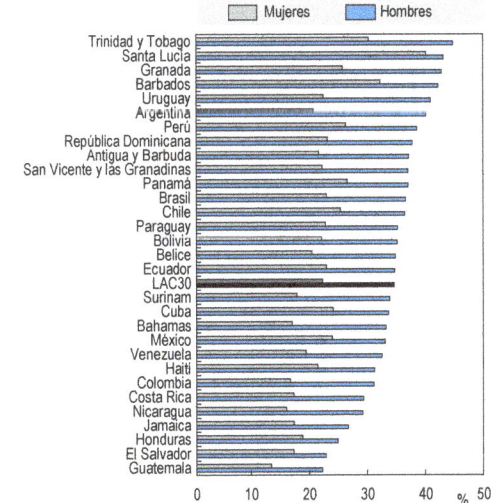

Fuente: Observatorio Global de Salud, OMS 2018.

StatLink https://stat.link/rem125

4. SEGURIDAD VIAL

Aproximadamente 1,35 millones de personas mueren cada año como resultado de accidentes de tráfico. Si bien la tasa mundial de muertes por accidentes de tránsito es de 17,4 por cada 100.000 habitantes, existe una gran disparidad en relación al nivel de ingresos, ya que las tasas son más altas en los países de ingresos bajos y medios que en los países de ingresos altos (OMS, 2018[29]). La carga de las lesiones de tráfico recae desproporcionadamente en los usuarios vulnerables de la carretera: peatones, ciclistas y motociclistas. Las lesiones por accidente de tránsito costarán a la economía mundial 1,8 billones de dólares (en dólares constantes de 2010) en el período 2015-30, lo que equivale a un impuesto anual del 0,12% sobre el producto interior bruto mundial (Chen et al., 2019[30]). La meta del ODS 3 es reducir a la mitad el número de muertes y lesiones por accidentes de tránsito para el año 2020, mientras que el ODS 11 se relaciona al acceso a sistemas de transporte sostenible para todos, la mejora de la seguridad vial y la expansión del transporte público.

En 2016, los países LAC registraron 17 muertes por cada 100.000 habitantes debido a accidentes de tránsito (Figura 4.26). En Santa Lucía, República Dominicana y Venezuela hubo más de 30 muertes por cada 100.000 habitantes a causa de lesiones por accidentes de tránsito, seguidos Ecuador, El Salvador, Paraguay, Guyana y Belice con más de 20 muertes. En el otro extremo, Barbados, Antigua y Barbuda y Cuba tienen las tasas de mortalidad por accidentes de tránsito más bajas en la región.

Los cinco factores de riesgo clave en las muertes y lesiones por accidentes de tránsito son la conducción bajo los efectos del alcohol, el exceso de velocidad y la no utilización de cascos de motocicleta, cinturones de seguridad y sistemas de retención para niños (Tabla 4.1). Además, la conducción distraída es una amenaza creciente para la seguridad vial si se tiene en cuenta el uso de la telefonía móvil y otras tecnologías a bordo de los vehículos. El envío de mensajes de texto causa distracción cognitiva y también distracción manual y visual. Incluso hablar por teléfono móvil sin sujetar o navegar por el teléfono puede reducir el rendimiento de la conducción (OMS, 2018[29]). Dado que el teléfono de manos libres y el teléfono de mano producen el mismo riesgo de sufrir distracciones cognitivas, algunas leyes nacionales regulan ambas formas de uso de los teléfonos móviles (Tabla 4.1). Beber y conducir, especialmente con una concentración de alcohol en la sangre superior a 0,05 g/dl (gramos por decilitro), aumenta enormemente el riesgo de una colisión y la posibilidad de que provoque la muerte o lesiones graves. Además, los límites inferiores de alcoholemia (0,02 g/dl) para los jóvenes y los conductores noveles pueden reducir el riesgo de accidentes de tráfico. La aplicación de la ley a través de puntos de control de pruebas de aliento al azar es muy rentable y puede reducir los accidentes relacionados con el alcohol en aproximadamente un 20%.

El uso del cinturón de seguridad puede reducir las muertes entre los pasajeros de los asientos delanteros hasta un 50% y entre los pasajeros de los asientos traseros del coche hasta un 75%. No existe una ley nacional en Antigua y Barbuda, mientras que varios otros países no exigen que todos los ocupantes de un automóvil usen el cinturón de seguridad. Los sistemas de retención infantil, tales como los asientos infantiles para bebés y los asientos elevados para niños mayores, reducen el riesgo de muerte en un accidente en aproximadamente un 70% para los bebés y hasta un 80% para los niños pequeños. Sin embargo, las leyes nacionales de restricción infantil obligatoria sólo existen en 16 países de LAC.

En los países de ingresos altos, el exceso de velocidad contribuye al 30% de las muertes viales, mientras que en algunos países de ingresos bajos y medianos, el exceso de velocidad es el principal factor en casi la mitad de los fallecimientos ocurridos en las carreteras. Los límites de velocidad se aplican mediante una ley nacional en todos los países de LAC, excepto en Venezuela. Sin embargo, en varios países los límites de velocidad no se adaptan a nivel local (Tabla 4.1).

El uso correcto del casco de motocicleta puede reducir el riesgo de muerte en casi un 40% y el riesgo de lesiones graves en más de un 70%. Cuando las leyes de cascos de motocicleta se hacen cumplir, los índices de uso de cascos pueden aumentar a más del 90%. Sin embargo, cuatro países no tienen una normativa que obligue al uso del casco. La tasa de uso de cascos de motocicleta es muy baja en República Dominicana, Guatemala y Jamaica, y en las zonas rurales de la mayoría de los países. Sólo Brasil, Chile, Colombia, Costa Rica, Cuba y Surinam informan de que el uso de cascos de motocicleta supera el 80% en las zonas rurales.

Definición y comparabilidad

Para calular los datos de mortalidad por lesiones en carretera, los países se clasificaron en cuatro grupos: (1) Países con datos de registro de defunciones completos en al menos el 80%. Para el registro de defunciones de estos países se utilizaron proyecciones del registro de defunciones más reciente, de las defunciones reportadas o de las defunciones reportadas proyectadas. (2) Países con otras fuentes de información sobre la causa de muerte. Para estos países se utilizó un método de regresión para proyectar hacia adelante el año más reciente para el que se disponía de una estimación del total de muertes por accidentes de tránsito. (3) Países con una población inferior a 150.000 habitantes y que no disponían de datos de registro de defunciones elegibles. Para estos países se utilizaron directamente las muertes reportadas en la encuesta, sin ajustes. (4) Países sin datos de registro de defunciones elegibles. Para estos países se utilizó un modelo de regresión binomial negativa. Para más información sobre este proceso, véase el Informe sobre la situación mundial de la seguridad vial (OMS, 2018[31]).

Referencias

[30] Chen, S. et al. (2019), "The global macroeconomic burden of road injuries: estimates and projections for 166 countries", *The Lancet Planetary Health*, Vol. 3/9, pp. e390-e398, http://dx.doi.org/10.1016/S2542-5196(19)30170-6.

[29] OMS (2018), *Accidentes de tránsito*, Organización Mundial de Salud, https://www.who.int/es/news-room/fact-sheets/detail/road-traffic-injuries.

[31] OMS (2018), *The Global Status Report on Road Safety*, Organización Mundial de Salud, https://www.who.int/publications-detail/global-status-report-on-road-safety-2018.

Figura 4.26. **Tasas de mortalidad por accidentes de tránsito, 2016**

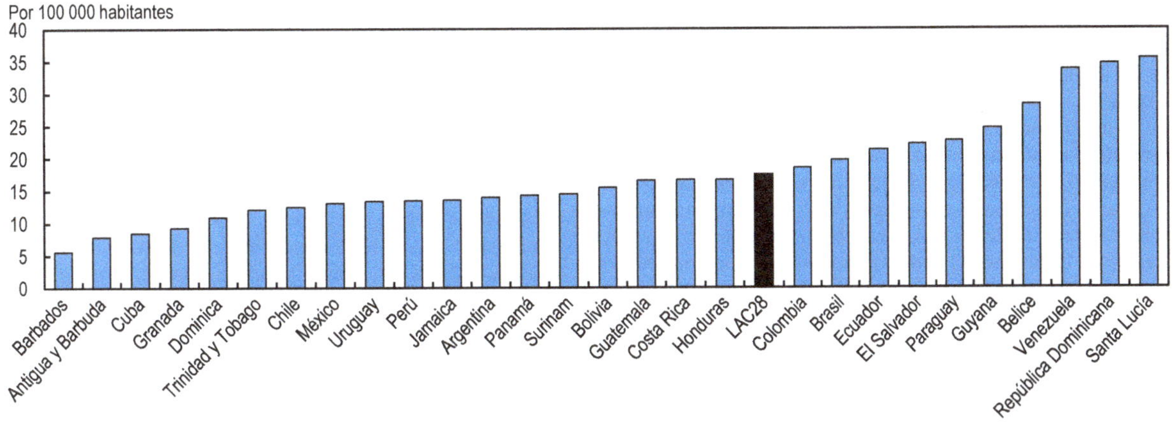

Por 100 000 habitantes

Barbados, Antigua y Barbuda, Cuba, Granada, Dominica, Trinidad y Tobago, Chile, México, Uruguay, Perú, Jamaica, Argentina, Panamá, Surinam, Bolivia, Guatemala, Costa Rica, Honduras, LAC28, Colombia, Brasil, Ecuador, El Salvador, Paraguay, Guyana, Belice, Venezuela, República Dominicana, Santa Lucía

Fuente: Observatorio Global de Salud, OMS 2018.

StatLink ⏵ https://stat.link/1oyq34

Tabla 4.1. **Existencia de una legislación nacional sobre los cinco principales factores de riesgo de muerte por accidente de tráfico, 2016 o el último año disponible**

País	Conducir bajo efectos de alcohol		Cinturón de seguridad		Retención de niños	Límite de velocidad			Casco de motocicleta		Uso del teléfono móvil
	Ley nacional	Muertes de tránsito por alcohol (%)	Ley nacional	Aplicabilidad a todos los ocupantes	Ley nacional	Leyes nacionales o locales	Rural (km/h)	Urbano (km/h)	Ley nacional	Tasa de uso de casco de moto (% conductores / % pasajeros)	Ley nacional sobre el uso de teléfonos móviles o de manos libres
Antigua y Barbuda	Sí	17,95	No		No	Nacional	64	32	No		No
Argentina	Sí	18,13	Sí	Sí	Sí	Ambos	110	60	Sí	65/44	Sí
Barbados	Sí	17,06	Sí	Sí	Sí	Nacional	80	80	Sí		Sí
Belice	Sí	20,70	Sí	No	No	Nacional	88	40	Sí		No
Bolivia	Sí	20,84	Sí	No	No	Ambos	80	40	Sí	52/3	No
Brasil	Sí	19,52	Sí	Sí	Sí	Ambos	80	60	Sí	83/80	Sí
Chile	Sí	16,68	Sí	Sí	Sí	Ambos	100	60	Sí	99/98	Sí
Colombia	Sí	20,34	Sí	Sí	No	Ambos	120	80	Sí	96/80	Sí
Costa Rica	Sí	19,69	Sí	Sí	Sí	Nacional	60	50	Sí	98/92	Sí
Cuba	Sí	18,82	Sí	Sí	No	Nacional	90	50	Sí	95/90	Sí
Dominica	Sí	18,97	Sí	Sí	No	Ninguno			No		No
República Dominicana	Sí	20,75	Sí	Sí	Sí	Nacional	60	60	Sí	27/2	Sí
Ecuador	Sí	20,34	Sí	Sí	Sí	Ambos	120	60	Sí	90/12-52	Sí
El Salvador	Sí	20,75	Sí	No	Sí	Nacional	90	50	Sí		Sí
Granada	Sí	20,26	Sí	No	No	Nacional	64	32	Sí		No
Guatemala	Sí	21,68	Sí	No	No	Ambos	80	60	Sí	36/11	Sí
Guyana	Sí	20,84	Sí	No	Sí	Nacional	64	64	No	50/20	Sí
Honduras	Sí	21,92	Sí	Sí	No	Nacional			Sí	6/2	Sí
Jamaica	Sí	19,11	Sí	Sí	Sí	Nacional	80	48	No	83/55	No
México	Sí	20,39	Sí		No	Ambos	20-90	20-70	No	83/55	No
Panamá	Sí	19,23	Sí	Sí	No	Nacional	100	80	Sí		Sí
Paraguay	Sí	20,49	Sí	Sí	Sí	Ambos	110	50	Sí		Sí
Perú	Sí	20,34	Sí	Sí	Sí	Ambos	60	60	Sí	70/8	Sí
Santa Lucía	Sí	19,85	Sí	No	No	Nacional	24	24	Sí		Sí
Surinam	Sí	20,26	Sí	Sí	Sí	Nacional	80	40	Sí	95/92	Sí
Trinidad y Tobago	Sí	18,49	Sí	No	Sí	Nacional	80	50	Sí		Sí
Uruguay	Sí	18,32	Sí	Sí	Sí	Ambos	90	45	Sí	80/71	Sí
Venezuela	Sí	19,85	Sí	Sí	Sí	Ninguno			Sí		Sí
LAC28		19,70					82,25	53,125			

Nota: Regulación de los límites de velocidad en 2015 (Informe sobre la situación mundial de la seguridad vial, 2015).
Fuente: Informe de la OMS sobre la situación mundial de la seguridad vial 2018, CONAPRA 2015 para México.

4. ACTIVIDAD FÍSICA

La actividad física (o la falta de ella) es un determinante clave de la salud y de los factores de riesgo. Por ejemplo, cuanto mayor sea el nivel de actividad física, menor será la probabilidad de padecer una enfermedad coronaria. La relación entre el gasto de energía y la incidencia de los accidentes cerebrovasculares forma un patrón en forma de U, ya que los niveles de actividad física en ambos extremos aumentan la incidencia de los derrames cerebrales. Los estudios también muestran una relación negativa entre la actividad física y el riesgo de diabetes mellitus tipo 2, aunque el nivel de obesidad y el estado físico también influyen en la relación. Se ha descubierto que los altos niveles de actividad física tienen un efecto protector en muchos tipos de cánceres, incluyendo neoplasias de mama, colon, endometrio y próstata. Finalmente, existe una curva en forma de J donde la inactividad física y la inactividad física extrema aumentan el riesgo de infecciones del tracto respiratorio superior (Graf and Cecchini, 2017[32]). Por lo tanto, la actividad física tiene muchos beneficios para la salud y contribuye en gran medida a prevenir enfermedades a corto y largo plazo, mejorando el estado físico muscular y cardiorrespiratorio junto con la salud ósea y funcional, y a reducir el riesgo de varias enfermedades no transmisibles, la depresión y el riesgo de caídas y, en consecuencia, de fracturas de cadera o vertebrales.

La OMS define la actividad física como "cualquier movimiento corporal producido por los músculos esqueléticos que requiere un gasto de energía, incluyendo las actividades realizadas al trabajar, jugar, realizar las tareas domésticas, viajar y las actividades recreativas" (OMS, 2018[33]). La OMS recomienda que los niños y los adolescentes realicen una actividad física de intensidad moderada a vigorosa durante al menos 60 minutos a la semana y que los adultos de todas las edades realicen al menos 150 minutos de intensidad moderada o 75 minutos de intensidad vigorosa. Para que sea beneficioso para la salud cardiovascular, la actividad debe realizarse durante al menos 10 minutos cada vez (OMS, 2018[33]).

A nivel mundial, alrededor del 23% de los adultos de 18 años o más no eran lo suficientemente activos en 2010 (hombres 20% y mujeres 27%). En 22 países de LAC con datos, en promedio, el 35% de la población adulta no realiza suficiente actividad física. La tasa supera el 40% en varios países como Argentina, Colombia, Surinam, Brasil, Barbados, Costa Rica y Bahamas. Por otro lado, Dominica y Uruguay tienen las tasas más bajas, por debajo del 23%. En línea con las tendencias mundiales, las mujeres tienden a realizar menos actividad física. Más del 42% de todas las mujeres adultas no realizan suficiente ejercicio en seis países de la región, con un promedio regional del 42%. Entre los hombres, este promedio alcanza el 30% de la actividad física insuficiente (Figura 4.27).

A nivel mundial, el 81% de los adolescentes de 11 a 17 años de edad no eran lo suficientemente activos físicamente en 2010. Las adolescentes eran menos activas que los adolescentes varones, con un 84% frente a un 78% que no cumplía las recomendaciones de la OMS. La tasa promedio de la región de LAC es nuevamente superior al promedio mundial (84%) (Figura 4.28). Es particularmente alto en Ecuador y Venezuela, donde alrededor de nueve de cada diez adolescentes no realizan suficiente actividad física. Los únicos países de la región que se encuentran por debajo de la media mundial son Antigua y Barbuda, Belice y Surinam.

Los países y las comunidades deben actuar para proporcionar a los individuos más oportunidades de ser activos, con el fin de aumentar la actividad física. Las políticas para aumentar la actividad física tienen como objetivo asegurar que la actividad física se promueva a través de las actividades de la vida diaria. Caminar, andar en bicicleta y otras formas de transporte activo son accesibles y seguras para todos. Las políticas laborales y de centros de trabajo fomentan la actividad física, y las escuelas tienen espacios e instalaciones seguras para que los estudiantes pasen su tiempo libre de manera activa. Además, la educación física de calidad puede ayudar a los niños a desarrollar patrones de comportamiento que los mantengan físicamente activos durante toda su vida, y las instalaciones deportivas y recreativas ofrecen oportunidades para que todos participen en los deportes (OMS, 2018[33]).

Definición y comparabilidad

Las estimaciones se basan en la actividad física auto-reportada capturada usando el GPAQ (Cuestionario Mundial sobre Actividad Física), el IPAQ (Cuestionario de Actividad Física Internacional) o un cuestionario similar que cubre la actividad en el trabajo/hogar, para el transporte y durante el tiempo de ocio. Cuando fue necesario, se hicieron ajustes para la definición reportada (en caso de que fuera diferente a la definición del indicador), para el sobre reporte conocido de la actividad del IPAQ, para la cobertura de la encuesta (en caso de que una encuesta sólo cubriera áreas urbanas), y para la cobertura de la edad (en caso de que el rango de edad de la encuesta fuera menor a 18+ años). No se produjeron estimaciones para los países que no tenían datos, que en este caso incluían a Cuba, República Dominicana, Haití, Jamaica, México, Nicaragua, Panamá y Paraguay.

Referencias

[32] Graf, S. and M. Cecchini (2017), "Diet, physical activity and sedentary behaviours: Analysis of trends, inequalities and clustering in selected OECD countries", *OECD Health Working Papers*, No. 100, Ediciones OCDE, París, https://dx.doi.org/10.1787/54464f80-en.

[33] OMS (2018), *Actividad física*, Organización Mundial de Salud, https://www.who.int/es/news-room/fact-sheets/detail/physical-activity.

4. ACTIVIDAD FÍSICA

Figura 4.27. **Prevalencia de actividad física insuficiente en adultos mayores de 18 años, 2016**

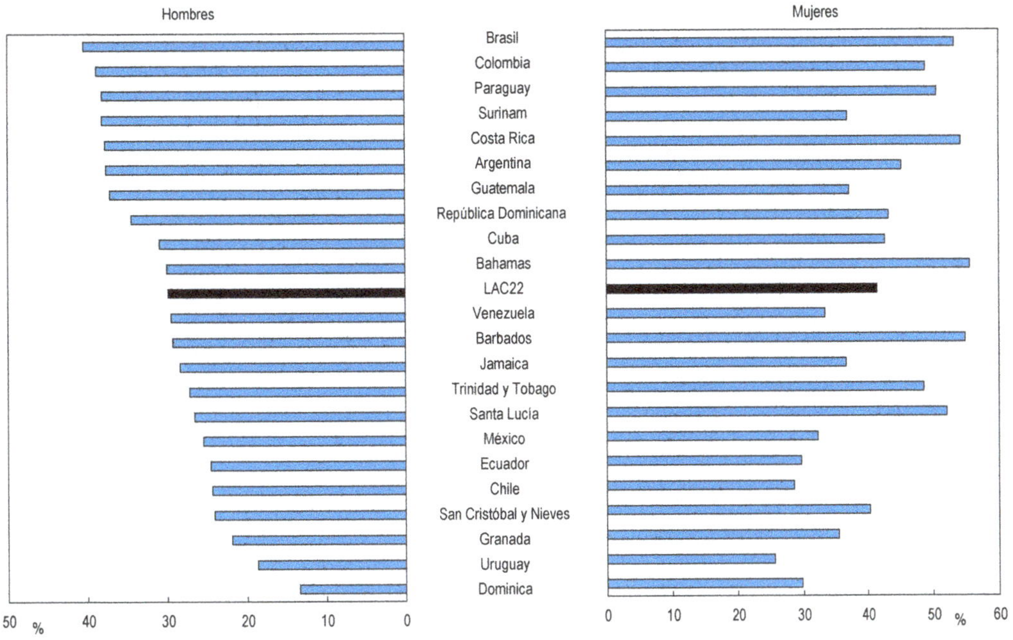

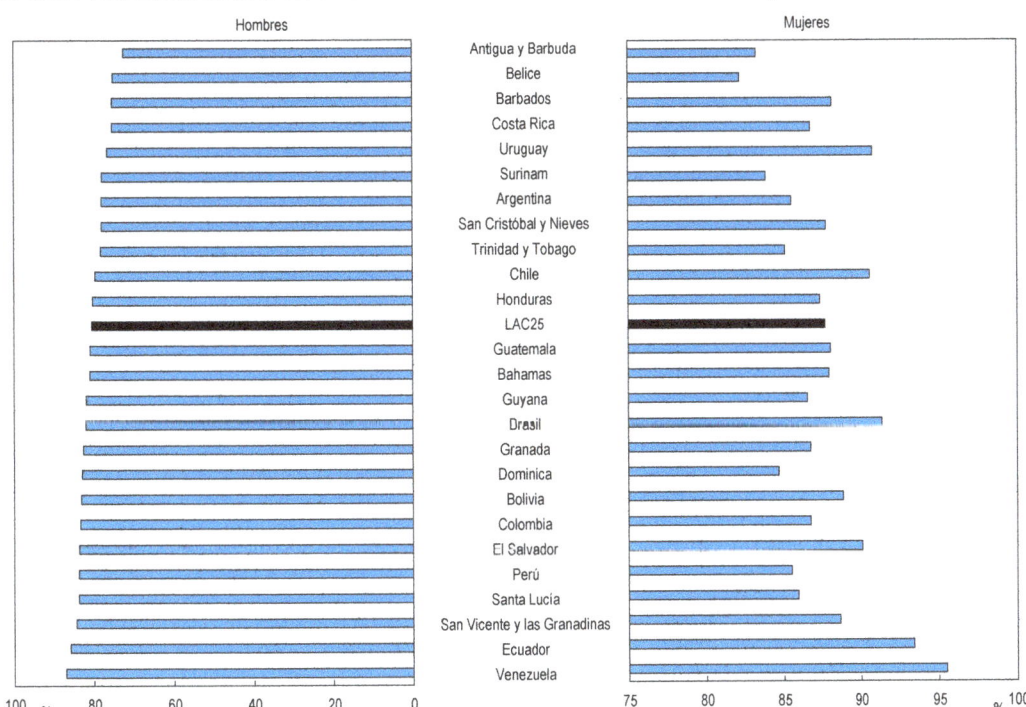

Fuente: Observatorio Global de Salud, OMS 2019.

StatLink https://stat.link/bd0k7u

Figura 4.28. **Prevalencia de actividad física insuficiente entre los adolescentes que asisten a la escuela, 2016**

Fuente: Observatorio Global de Salud, OMS 2019.

StatLink https://stat.link/p2g9wq

4. DIETA

La dieta es otro determinante clave que contribuye a la salud y el bienestar general de un individuo. Los adultos que tienen una dieta rica en frutas y verduras y baja en grasas, azúcares y sal/sodio corren menos riesgo de desarrollar una o más enfermedades cardiovasculares y ciertos tipos de cáncer. (Graf and Cecchini, 2017[32]). En muchos países, las personas están cambiando a dietas que dependen más de los alimentos procesados. Esto, junto con los cambios en la forma en que interactuamos con el medio ambiente y entre nosotros, está conduciendo a un nuevo entorno y cultura alimentaria. Combinado con la creciente falta de actividad física (Capítulo 4. Actividad física), se plantea un desafío importante a corto y largo plazo (OMS, 2018[34]).

Una dieta saludable comienza temprano en la vida. La lactancia materna y la nutrición infantil (Capítulo 4. Alimentación del lactante y del niño) fomenta el desarrollo saludable y la evidencia sugiere que reduce el riesgo de factores de riesgo tales como el sobrepeso y la obesidad, así como de padecer enfermedades no transmisibles más adelante en la vida. Una dieta saludable debe estar en equilibrio con el gasto energético y debe contener una variedad de diferentes grupos de alimentos. Es fundamental incluir las frutas y verduras; 3,9 millones de muertes en 2017 se atribuyen a un consumo insuficiente de frutas y verduras (OMS, 2019[35]). La recomendación es de 5 piezas de fruta o verdura cada día, o por lo menos 400 gramos.

Se estima que el consumo diario de frutas y hortalizas en la región de LAC está por debajo de los 400 gramos por persona y día recomendados en todos los países, aunque existe una amplia variación entre los países. El mayor consumidor de fruta es Jamaica con más de 220 gramos por persona y día, seguido de San Vicente y las Granadinas, República Dominicana y Perú que superan los 160 gramos. Trinidad y Tobago y Haití consumen en promedio menos de 65 gramos por persona y día, lo que los sitúa en el extremo inferior de la región de LAC (Figura 4.29). En promedio, la región de LAC redujo su consumo de fruta en un 8% entre 2000 y 2015. Sólo en 10 países se incrementó el consumo de fruta, con un aumento del 47% en la República Dominicana. Las mayores disminuciones se observan en Argentina (-37%) y en Haití (-36%).

El consumo de verduras es aún más bajo con un promedio regional de 104 gramos por persona al día. Surinam es el mayor consumidor de verduras, seguido de Santa Lucía, Antigua y Barbuda y Belice, todos con más de 140 gramos. En el otro extremo, los adultos de Honduras consumen poco más de 30 gramos, mientras que Haití alcanza los 60 gramos (Figura 4.30). La región de LAC redujo el consumo de vegetales en un promedio de 7% entre 2000 y 2015. Sólo Venezuela, Trinidad y Tobago, Guatemala y Antigua y Barbuda aumentaron el consumo, mientras que las mayores disminuciones se produjeron en Argentina (-27%) y Honduras (-25%).

Las dietas saludables también son bajas en azúcar. La cantidad máxima recomendada de azúcar es de unos 50 gramos. El azúcar está presente de forma natural en productos como la miel, los jarabes, los zumos de fruta, etc., pero a menudo se añade a los alimentos por su sabor. Se estima que en la región de LAC el consumo de azúcar es, en promedio, significativamente más alto que la cantidad máxima recomendada de 50 gramos. Los datos aquí capturados se refieren al consumo de bebidas endulzadas que contienen una gran cantidad de azúcar. Considerando que la persona promedio en LAC consume casi 500 gramos de estas bebidas, es probable que la mayoría de la gente consuma más de 50 gramos de azúcar por día. El país con mayor consumo es Santa Lucía (más de 1250 gramos por persona y día) seguido de San Vicente y las Granadinas (952 gramos). El consumo per cápita de bebidas azucaradas es más bajo en Brasil y Ecuador con 154 gramos cada uno. En promedio, el consumo de bebidas endulzadas con azúcar en LAC aumentó casi un 4% entre 2000 y 2015. Quince países redujeron su consumo, encabezados por Colombia, Argentina y Guyana (-32%), mientras que los mayores aumentos se produjeron en Antigua y Barbuda (62%), Perú (45%) y República Dominicana (44%) (Figura 4.31).

> **Definición y comparabilidad**
>
> Los datos sobre el consumo de alimentos se extraen de la Base de Datos Dietética Mundial (GDD) de la Universidad de Tufts. Actualmente se dispone de estimaciones preliminares para un conjunto de factores dietéticos en la GDD de 2015. Los datos se han estimado mediante la realización de búsquedas sistemáticas en la literatura para identificar las fuentes de datos públicas y privadas, recopilando datos dietéticos a nivel individual, armonización y normalización de los datos, la incorporación de datos de covariables y la modelización de la ingesta dietética a nivel individual.

Referencias

[32] Graf, S. and M. Cecchini (2017), "Diet, physical activity and sedentary behaviours: Analysis of trends, inequalities and clustering in selected OECD countries", *OECD Health Working Papers*, No. 100, Ediciones OCDE, París, *https://dx.doi.org/10.1787/54464f80-en*.

[34] OMS (2018), *Alimentación sana*, Organización Mundial de Salud, *https://www.who.int/es/news-room/fact-sheets/detail/healthy-diet*.

[35] OMS (2019), *Biblioteca electrónica de documentación científica sobre medidas nutricionales (eLENA)*, Organización Mundial de Salud, *https://www.who.int/elena/titles/fruit_vegetables_ncds/es/*.

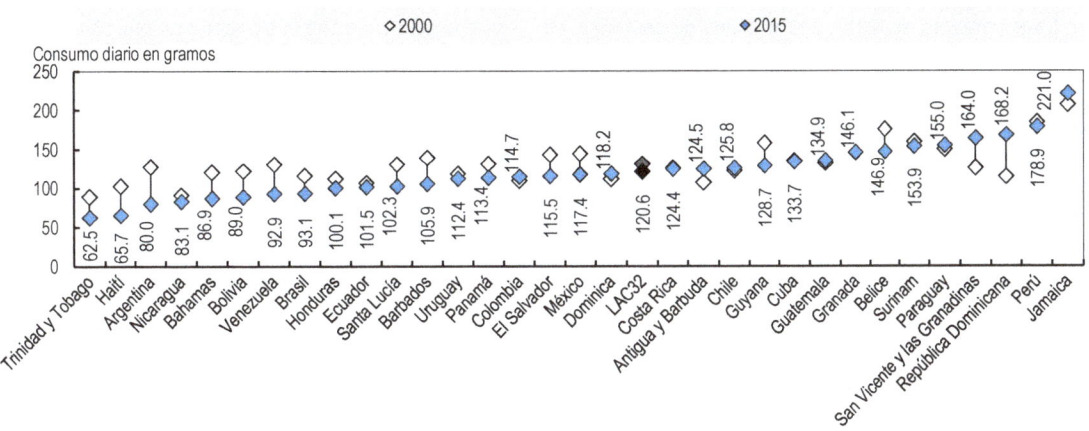

Figura 4.29. **Consumo diario de fruta en adultos, 2000-15**

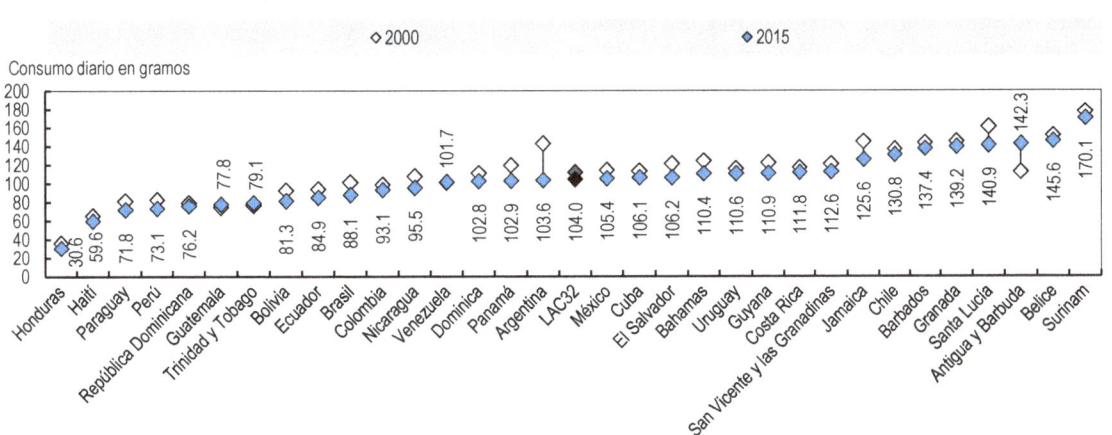

Figura 4.30. **Consumo diario de hortalizas en adultos, 2000-15**

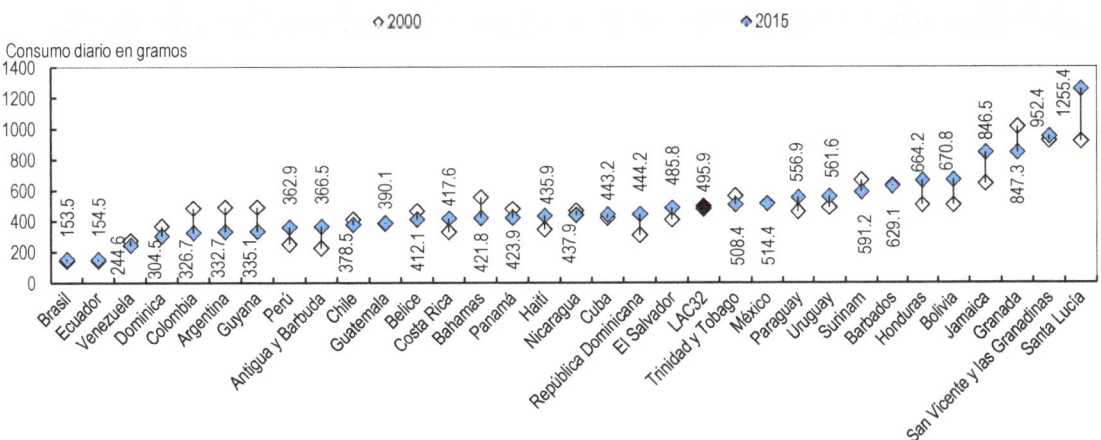

Figura 4.31. **Consumo diario de bebidas azucaradas en adultos, 2000-15**

4. USO DE DROGAS

Los trastornos por consumo de drogas son una causa creciente de problemas de salud a corto y largo plazo, de costes económicos y de carga social. Se estima que, en 2017, 271 millones de personas, es decir, el 5,5% de la población mundial de 15 a 64 años de edad, habían consumido drogas el año anterior, mientras que 35 millones de personas padecen trastornos por consumo de drogas. Además, se produjeron 585.000 muertes y 42 millones de años de vida saludable perdidos como resultado del uso de drogas. Alrededor de la mitad de las muertes relacionadas con las drogas se atribuyeron a la hepatitis C no tratada. (UNODC, 2019[36]).

El abuso de sustancias se refiere al uso dañino o peligroso de sustancias psicoactivas o drogas ilícitas. El uso de sustancias psicoactivas puede conducir al síndrome de dependencia – un conjunto de fenómenos conductuales, cognitivos y fisiológicos que se desarrollan después del uso repetido de sustancias y que típicamente incluyen un fuerte deseo de consumir la droga, dificultades para controlar su uso, persistencia en su uso a pesar de las consecuencias dañinas, una mayor prioridad al uso de la droga que a otras actividades y obligaciones, aumento de la tolerancia, y a veces un estado físico de abstinencia.

El cannabis es la sustancia psicoactiva de uso más frecuente en el mundo bajo fiscalización internacional. Se estima que en 2017 había en todo el mundo 188 millones de personas que consumieron cannabis durante el año anterior, lo que equivale al 3.8% de la población mundial de 15 a 64 años de edad. (UNODC, 2019[36]). Hay una creciente demanda de tratamiento para los trastornos relacionados con el consumo de cannabis y las condiciones de salud conexas en los países de ingresos altos y medianos, y se ha prestado mayor atención a los aspectos de salud pública del consumo de cannabis y los trastornos conexos en los diálogos internacionales sobre políticas en materia de drogas. Países como Uruguay han introducido una legalización parcial del cannabis bajo una regulación clara, por ejemplo, permitiendo que las farmacias vendan cannabis, con el objetivo de reducir el mercado ilegal, aumentar los ingresos a través de los impuestos y establecer la capacidad del gobierno para regular el suministro y el consumo de la sustancia. En 15 países de LAC que disponen de datos, un promedio del 5% de la población consume cannabis con regularidad. La prevalencia del consumo de cannabis es significativamente mayor en Chile y Jamaica (15%), seguidos por el Uruguay (9%) y la Argentina (8%). El consumo más bajo se encuentra en Panamá, Ecuador y Bolivia, todos con una prevalencia del 1% (Figura 4.32, panel izquierdo).

Tradicionalmente, las hojas de coca han sido masticadas por la gente de los países andinos de América del Sur durante miles de años. El principal alcaloide de la hoja de coca, la cocaína, se aisló hace relativamente poco tiempo, alrededor de 1860. La cocaína se usó entonces en medicinas de patente, bebidas y 'tónicos' en los países desarrollados de Europa, América del Norte y Australia hasta principios del siglo XX. En la actualidad, está ampliamente disponible como droga recreativa ilícita. En cuanto a la cocaína, la prevalencia en 14 países de LAC con datos es del 0,65%. Argentina y Uruguay tienen la tasa más alta de la región en 1,6%, seguidos por Costa Rica (1,2%) y Chile (1,1%), mientras que el consumo de cocaína en la mayoría de los países de LAC está por debajo del 1% de la población (Figura 4.32, panel derecho).

En lo que respecta a la mortalidad, Guatemala y Argentina tienen las tasas de mortalidad más altas relacionadas con las drogas, pero aun así son casi tres veces más bajas que el promedio de los países de la OCDE. El uso problemático de los opiáceos es la principal causa específica de muertes relacionadas con las drogas en LAC, con 0,7 muertes por cada 100.000 habitantes, una cifra muy inferior a la de los países de la OCDE (4,4), donde algunos países están experimentando la llamada 'crisis de los opiáceos' (OCDE, 2019[37]). Granada y Dominica tienen la tasa de mortalidad más alta debido al consumo de cocaína (0,3 muertes por cada 100.000 habitantes), cercana a la tasa media de los países de la OCDE (0,4). La proporción de muertes atribuidas a las anfetaminas y otras drogas es menor en toda la región (Figura 4.33).

Las políticas intersectoriales que influyen en los niveles y los patrones del consumo de sustancias y los daños conexos pueden adoptar una perspectiva de salud pública para reducir los problemas sanitarios, económicos y sociales atribuibles al consumo de sustancias, y las intervenciones a nivel de los sistemas de atención de la salud pueden contribuir a restablecer la salud de las personas afectadas. Las políticas también deben reflejar el cambio de actitudes hacia el abuso de drogas y contribuir a la eliminación del estigma asociado con la adicción, para permitir la integración de los usuarios actuales y anteriores, así como su tratamiento y recuperación exitosos.

Definición y comparabilidad

La calidad de la información es mayor en los países más desarrollados, lo que indica un cierto grado de subregistro de la prevalencia en los países de ingresos bajos y medios. Las cifras de mortalidad se observan y no se estiman, por lo que tampoco tienen en cuenta las diferencias en la presentación de informes entre países. No se disponía de información sobre la prevalencia del uso indebido de opioides a nivel regional.

Los datos sobre la prevalencia del consumo de cannabis y cocaína se tomaron de encuestas de hogares y fueron recopilados por la Organización de los Estados Americanos (OEA). Los datos sobre la mortalidad debida al consumo de drogas fueron estimados por el programa de la Carga Global de la Enfermedad (GBD) basándose en datos nacionales. El consumo de cannabis y cocaína se refiere al menos a un consumo de una sola vez en el año anterior a la encuesta.

La mortalidad incluida en la categoría de "otras drogas" abarca las muertes debidas al uso indebido de benzodiacepinas, barbitúricos y otras sustancias. El uso de alcohol o tabaco no está incluido en esta sección.

Referencias

[37] OCDE (2019), *Addressing Problematic Opioid Use in OECD Countries*, OECD Health Policy Studies, Ediciones OCDE, París, https://dx.doi.org/10.1787/a18286f0-en.

[36] UNODC (2019), *World Drug Report 2019 (United Nations publication, Sales No. E.19.XI.8)*, https://wdr.unodc.org/wdr2019/.

Figura 4.32. **Prevalencia del consumo de cannabis y cocaína, % de la población, 2017 (o el año más cercano disponible)**

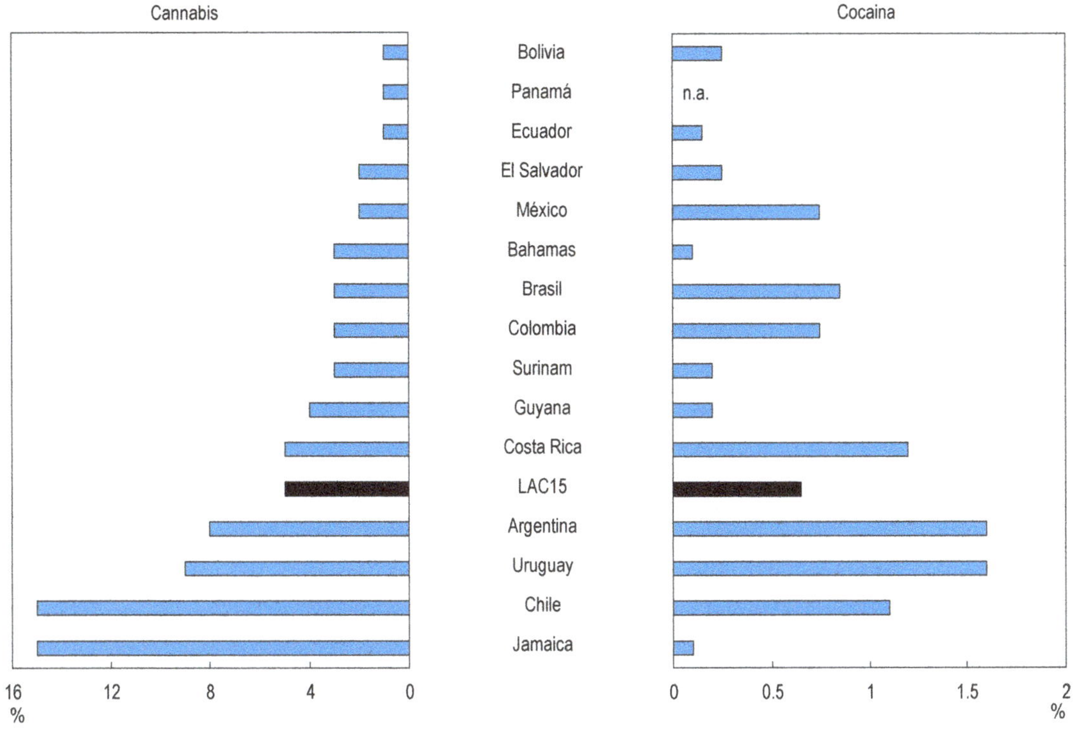

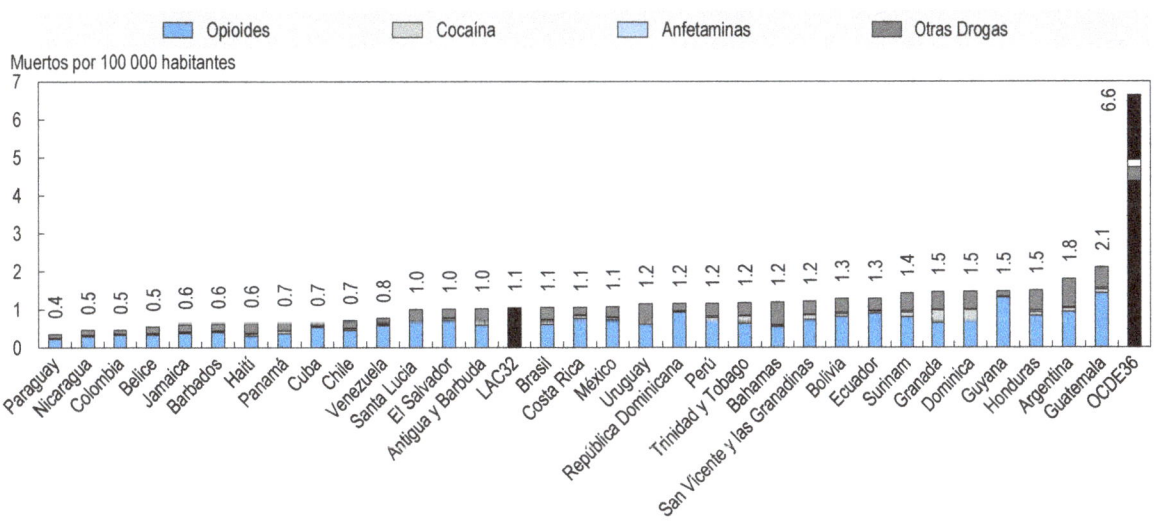

Fuente: OEA 2019.

StatLink https://stat.link/evgcaz

Figura 4.33. **Tasas de mortalidad por trastornos de uso de drogas, 2017**

Fuente: Carga Global de Enfermedad, IHME 2019.

StatLink https://stat.link/0hncpf

Capítulo 5

Recursos y actividades de la atención en salud

5. PERSONAL MÉDICO Y DE ENFERMERÍA

Los trabajadores de la salud desempeñan un papel fundamental en la prestación de la atención médica a la población y en la mejora de los resultados de la salud. El acceso a servicios de salud de alta calidad depende de manera decisiva del tamaño, la combinación de aptitudes, la competencia, la distribución geográfica y la productividad del personal de salud. Los trabajadores del sector salud, y en particular los médicos y los enfermeros, son la piedra angular de los sistemas de salud. En la mayoría de los países, la demanda y la oferta de profesionales de la salud han ido aumentando con el tiempo y, por ejemplo, en los países de la OCDE los puestos de trabajo del sector salud y social representan más del 10% del empleo total (OCDE, 2016[1]).

En promedio, en los países de LAC hay dos médicos por cada 1.000 habitantes y la mayoría de los países se sitúan por debajo del promedio de la OCDE de 3,5 (Figura 5.1). Cuba tiene el mayor número de médicos per cápita, con más de 8 médicos por cada 1.000 habitantes, más de dos veces que el promedio de la OCDE. Argentina, Trinidad y Tobago, y Uruguay son los únicos países adicionales que superan el promedio de la OCDE, con una densidad mayor a 4 médicos por cada 1.000 habitantes. En cambio, Haití, Honduras y Guatemala tienen el número más bajo de médicos por cada 1.000 habitantes, con una densidad menor a 0,5.

En cuanto al personal de enfermería, el número más alto se registra en Cuba, con casi ocho enfermeras por cada 1.000 habitantes, seguido de San Vicente y las Granadinas con siete. La oferta es mucho menor en Haití, Jamaica, Venezuela, Honduras y Guatemala, donde hay menos de una enfermera por cada 1.000 habitantes. En promedio, en los países de LAC hay menos de tres enfermeras por cada 1.000 habitantes, tres veces menos que el promedio de la OCDE, que es de casi nueve (Figura 5.2).

En promedio, el número de enfermeras superan al de médicos tanto en la región de LAC como en la OCDE: hay 1,4 y 2,7 enfermeras por médico, respectivamente (Figura 5.3). Sin embargo, hay algunas excepciones. Los médicos superan en número a las enfermeras en 9 países de LAC, encabezados por Guatemala, Uruguay y Venezuela, con una relación enfermeras/médicos de 0,5 o menos. Por otro lado, debido al escaso número de médicos, Santa Lucía tiene más de 10 enfermeras por médico.

Los países de LAC deben responder ante la evolución de la demanda de servicios de salud y, por ende, a la necesidad de contar con profesionales de la salud capacitados en el contexto del acelerado envejecimiento de la población (ver el indicador "Envejecimiento poblacional" en el Capítulo 1). En el informe de la Comisión de Alto Nivel sobre Empleo en el Ámbito de la Salud y Crecimiento Económico 2016 (High-Level Commission on Health Employment and Economic Growth, 2016[2]) se aboga por una mayor y mejor inversión en la fuerza de trabajo sanitaria. La Comisión recomendó a los países de LAC que den seguimiento a 10 áreas: creación de empleos; género y derechos de la mujer; educación, formación y destrezas; prestación y organización de servicios; tecnología; crisis y entornos humanitarios; financiación y espacio fiscal; alianzas y cooperación; datos, información y rendición de cuentas; y migración internacional. En relación con esta última, la salida de profesionales de la salud en LAC hacia los países de la OCDE, como España, ha sido amplia, un fenómeno que enralece aún más la densidad de los recursos humanos en la región (OPS, 2013[3]). Además, debido a los grandes movimientos migratorios que se han producido en los últimos años en la región de LAC, los países pueden intensificar los esfuerzos de cooperación para abordar los problemas que se le plantean tanto a los países prestatarios como a los receptores, de conformidad con el Código Mundial de Prácticas de la OMS sobre la Contratación Internacional de Personal de Salud y comprometiéndose a seguir esforzándose por aplicar políticas de autosuficiencia para satisfacer las necesidades de recursos humanos (Carpio and Santiago, 2015[4]).

La mezcla de especializaciones y la distribución de médicos, enfermeras y demás profesionales de la salud puede optimizarse en los países de LAC. Por ejemplo, la ampliación del cambio de tareas entre trabajadores de la salud puede arrojar nuevas herramientas al revisar las leyes y/o reglamentos sobre el alcance de la práctica clínica, el reconocimiento de nuevas funciones profesionales por parte de los pagadores y el nivel de reembolso de estos servicios, y a través de factores a nivel organizativo como el apoyo continuo y el compromiso de las gerencias (Maier, Aiken and Busse, 2017[5]).

> **Definición y comparabilidad**
>
> Entre los doctores se encuentran los médicos generales (en particular los médicos de cabecera y los de atención primaria) y los médicos especialistas. En los países de LAC que no pertenecen a la OCDE, el término "enfermeras" se refiere al número de enfermeras, parteras, enfermeras profesionales, parteras profesionales, auxiliares de enfermería, parteras auxiliares, estudiantes de enfermería, estudiantes de partería y profesiones afines como las enfermeras dentales y las enfermeras de atención primaria. Los datos se basan en recuentos per cápita; se observa una considerable variabilidad en cuanto a la cobertura, periodicidad, calidad e exhaustividad de los datos en algunos países.

Referencias

[4] Carpio, C. and N. Santiago (2015), *The Health Workforce in Latin America and the Caribbean: An analysis of Colombia, Costa Rica, Jamaica, Panama, Peru and Uruguay*, World Bank Group, http://documents.worldbank.org/curated/en/634931468000893575/The-health-workforce-in-Latin-America-and-the-Caribbean-an-analysis-of-Colombia-Costa-Rica-Jamaica-Panama-Peru-and-Uruguay.

[2] High-Level Commission on Health Employment and Economic Growth (2016), *Working for health and growth: investing in the health workforce*, World Health Organisation, Geneva, http://www.who.int.

[5] Maier, C., L. Aiken and R. Busse (2017), "Nurses in advanced roles in primary care: Policy levers for implementation", *OECD Health Working Papers*, No. 98, Ediciones OCDE, París, https://dx.doi.org/10.1787/a8756593-en.

[1] OCDE (2016), *Health Workforce Policies in OECD Countries: Right Jobs, Right Skills, Right Places*, OECD Health Policy Studies, Ediciones OCDE, París, https://dx.doi.org/10.1787/9789264239517-en.

[3] OPS (2013), *Migracion calificada en salud, Impacto financiero, reconocimiento de titulos*, Pan-American Health Organization.

5. PERSONAL MÉDICO Y DE ENFERMERÍA

Figura 5.1. **Número de médicos por cada 1.000 habitantes, 2017 o último año disponible**

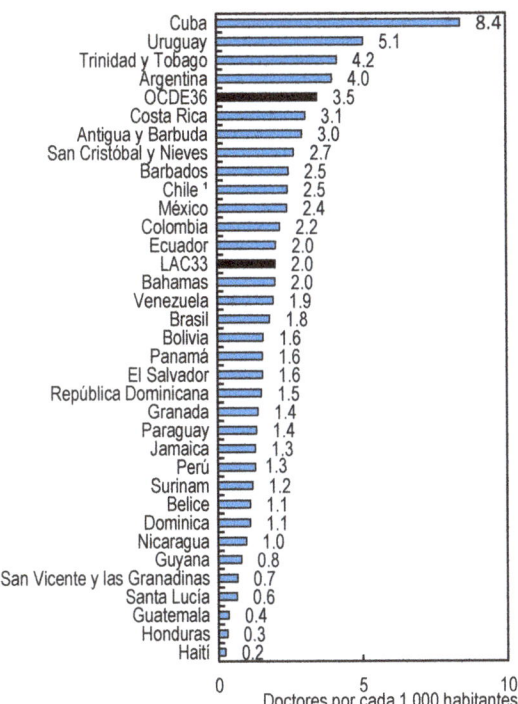

1. Los datos se refieren a todos los médicos licenciados para ejercer la profesión.
Fuente: Estadísticas de Salud de la OCDE; Observatorio Mundial de la Salud, OMS 2019.

StatLink https://stat.link/hr4vp7

Figura 5.2. **Número de enfermeras/os por cada 1.000 habitantes, último año disponible**

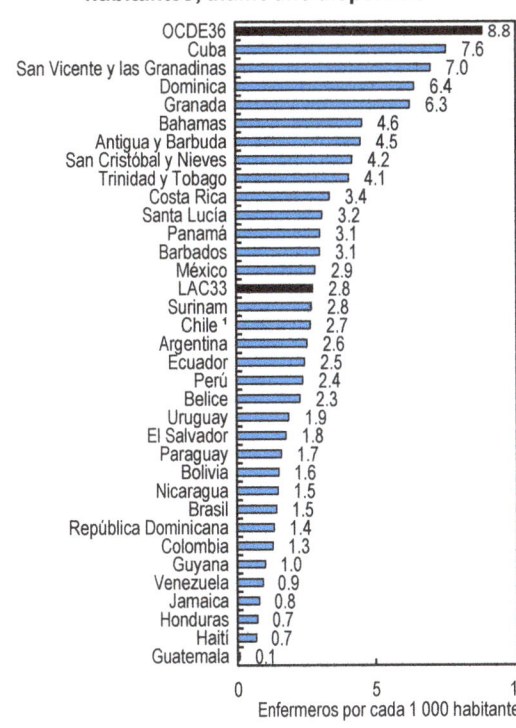

1. Los datos de Chile se refieren a todas las enfermeras licenciadas para ejercer la profesión.
Fuente: Estadísticas de Salud de la OCDE; Observatorio Mundial de la Salud, OMS 2019.

StatLink https://stat.link/e2nc3i

Figura 5.3. **Razón de enfermeras vs. médicos, último año disponible**

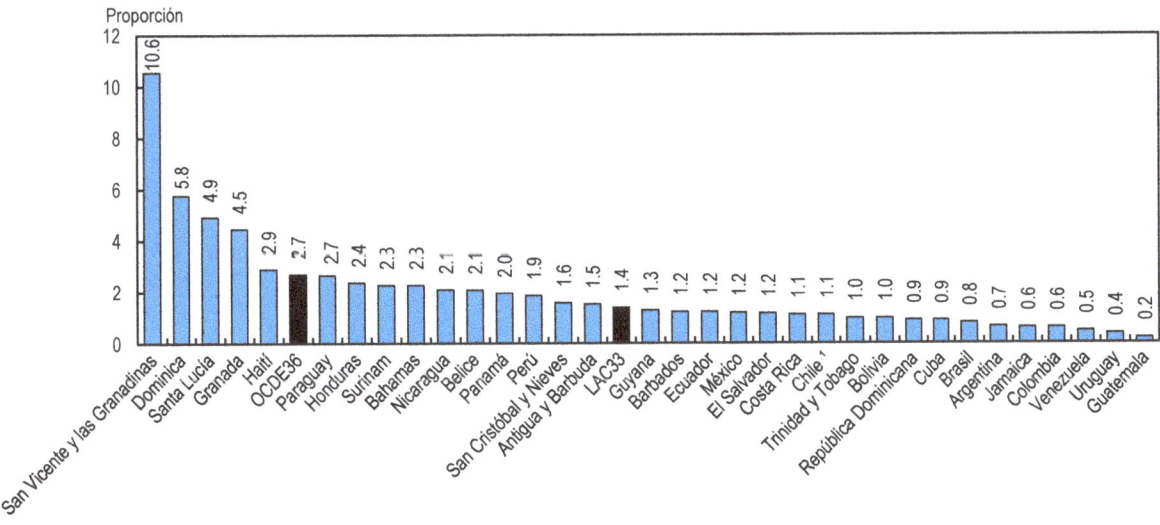

1. Los datos de Chile se refieren a todas las enfermeras licenciadas para ejercer la profesión.
Fuente: Estadísticas de Salud de la OCDE; Observatorio Mundial de la Salud, OMS 2019.

StatLink https://stat.link/6eo3da

5. CONSULTAS MÉDICAS

Las consultas médicas son una medición importante del acceso general a los servicios de salud, ya que la mayoría de las enfermedades pueden tratarse en la atención primaria sin necesidad de hospitalizaciones y una consulta médica suele preceder al ingreso hospitalario. La capacidad de un país para dar seguimiento y promover las consultas efectivas como alternativa a las hospitalizaciones y evitar las hospitalizaciones innecesarias es una medición importante sobre malgasto (ver Capítulo 2).

En general, el número anual de consultas médicas por persona en nueve países de LAC es de 3,5, inferior al promedio de la OCDE, correspondiente a 6,8 (Figura 5.4). Las consultas médicas oscilan entre un valor superior al promedio de la OCDE, reportado por Cuba y un valor inferior a una consulta en Venezuela. En general, las tasas de consultas médicas tienden a ser mayores en los países de altos ingresos e inferiores en los de bajos ingresos, lo que sugiere que las limitaciones financieras influyen en los comportamientos de búsqueda de atención médica por parte de la población, así como en la capacidad general del sistema para facilitar el acceso. La disponibilidad de datos sobre las consultas médicas es limitada, principalmente debido a la fragmentación de los sistemas de salud en muchos países, lo que restringe el análisis.

El número de consultas por médico no debe tomarse como una medición de la productividad porque las consultas pueden variar en duración y efectividad; los médicos también atienden a pacientes hospitalizados, realizan tareas administrativas y, en algunos casos, trabajos de investigación, mientras que las diferentes configuraciones de los sistemas de salud podrían influir en las características de las consultas. Asimismo, en muchos países de ingresos bajos, la mayoría de los contactos principales son con personas que no son médicos (es decir, asistentes médicos, funcionarios clínicos o enfermeros); especialmente si se tiene en cuenta el hecho de que la mayoría de los países no exigen que las personas se registren con determinados médicos generales. Teniendo en cuenta estas consideraciones, el número de consultas por médico al año en nueve países de LAC sobre los que se dispone de datos es de 1.381, inferior al promedio de la OCDE, que es de 2.181 (Figura 5.5). Todos los países tuvieron menos de 2.000 consultas al año, excepto en Ecuador.

Existe una estrecha relación entre las tasas de consultas médicas -un valor representativo del acceso a los servicios- y el gasto en salud per cápita, siendo las tasas de consultas médicas más altas en los países con mayor gasto en salud (Figura 5.6). Este hallazgo apunta al hecho de que un mayor número de recursos disponibles para el sistema de salud puede dar lugar a mayores niveles de utilización, por ejemplo, debido a la elevada probabilidad de disponer de más médicos y dedicarle más tiempo a las consultas. Lo anterior guarda relación con la duración de las consultas médicas, las cuales también se han asociado positivamente con el gasto en salud per cápita y la densidad de médicos primarios (Irving et al., 2017[6]).

Si bien los factores culturales desempeñan un papel en la explicación de algunas de las variaciones entre los países, las políticas y las estructuras de incentivos también son elementos de gran importancia. Por ejemplo, con base en un análisis comparado en los países de la OCDE, los métodos de pago a los proveedores, por ejemplo, el pago por acto médico, crean incentivos para la sobre-prestación de servicios, mientras que los médicos asalariados tienden a ganar tasas inferiores al promedio. Además, copagos más elevados por parte de los pacientes pueden dar lugar a que éstos se abstengan de pasar consultas con un médico debido al costo de la atención (OCDE, 2019[7]). Por otra parte, pueden presentarse desigualdades, ya que es más probable que las personas con mayores ingresos visiten al médico que las personas de ingresos más bajos, siempre con un nivel de necesidad comparable. Asimismo, las desigualdades de ingresos en el acceso a los médicos se hacen mucho más pronunciadas en el caso de los especialistas que en las consultas con médicos generales (OCDE, 2019[8]).

Definición y comparabilidad

Las consultas médicas están definidas como los contactos con los médicos (tanto generales como especialistas, para más detalles ver el indicador "Doctores y enfermeras" del Capítulo 5). Pueden efectuarse en los consultorios o clínicas de los médicos, en las salas de consulta externa y en los hogares. Para calcular las tasas de consultas se utilizan dos fuentes principales: los datos administrativos y las encuestas de salud y hogares. En general, las fuentes de datos administrativos de los países no pertenecientes a la OCDE y las economías de la región de LAC sólo incluyen a los médicos del sector público, o financiados con fondos públicos, aunque los médicos privados prestan una buena parte de las consultas generales en la mayoría de esos países. Además, las consultas externas contabilizadas en los datos administrativos también pueden ser con personas que no son médicos. La fuente sustitutiva de datos son las encuestas de salud y hogares, pero éstas tienden a arrojar subestimaciones debido a las inexactitudes de la memoria y a la negativa a responder por parte de algunos encuestados. Hay que tener cuidado al momento de interpretar los datos, ya que se han extraído de diferentes fuentes con distintos niveles de cobertura y comparabilidad. El número anual de consultas por médico se estima dividiendo el número de consultas totales en un año por el número de médicos.

Referencias

[6] Irving, G. et al. (2017), *International variations in primary care physician consultation time: A systematic review of 67 countries*, BMJ Publishing Group, *http://dx.doi.org/10.1136/bmjopen-2017-017902*.

[7] OCDE (2019), *Health at a Glance 2019: OECD Indicators*, Ediciones OCDE, París, *https://dx.doi.org/10.1787/4dd50c09-en*.

[8] OCDE (2019), *Health for Everyone?: Social Inequalities in Health and Health Systems*, OECD Health Policy Studies, Ediciones OCDE, París, *https://dx.doi.org/10.1787/3c8385d0-en*.

5. CONSULTAS MÉDICAS

Figura 5.4. **Consultas médicas per cápita, último año disponible**

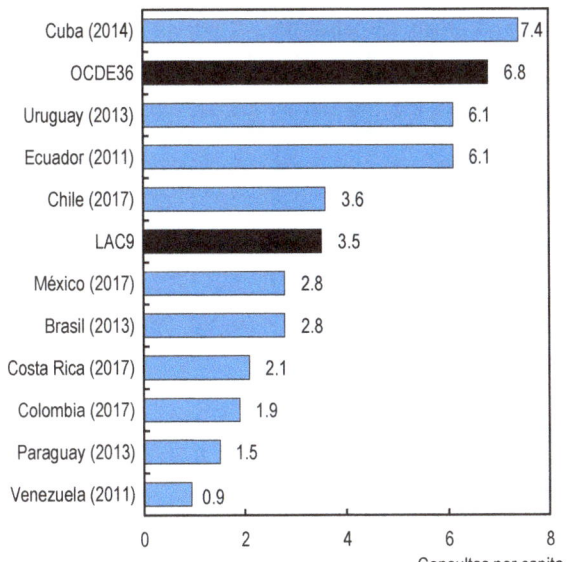

Fuente: Datos nacionales; Estadísticas de Salud de la OCDE 2019, correspondientes a Chile, Colombia, Costa Rica y México.

StatLink https://stat.link/v2atbc

Figura 5.5. **Número de consultas por médico, último año disponible**

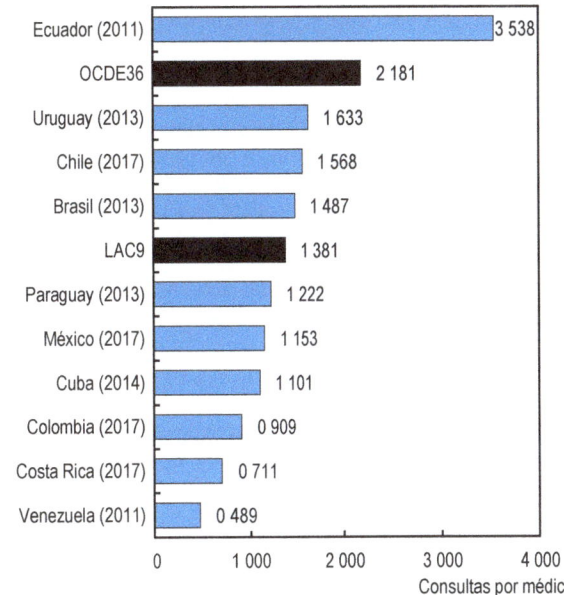

Fuente: Datos nacionales; Estadísticas de Salud de la OCDE 2019, correspondientes a Chile, Colombia, Costa Rica y México.

StatLink https://stat.link/bmaez4

Figura 5.6. **Consultas médicas y gasto de salud per cápita en PPA USD, último año disponible**

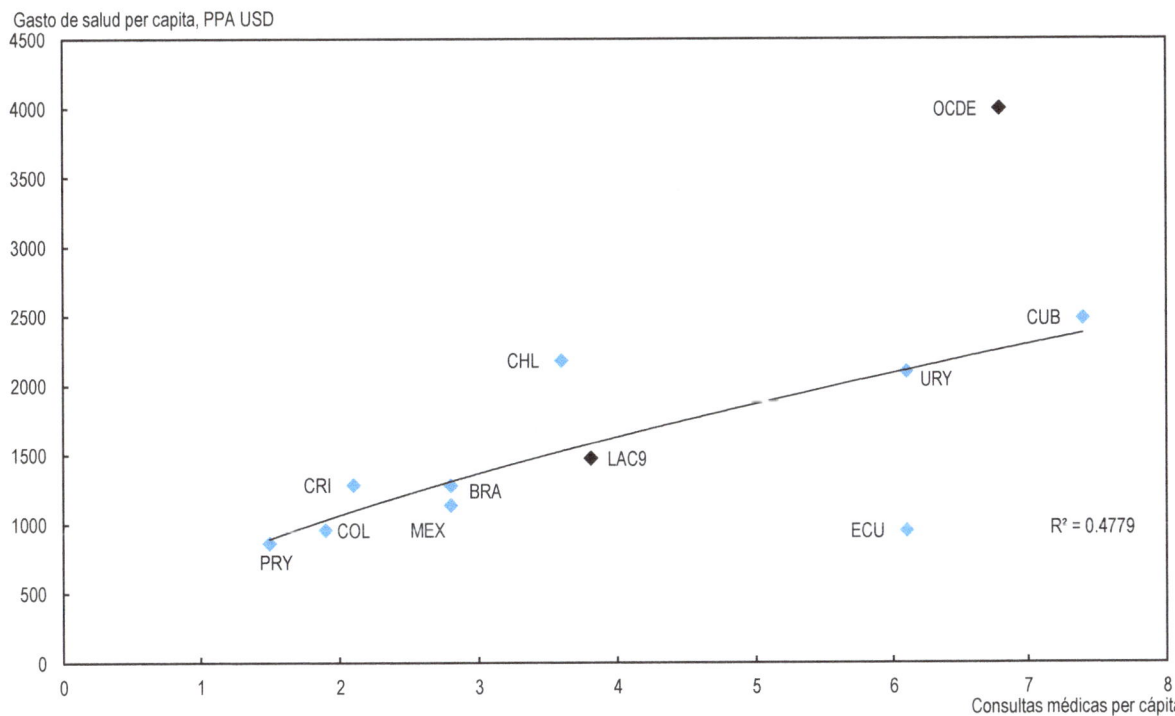

Fuente: Datos nacionales; Base de Datos Mundial sobre Gastos de Salud 2020; Estadísticas de Salud de la OCDE 2019, correspondientes a Chile, Colombia, Costa Rica y México.

StatLink https://stat.link/4vdi1b

5. TECNOLOGÍAS MÉDICAS

El Objetivo de Desarrollo Sostenible número 5 insta a utilizar tecnologías médicas seguras, eficaces y apropiadas, lo que en el último siglo ha influido profundamente en la prestación de servicios y en los resultados de salud, y ha sido un factor dominante en el crecimiento de los gastos de atención en salud (Lorenzoni et al., 2019[9]). Las unidades de tomografía computarizada (TC) y resonancia magnética (RM) ayudan a los médicos a diagnosticar una serie de afecciones al generar imágenes de los órganos y las estructuras internas del cuerpo. Los exámenes de RM no exponen a los pacientes a la radiación ionizante, a diferencia de la radiografía y la tomografía computarizada convencionales. La mamografía se utiliza para diagnosticar el cáncer de mama, y las unidades de radioterapia se utilizan para el tratamiento y los cuidados paliativos del cáncer. Estos equipos son fundamentales para dar una respuesta adecuada a las enfermedades, pero hay que encontrar un equilibrio para asegurar la sostenibilidad financiera, ya que son tecnologías caras.

Existen desequilibrios sustanciales en la disponibilidad de tecnologías en los países de LAC. Por lo general, cuanto mayor es el nivel de ingresos del país, mayor es la disponibilidad de equipos médicos, pero no parece ser la pauta general en la región. Otros factores, como el gasto en salud y la planificación de la atención sanitaria, influyen en la inversión y la disponibilidad de las mismas.

Chile tiene el mayor número de tomógrafos con 24 por millón de habitantes, seguido de Antigua y Barbuda con 22 (esto último se explica en parte por la pequeña población del país). Sin embargo, se mantienen muy por debajo de la media de la OCDE, que es de 27. Por otra parte, San Vicente y las Granadinas tiene menos de un tomógrafo computadorizado por millón de habitantes, al igual que Haití y Nicaragua (Figura 5.7).

En lo que respecta a las unidades de RM, Chile tiene el mayor número con 12 unidades por millón de habitantes, seguido de Antigua y Barbuda y Santa Lucía, que registran 10 o más. Barbados, Dominica, San Cristóbal y Nieves, San Vicente y las Granadinas, Ecuador, Nicaragua, Colombia, Paraguay y Cuba, reportan menos de una unidad por millón de habitantes (Figura 5.8).

Panamá reporta el mayor número de mamógrafos con más de 278 unidades por millón de mujeres de 50 a 69 años, a diferencia de Paraguay, Colombia, Cuba y Haití, que cuentan con menos de 20 (Figura 5.9).

En la región de LAC, ningún país se aproxima a la densidad de unidades de radioterapia registrada en los países de la OCDE, que es de siete unidades por millón de habitantes. Uruguay, Surinam y Barbados son los únicos tres países que reportan más de tres unidades por millón de población, mientras que siete países reportan no tener ninguna (Figura 5.11).

En términos generales, los países de LAC todavía tienen espacio para invertir más en tecnologías médicas para mejorar el acceso equitativo de la población. Al mismo tiempo, esa ampliación del acceso puede ir acompañada de la implantación de marcos reglamentarios en las esferas del registro, la evaluación y las normas de adquisición, así como de una orientación clara del uso clínico de las tecnologías médicas basada en las mejores pruebas científicas disponibles. Por ejemplo, algunos países de la OCDE promueven el uso racional de las tecnologías de diagnóstico mediante la adopción de directrices de prácticas clínicas para reducir el uso de pruebas y procedimientos de diagnóstico innecesarios. Las directrices comprenden, por ejemplo, evitar los estudios de diagnóstico por imágenes como la RM, la TC o las radiografías para el dolor lumbar agudo sin indicaciones específicas (OCDE, 2017[10]).

> **Definición y comparabilidad**
>
> Los datos abarcan los equipos instalados tanto en hospitales como en la atención externa, sectores públicos y privados de la mayoría de los países. Sin embargo, en algunos países, la cobertura es sólo parcial. Los datos correspondientes a Antigua y Barbuda se refieren únicamente a equipos del sector privado. Los datos correspondientes a Paraguay, Ecuador y Trinidad y Tobago se refieren a equipos del sector público.

Referencias

[9] Lorenzoni, L. et al. (2019), "Health Spending Projections to 2030: New results based on a revised OECD methodology", *OECD Health Working Papers*, No. 110, Ediciones OCDE, París, *https://dx.doi.org/10.1787/5667f23d-en*.

[10] OCDE (2017), *New Health Technologies: Managing Access, Value and Sustainability*, Ediciones OCDE, París, *https://dx.doi.org/10.1787/9789264266438-en*.

Figura 5.7. **Tomógrafos computarizados por millón de habitantes, último año disponible**

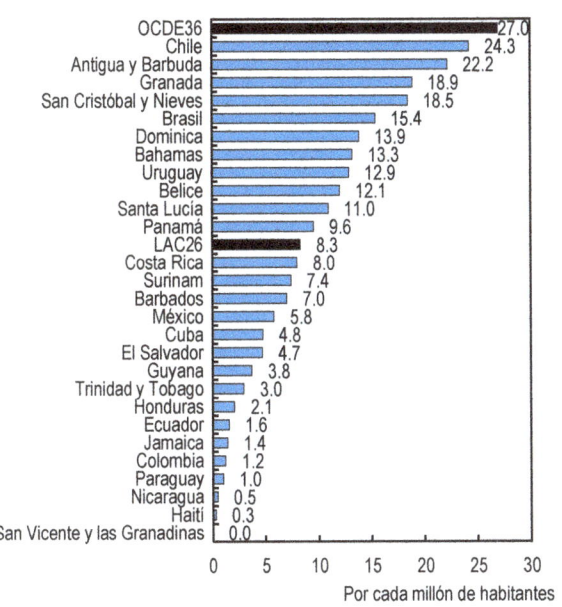

Fuente: Observatorio Mundial de la Salud, OMS 2016; Estadísticas de Salud de la OCDE 2019 para Chile, Colombia, Costa Rica y México.

StatLink https://stat.link/ij51c7

Figura 5.9. **Unidades de mamografía por millón de mujeres entre 50-69 años, último año disponible**

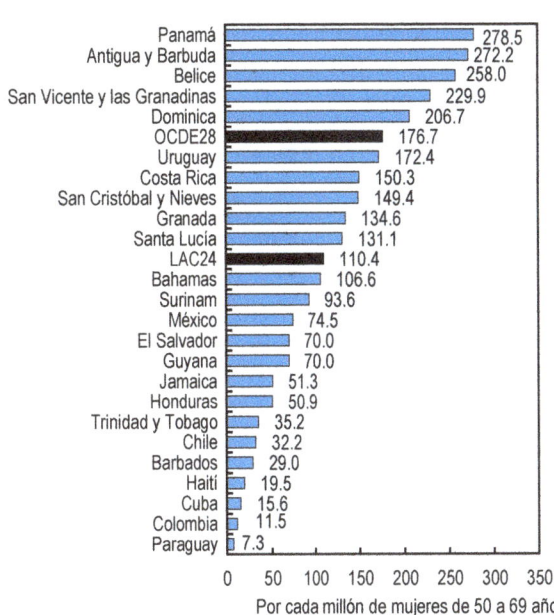

Fuente: Observatorio Mundial de la Salud, OMS 2016; Estadísticas de Salud de la OCDE 2019 para Chile, Colombia, Costa Rica y México.

StatLink https://stat.link/bjpvng

Figura 5.8. **Unidades de resonancia magnética por millón de habitantes, último año disponible**

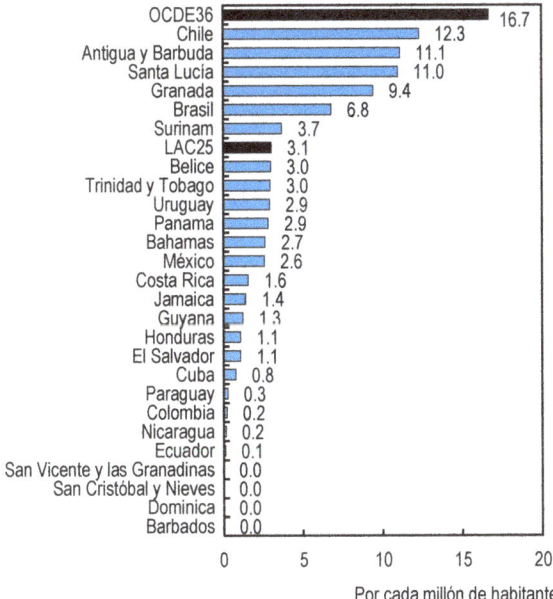

Fuente: Observatorio Mundial de la Salud, OMS 2016; Estadísticas de Salud de la OCDE 2019 para Chile, Colombia, Costa Rica y México.

StatLink https://stat.link/nb2p37

Figura 5.10. **Unidades de radioterapia por millón de habitantes, último año disponible**

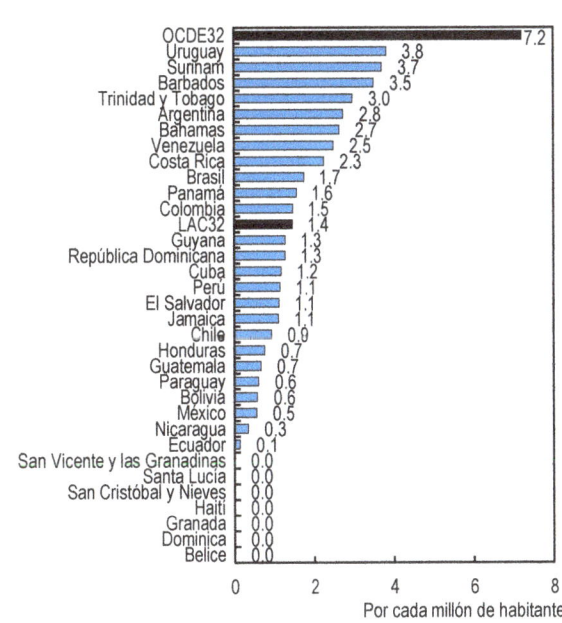

Fuente: Observatorio Mundial de la Salud, OMS 2016; Estadísticas de Salud de la OCDE 2019 para Chile, Colombia, Costa Rica y México.

StatLink https://stat.link/aujhxm

5. ATENCIÓN HOSPITALARIA

En la mayoría de los países, los hospitales representan la mayor parte de la inversión fija total y las camas hospitalarias son una indicación de los recursos disponibles para los servicios a pacientes hospitalizados. Sin embargo, la influencia de la oferta de camas de hospital en las tasas de admisión ha sido muy documentada, lo que confirma que una mayor oferta suele dar lugar a un mayor número de admisiones (Ley de Roemer que "una cama construida es una cama llena"). Por consiguiente, además de la calidad de la atención hospitalaria (ver el Capítulo 7), es importante utilizar los recursos de manera eficiente y asegurar un acceso coordinado. El aumento del número de camas y de estadías nocturnas no siempre trae consigo resultados positivos en la salud de la población ni reduce el malgasto (ver el Capítulo 2).

El número de camas hospitalarias por cápita en LAC es de 2,1, inferior al promedio de la OCDE de 4,7 (Figura 5.11). Se dispone de más de cinco camas por cada 1.000 habitantes en Barbados, Argentina y Cuba, mientras que el inventario es inferior a uno por cada 1.000 habitantes en Guatemala, Haiti, Honduras, Venezuela y Nicaragua. Estas grandes disparidades reflejan diferencias sustanciales en los recursos invertidos en la infraestructura hospitalaria de los distintos países.

El número de egresos hospitalarios se sitúa en un promedio de 54,4 por cada 1.000 habitantes en 11 países de LAC con datos disponibles, en comparación con el promedio de 154 de la OCDE (Figura 5.12). Las tasas más altas se registran en Chile y Costa Rica, con más de 89 y 73 egresos anuales por cada 1.000 habitantes, respectivamente, mientras que en Colombia, Panamá y Perú se registran menos de 40 egresos por cada 1.000 habitantes, lo que sugiere retrasos en el acceso a los servicios. En general, los países con más camas hospitalarias tienden a tener tasas más altas de egresos y viceversa (Figura 5.13). Sin embargo, hay algunas excepciones. El Salvador, Bolivia y Costa Rica tienen un número bajo de camas pero una tasa de descarga relativamente alta, mientras que la Argentina tiene tantas camas como el promedio de la OCDE pero una tasa de descarga relativamente baja.

En nueve países LAC con datos, la duración de estancia media (DEM) en el hospital es de 5,36 días, inferior a la media de la OCDE de 7,70 (Figura 5.14). La DEM más larga es de 6 días o más en Jamaica, Colombia y Chile, mientras que la más corta es de menos de 4 días en México. La DEM se utiliza para determinar el acceso y el uso apropiado, pero es necesario ser prudente en su interpretación (ver también el Capítulo 2). Considerando todos los demás factores iguales, una estancia más corta reducirá el costo por egreso hospitalario y proporcionará una atención más eficiente al cambiar la atención de los pacientes hospitalizados a entornos post-agudos menos costosos. Sin embargo, las estadías más prolongadas pueden ser un signo de mala coordinación de la atención, lo que hace que algunos pacientes esperen innecesariamente en el hospital hasta que se pueda organizar la rehabilitación o la atención a largo plazo. Al mismo tiempo, algunos pacientes pueden ser dados de alta demasiado pronto, cuando una estancia hospitalaria más larga podría haber mejorado sus resultados de salud o reducido las posibilidades de reingreso (Rojas-Garcia et al., 2018[11]).

A la luz del análisis de los países de la OCDE, aparte de las disparidades en la DEM debido a la heterogeneidad de los casos, otros factores, entre ellos las estructuras de pago, pueden explicar las variaciones entre países. En particular, la introducción de sistemas de pago prospectivos que alientan a los proveedores a reducir el costo de los episodios de atención, como los Grupos Relacionados con el Diagnóstico (GRD), se ha acreditado por la reducción de la DEM en los hospitales. En un reciente estudio de la OCDE se analizó la importancia de una serie de características de los hospitales y se determinó que los hospitales con muchas camas (más de 200) están asociados con una mayor duración de la estancia, mientras que una tasa de ocupación de camas del 70% o más se asocia con una menor DEM (Lorenzoni and Marino, 2017[12]).

Definición y comparabilidad

Las camas hospitalarias abarcan las de unidades de cuidados agudos y las de cuidados crónicos y de larga duración, tanto del sector público como del privado. El egreso se define como la salida de un paciente que ha permanecido al menos una noche en el hospital. Incluye las defunciones en el hospital después de la atención hospitalaria, pero suele excluir las separaciones en el mismo día. Las tasas de alta presentadas no están estandarizadas por edad, sin tener en cuenta las diferencias en la estructura etaria de la población de los distintos países. Las cifras reportadas para DEM se refieren al número de días que los pacientes pasan la noche en una institución hospitalaria de cuidados agudos. El DEM se mide por lo general dividiendo el número total de días que pasan todos los pacientes en las instituciones de cuidados agudos durante un año por el número de admisiones o egresos. Existen variaciones considerables en la forma en que los países definen la atención de casos agudos, y lo que incluyen o excluyen en las estadísticas presentadas. En su mayor parte, los datos de las altas hospitalarias y los DEM en la región de LAC abarcan únicamente las instituciones del sector público.

Referencias

[12] Lorenzoni, L. and A. Marino (2017), "Understanding variations in hospital length of stay and cost: Results of a pilot project", *OECD Health Working Papers*, No. 94, Ediciones OCDE, París, *https://dx.doi.org/10.1787/ae3a5ce9-en*.

[11] Rojas-Garcia, A. et al. (2018), "Impact and experiences of delayed discharge: A mixed-studies systematic review", *Health Expectactions*.

Figura 5.11. **Número de camas hospitalarias por cada 1.000 habitantes, último año disponible**

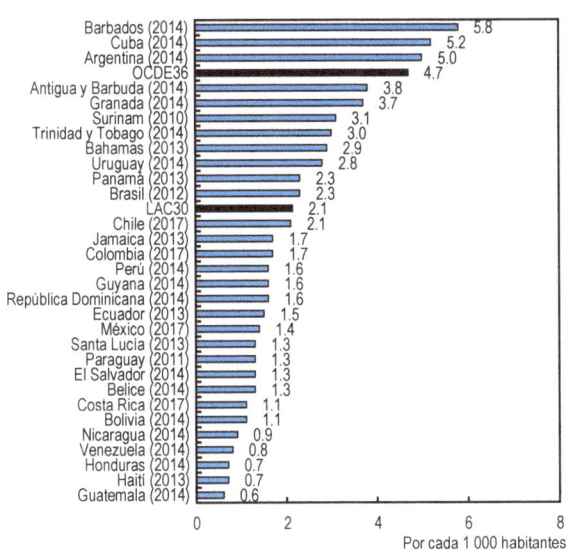

Fuente: Estadísticas de Salud de la OCDE; Banco Mundial, Indicadores del Desarrollo Mundial 2019.

StatLink https://stat.link/bxps1g

Figura 5.13. **Número de camas hospitalarias por cada 1.000 habitantes y egresos hospitalarios por cada 1.000 habitantes, último año**

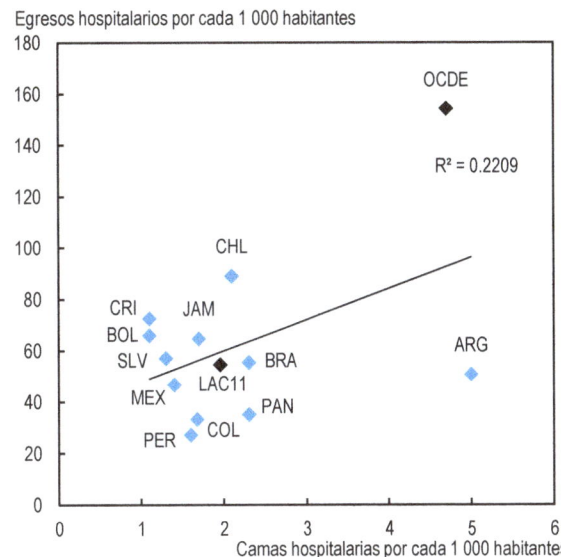

Fuente: Estadísticas de Salud de la OCDE; Banco Mundial, Indicadores del Desarrollo Mundial 2019, Datos nacionales.

StatLink https://stat.link/tj4xgh

Figura 5.12. **Egresos hospitalarios por cada 1.000 habitantes, último año disponible**

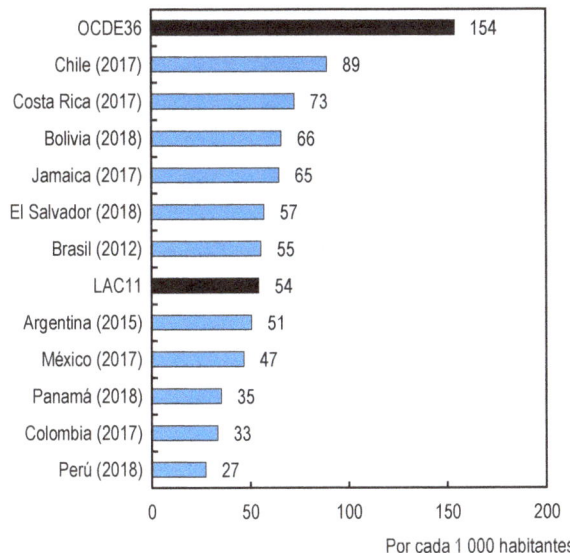

Fuente: Estadísticas de Salud de la OCDE; Datos nacionales.

StatLink https://stat.link/butx49

Figura 5.14. **Duración de la estancia media en unidades de cuidados agudos hospitalarios, último año disponible**

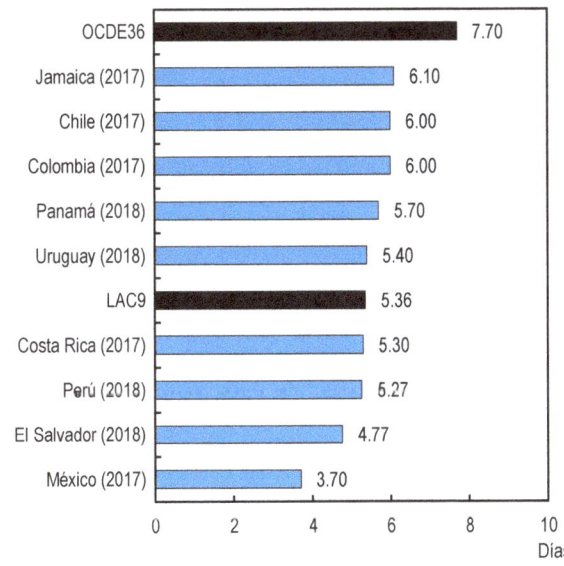

Fuente: Estadísticas de Salud de la OCDE 2019, Datos nacionales.

StatLink https://stat.link/n6m0hr

5. EMBARAZO Y PARTO

La salud de las madres y sus bebés se beneficia de la atención prenatal, el parto asistido por profesionales médicos capacitados y el acceso a los establecimientos de salud para el parto, ya que reducen el riesgo de complicaciones e infecciones durante el parto (ver los indicadores "Salud reproductiva", "Nacimiento prematuro y bajo peso al nacer" y "Alimentación de lactantes y niños pequeños" en el Capítulo 4) (Measure Evaluation, 2019[13]). El Objetivo de Desarrollo Sostenible 3,7 pretende garantizar el acceso universal a los servicios de salud sexual y reproductiva, planificación familiar, información, educación e integración de la salud reproductiva en las estrategias y programas nacionales para 2030.

En 29 países de LAC, la mayoría de las embarazadas -en promedio, el 87%- recibieron los cuatro controles prenatales recomendados, pero el acceso a la atención prenatal varía de un país a otro y de un grupo socioeconómico a otro (Figura 5.15). Países como Uruguay y Perú tienen una cobertura casi completa en promedio para la población (más del 95% de las cuatro consultas prenatales), pero existen desigualdades: las madres del quintil de ingresos más bajo tuvieron alrededor de 4 y 8 puntos porcentuales de menor cobertura, respectivamente, en comparación con las madres del quintil de ingresos más alto. En el otro extremo, en Haití y Surinam, la cobertura media de cuatro consultas prenatales es inferior al 70%. Además, Haití tiene la mayor desigualdad entre los países que reportaron datos, con casi 36 puntos porcentuales de diferencia entre las madres del quintil de ingresos más bajos y las del más alto. Trinidad y Tobago muestran una alta cobertura y la menor desigualdad de ingresos.

La mayoría de las mujeres (93% en promedio) tuvieron partos atendidos por un profesional de la salud calificado, como un médico, una enfermera o una partera, en 29 países de LAC (Figura 5.16). Sin embargo, menos de un parto de cada dos en Haití y uno de cada cuatro en Guatemala son atendidos por un profesional de la salud calificado, y la mayoría de los partos son asistidos por parteras no capacitadas. Las parteras tradicionales son importantes en varios otros países, especialmente en los entornos rurales. Las desigualdades entre las madres del quintil de ingresos más bajo y más alto son las mayores en Haití y Guatemala, con una diferencia de 69 y 57 puntos porcentuales de mayor cobertura, respectivamente, a favor del grupo más rico. La menor desigualdad se encuentra en Barbados y Uruguay, ambos con una alta cobertura similar en todos los grupos socioeconómicos.

La proporción de partos atendidos en centros de salud varía de un país a otro (Figura 5.17). En 11 países de LAC con datos, el 86% de los partos se produjeron en establecimientos de salud establecidos. En Cuba, El Salvador, Colombia, Belice, México y República Dominicana, más del 96% de los partos tienen lugar en un establecimiento de salud. En Haití, la mayoría de los partos tienen lugar en el hogar (60%) y la tasa también es alta en Guatemala (34%) y algo menos en Honduras (17%) y Perú (15%).

La Atención Integrada del Embarazo y el Parto (IMPAC) es un conjunto de directrices e instrumentos diseñados por la OMS, que responde a las principales esferas de los programas de salud materna y perinatal, abogando por la universalización de la cobertura y garantizando la atención calificada en cada parto en el contexto de un proceso continuo de atención (OMS, 2019[14]). Los países pueden seguir esta guía para abordar en forma efectiva problemas como la preclamsia y la eclampsia; la hemorragia posparto; la atención postnatal para la madre y el bebé; la reanimación del recién nacido; la prevención de la transmisión del VIH de la madre al niño; el VIH y la alimentación del lactante; el paludismo en el embarazo, el consumo de tabaco y la exposición de segunda mano en el embarazo, la depresión posparto, la planificación familiar posparto y la atención posaborto (OMS, UNFPA, UNICEF, El Banco Mundial, 2015[15]).

> **Definición y comparabilidad**
>
> La principal fuente de información sobre la atención durante el embarazo y el parto son las encuestas de salud. Las Encuestas Demográficas y de Salud (DHS), por ejemplo, son encuestas de hogares representativas a nivel nacional que aportan datos sobre una amplia gama de indicadores en las esferas de la población, la salud y la nutrición. Las DHS estándar trabajan con grandes muestras (por lo general entre 5.000 y 30.000 hogares) y suelen realizarse cada cinco años, para permitir comparaciones a lo largo del tiempo. A las mujeres que dieron luz a un niño vivo en los cinco años anteriores a la encuesta se les hacen preguntas sobre el parto, entre ellas, cuántas consultas de atención prenatal tuvieron, quiénes les prestaron asistencia durante el parto y dónde tuvo lugar el mismo.
>
> Los datos sobre la desigualdad de ingresos en materia de atención prenatal y asistencia calificada en el parto se obtuvieron del conjunto de datos de los Indicadores de Equidad de Salud y Protección Financiera (HEFPI) compilados y mantenidos por el Banco Mundial.

Referencias

[13] Measure Evaluation (2019), *Indicator Compedium - Antenatal Care Coverage*, https://www.measureevaluation.org/rbf/indicator-collections/service-use-and-coverage-indicators/antenatal-care-coverage.

[14] OMS (2019), *Integrated Management of Pregnancy and Childbirth (IMPAC)*, Organización Mundial de Salud, https://www.who.int/maternal_child_adolescent/topics/maternal/impac/en/.

[15] OMS, UNFPA, UNICEF, El Banco Mundial (2015), *Pregnancy, Childbirth, Postpartum and Newborn Care: A guide for essential practice*, https://www.who.int/maternal_child_adolescent/documents/imca-essential-practice-guide/en/.

Figura 5.15. **Atención médica durante el embarazo y parto, primer y último quintil de ingresos, 2016 o último año disponible**

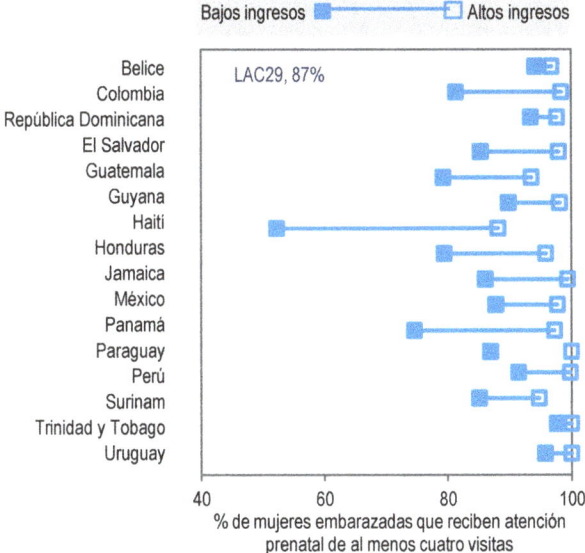

Nota: El promedio de LAC29 abarca más países que los que aparecen en la figura debido a la disponibilidad de datos.
Fuente: Encuestas DHS & MICS 2019 con datos sobre las desigualdades existentes en los países de ALC 16 disponibles; OMS, Observatorio Mundial de la Salud, OMS 2019 para el promedio de LAC29.

StatLink https://stat.link/u8coaw

Figura 5.16. **Partos atendidos por profesionales de salud capacitados, primer y quinto quintil de ingresos, último año disponible**

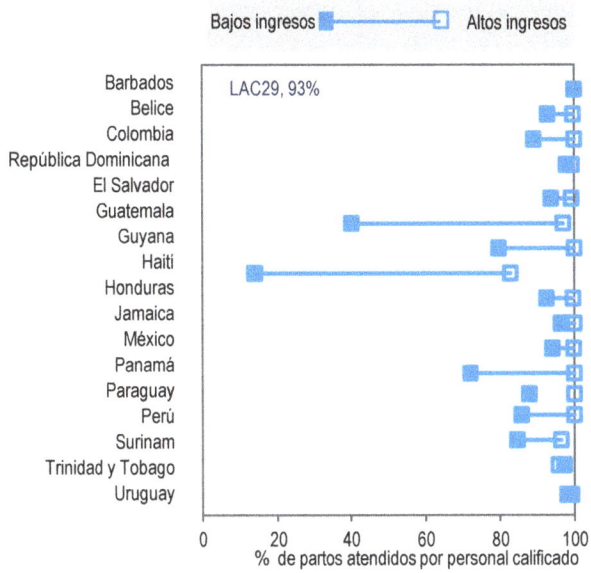

Nota: El promedio de LAC29 abarca más países que los que aparecen en la figura debido a la disponibilidad de datos.
Fuente: Encuestas DHS & MICS 2019 con datos sobre las desigualdades existentes en los países de LAC 16 disponibles; Observatorio Mundial de la Salud, OMS 2019 para el promedio de LAC29.

StatLink https://stat.link/ocsmgh

Figura 5.17. **Lugar del parto, último año disponible**

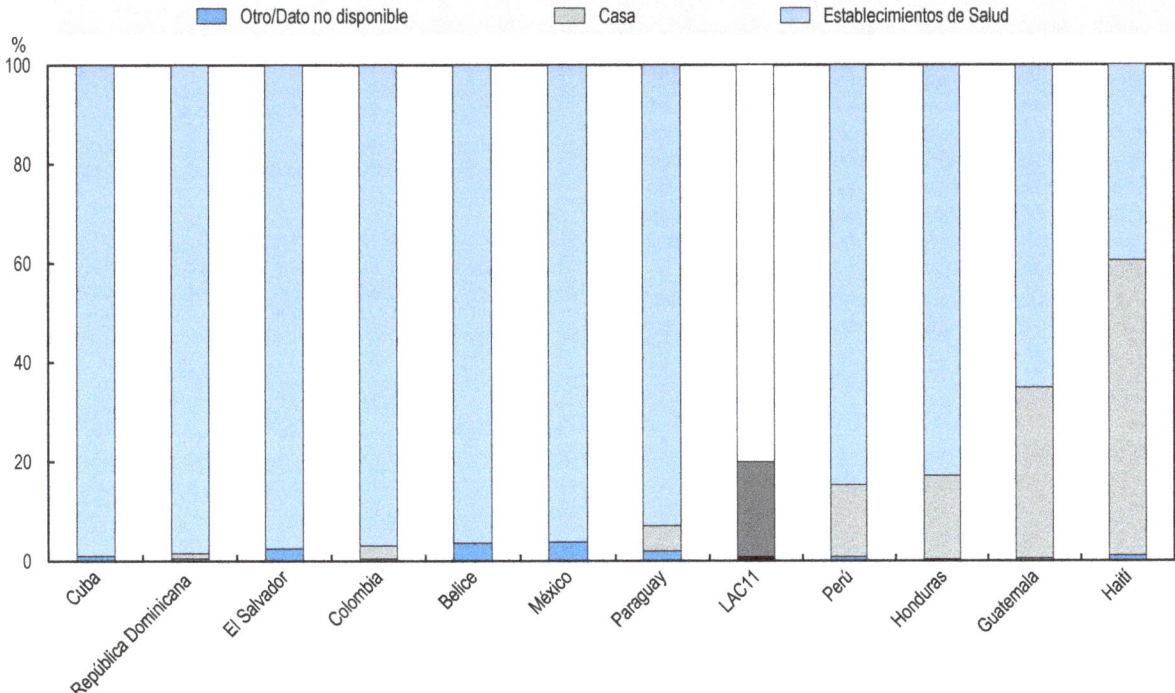

Fuente: DHS & MICS 2019.

StatLink https://stat.link/2xv08n

5. ATENCIÓN DE SALUD INFANTIL

En la región de LAC, alrededor de un tercio de las muertes en el primer año de vida ocurren durante el período neonatal (es decir, durante las primeras cuatro semanas de vida o los días 0-27). La diarrea y la neumonía infantiles son las principales causas infecciosas de morbilidad y mortalidad infantil (OPS, 2017[16]). Los sistemas de salud bien organizados pueden reducir en gran medida el número de muertes infantiles, en particular al abordar las causas que ponen en peligro la vida de los niños durante el período neonatal e infantil. La atención básica para los lactantes y los niños comprende la promoción y el apoyo de la lactancia materna temprana y exclusiva (ver el indicador "Alimentación de lactantes y niños pequeños" en el Capítulo 4), la identificación de las condiciones que requieren atención adicional y el asesoramiento sobre cuándo llevar a un lactante y un niño pequeño a un centro de salud (Tomczyk, McCracken and Contreras, 2019[17]). Existen varias medidas preventivas y curativas eficaces y costo-efectivas, entre ellas la administración de suplementos de vitamina A, la vacunación, la terapia de rehidratación oral (TRO) contra la diarrea y el tratamiento antibiótico adecuado contra las infecciones respiratorias agudas (IRA).

Como parte de la prevención, los suplementos de vitamina A se consideran importantes para los niños porque reducen el riesgo de enfermedad y muerte por infecciones graves. El acceso a la atención preventiva varía en toda la región de LAC, como lo demuestra la ingesta de suplementos de vitamina A (Figura 5.18) y la cobertura de vacunación (ver el indicador "Programas de vacunación infantil" en el Capítulo 7). Según datos de ocho países de LAC, el acceso a la suplementación con vitamina A para niños de 6 a 59 meses es muy bajo en El Salvador y Haití (20% y 19%) y, especialmente, en Perú con un 4,5%, mientras que Nicaragua tiene una tasa de cobertura cercana al 90%. El promedio de LAC8 se sitúa en el 42%.

El tratamiento adecuado también podría prevenir las muertes por diarrea y neumonía. La deshidratación provocada por una diarrea severa puede tratarse con TRO. En promedio, menos del 47% de los menores de 5 años con diarrea se les administra TRO en 19 países de LAC sobre los que se dispone de datos, mientras que Guatemala, República Dominicana, Ecuador, Guyana, Surinam, Costa Rica, Perú, Paraguay, Bolivia y Argentina tienen menos del 50%. La cobertura es más alta en El Salvador y Nicaragua con más del 65%. Las desigualdades de ingresos son elevadas en el Perú, donde el 42% de los niños del quintil de ingresos más altos reciben TRO cuando la necesitan, en comparación con solo el 22% de los niños del quintil de ingresos más bajos (Figura 5.19). Cabe destacar que los niños del grupo de menores ingresos reciben una mayor cobertura que los del grupo de mayores ingresos en Paraguay, Honduras y El Salvador, lo que sugiere que el sistema de salud puede dirigirse a la población más vulnerable y prestar los servicios necesarios.

El acceso a una atención médica apropiada para los niños con IRA también puede mejorarse en muchos países de la región. Aunque en promedio más de las tres cuartas partes de los niños con síntomas son llevados a un centro de salud, alrededor de la mitad de ellos reciben tratamiento con antibióticos (Figura 5.20). Es importante destacar la importancia del uso racional de los antibióticos, tanto por las repercusiones alrededor del desarrollo a la resistencia a los antimicrobianos como por ser una fuente de malgasto en los sistemas de salud (ver el Capítulo 2).

Existe una correlación entre la cobertura del tratamiento de la diarrea y la IRA. El tratamiento con antibióticos para las IRA es particularmente bajo en Guyana, Haití y República Dominicana, donde el tratamiento de la diarrea también es reducido. Esta situación sugiere la urgente necesidad de ampliar aún más el acceso a la atención para tratar las principales causas de mortalidad infantil en estos países.

Definición y comparabilidad

Los datos sobre la cobertura de prevención y tratamiento se suelen recopilar a través de encuestas de hogares. La fiabilidad de la información de las encuestas varía y es probable que esté sujeta a un sesgo de recuerdos. Las influencias estacionales relacionadas con la prevalencia de las enfermedades diarreicas y las infecciones respiratorias agudas también pueden afectar a las comparaciones de datos entre países. La prevalencia de las IRA se estima preguntando a las madres si sus hijos menores de cinco años han estado enfermos de tos acompañada de una respiración acortada y rápida en las dos semanas anteriores a la encuesta, ya que esos síntomas son compatibles con las IRA.

Referencias

[16] OPS (2017), *Health in the Americas+, 2017 Edition. Summary: Regional Outlook and Country Profiles*, Pan American Health Organization, Washington, D.C., *https://www.paho.org/salud-en-las-americas-2017/wp-content/uploads/2017/09/Print-Version-English.pdf*.

[17] Tomczyk, S., J. McCracken and C. Contreras (2019), "Factors associated with fatal cases of acute respiratory infection (ARI) among hospitalized patients in Guatemala", *BMC Public Health*.

5. ATENCIÓN DE SALUD INFANTIL

Figura 5.18. **Niños entre 6-59 meses de edad que recibieron suplementos de vitamina A, último año disponible**

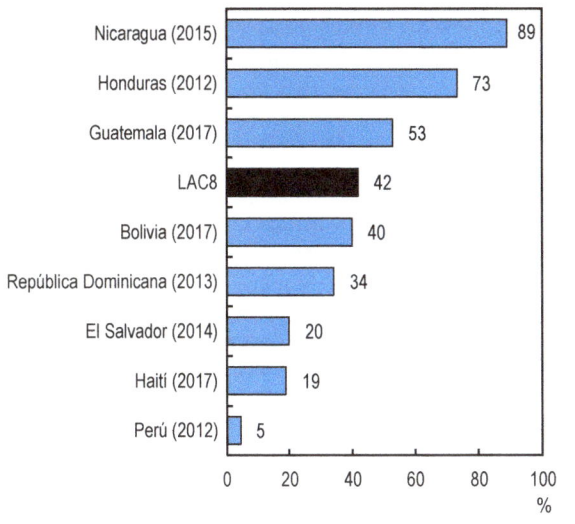

Fuente: DHS/MICS 2019.

StatLink https://stat.link/q5g2dm

Figura 5.19. **Niños menores de 5 años con diarrea que recibieron terapia de rehidratación oral (%), último año disponible**

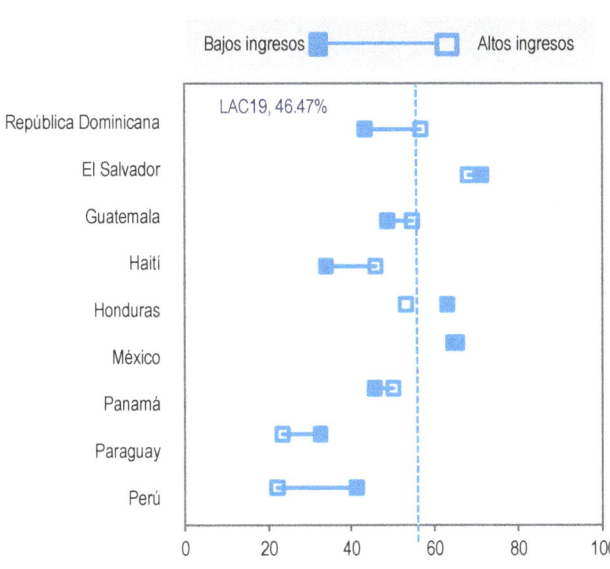

Nota: El promedio de LAC29 abarca más países que los que aparecen en la figura debido a la disponibilidad de datos.
Fuente: Encuestas DHS & MICS 2019 con datos sobre las desigualdades existentes en los países de LAC 16 disponibles; UNICEF para el promedio de LAC29.

StatLink https://stat.link/wdrznj

Figura 5.20. **Niños menores de 5 años con síntomas de IRA que recibieron tratamiento de antibióticos (%), último año disponible**

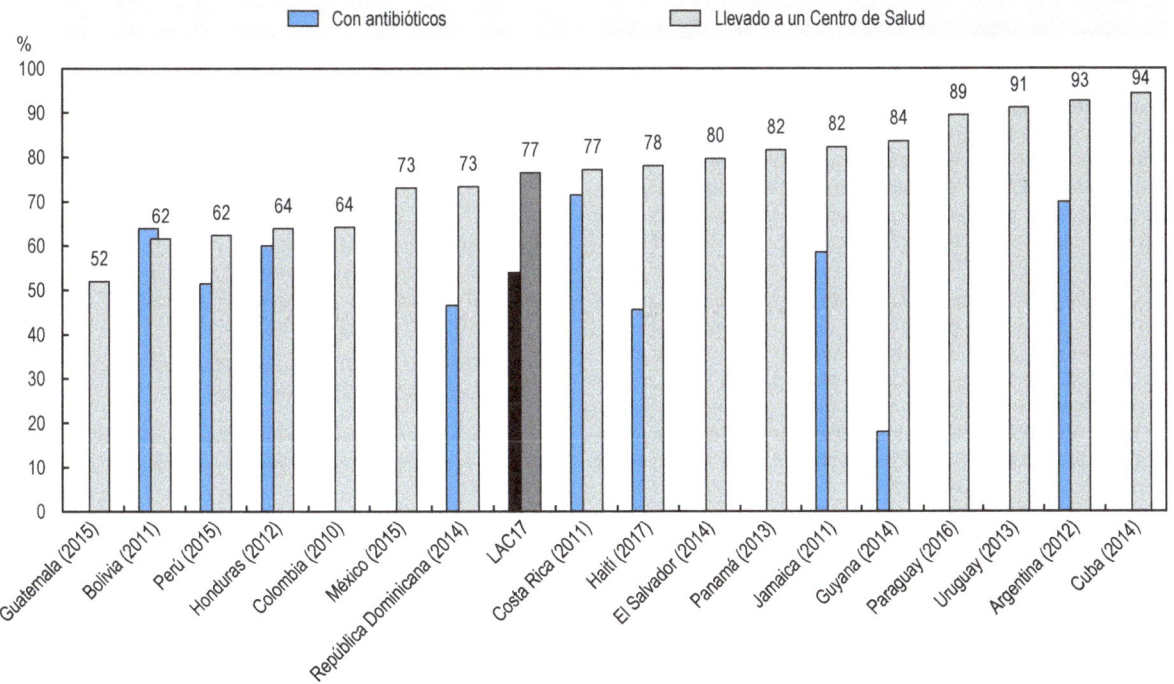

Fuente: DHS/MICS 2019.

StatLink https://stat.link/71pz8f

5. ATENCIÓN DE SALUD MENTAL

Los trastornos mentales como la depresión y la ansiedad son muy frecuentes: el 15% de la población en edad de trabajar se ve afectada en algún momento dado. También el acceso a servicios es bajo: en todo el mundo, alrededor del 56% de las personas con depresión no reciben el tratamiento adecuado. Estos trastornos contribuyen de manera significativa a la reducción de la productividad, las ausencias por enfermedades, discapacidades y el desempleo, y se estima que los costos totales de la mala salud mental ascienden al 3,5-4% del PIB en los países de la OCDE. Una prioridad particular de la prevención en la esfera de la salud mental se refiere al suicidio, que se estima que ocasionará 800.000 muertes en el 2018 (OMS, 2019[18]). A pesar de la enorme carga que las enfermedades mentales imponen sobre las personas, sus familias, la sociedad, los sistemas de salud y la economía, la atención de la salud mental sigue siendo un área desatendida de la política en materia de salud en muchos países (Hewlett and Moran, 2014[19]). Es probable que la inclusión de los temas de salud mental y abuso de sustancias en la Agenda de Desarrollo Sostenible tenga un impacto positivo en las comunidades y los países, subrayando la importancia de la promoción de la salud mental, el bienestar, la prevención y el tratamiento por abuso de sustancias.

En muchas partes de la región de LAC, es posible que no se disponga de una atención apropiada y que no se asegure el acceso a la atención de la salud mental a las personas con enfermedades de salud mental. El acceso a la atención de salud mental puede evaluarse mediante la oferta de profesionales y la disponibilidad de camas psiquiátricas en diferentes entornos, tales como los hospitales generales, los hospitales de salud mental y los centros comunitarios. Los psiquiatras suelen encargarse de la prevención, el diagnóstico y el tratamiento de diversos problemas de salud mental, entre ellos la esquizofrenia, la depresión, las dificultades de aprendizaje, el alcoholismo, los trastornos del uso de drogas, los trastornos alimentarios y los trastornos de la personalidad. El número de psiquiatras es inferior en todos los países de LAC (excepto en la Argentina) al promedio de la OCDE, que es de casi 17 por cada 100.000 habitantes (Figura 5.21). Sólo Argentina y Uruguay tienen más de diez psiquiatras por cada 100.000 habitantes y nueve de los 26 países de LAC con datos tienen menos de uno por cada 100.000 habitantes. Esto sugiere que muchos países de la región actualmente no invierten lo suficiente en la atención de la salud mental. Como ocurre con muchas otras especialidades médicas (véase el indicador " Personal médico y de enfermería" en el Capítulo 5), los psiquiatras no están distribuidos uniformemente entre las regiones de cada país. Por ejemplo, en México, el 60% de todos los psiquiatras están radicados en las tres ciudades más grandes, lo que deja al resto del país muy desatendido (Heinze, del Carmen Chapa and Carmona-Huerta, 2016[20]).

Las enfermeras de salud mental desempeñan un papel cada vez más importante en la prestación de servicios de salud mental en los hospitales, la atención primaria u otros entornos, pero en muchos países de LAC su número sigue siendo muy bajo (Figura 5.22). Barbados tiene la tasa más alta con más de 60 enfermeras de salud mental por cada 100.000 habitantes, seguido de Santa Lucía con más de 50. Pero hay alrededor de 12 enfermeras de salud mental por cada 100.000 habitantes en 18 países de LAC en promedio, y menos de una enfermera de salud mental en Ecuador, Granada y Haití, lo que sugiere una vez más la necesidad de contar con un suministro adecuado de profesionales de la salud mental para asegurar el acceso.

Algunos países, como Jamaica, han introducido planes innovadores destinados a proporcionar capacitación adicional a las enfermeras de salud mental. En el programa jamaiquino, las enfermeras pueden convertirse en "oficiales de salud mental" después de recibir capacitación en aptitudes tanto clínicas como administrativas. Este plan ha logrado reducir la duración de las estancias, atenuar el estigma vinculado a la salud mental y reducir los costos de hospitalización al tratar al paciente principalmente a nivel comunitario (McKenzie, 2008[21]).

En promedio, en los países de LAC hay casi cinco camas de salud mental en los hospitales generales por cada 100.000 habitantes. Cuba es el único país con más camas de salud mental que el promedio de la OCDE de casi 35, mientras que 11 de los 25 países con datos tienen menos de una cama de salud mental por cada 100.000 habitantes (Figura 5.23).

Definición y comparabilidad

Los psiquiatras tienen una formación de posgrado en psiquiatría y también pueden obtener una formación adicional en una subespecialidad psiquiátrica, como neuropsiquiatría o psiquiatría infantil. Los psiquiatras pueden prescribir medicamentos, lo que los psicólogos no pueden hacer en la mayoría de los países. Los datos abarcan psiquiatras, neuropsiquiatras y psiquiatras infantiles, pero se excluyen a los psicólogos. Las enfermeras de salud mental suelen tener una formación formal en enfermería a nivel universitario. Los datos se basan en el recuento de personal.

Referencias

[20] Heinze, G., G. del Carmen Chapa and J. Carmona-Huerta (2016), "Los especialistas en psiquiatría en México", *Salud Mental 39*.

[19] Hewlett, E. and V. Moran (2014), *Making Mental Health Count: The Social and Economic Costs of Neglecting Mental Health Care*, OECD Health Policy Studies, Ediciones OCDE, París, *https://dx.doi.org/10.1787/9789264208445-en*.

[21] McKenzie, K. (2008), *Jamaica: Community Mental Health Services*, Pan-American Health Organization.

[18] OMS (2019), *Suicide*, Organización Mundial de Salud, *https://www.who.int/news-room/fact-sheets/detail/suicide*.

Figura 5.21. **Número de psiquiatras por cada 100.000 habitantes, 2016 o último año disponible**

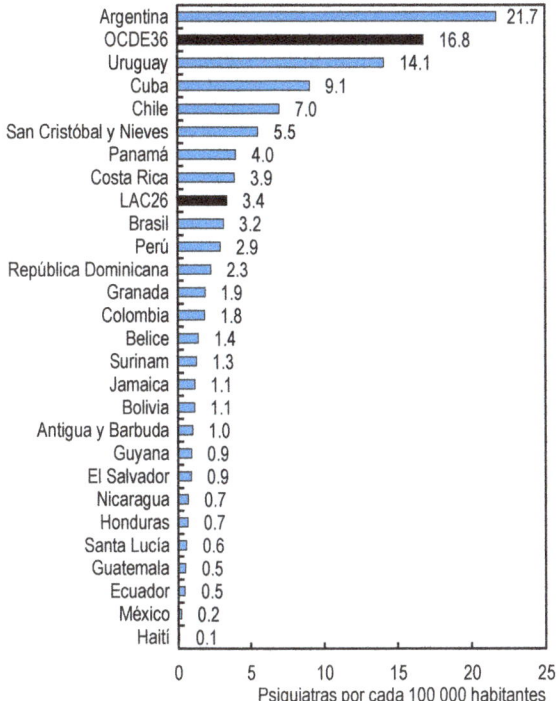

Fuente: Observatorio Mundial de la Salud, OMS 2019.

StatLink https://stat.link/ik31el

Figura 5.22. **Número de enfermeras del sector salud mental por cada 100.000 habitantes, 2016 o último año disponible**

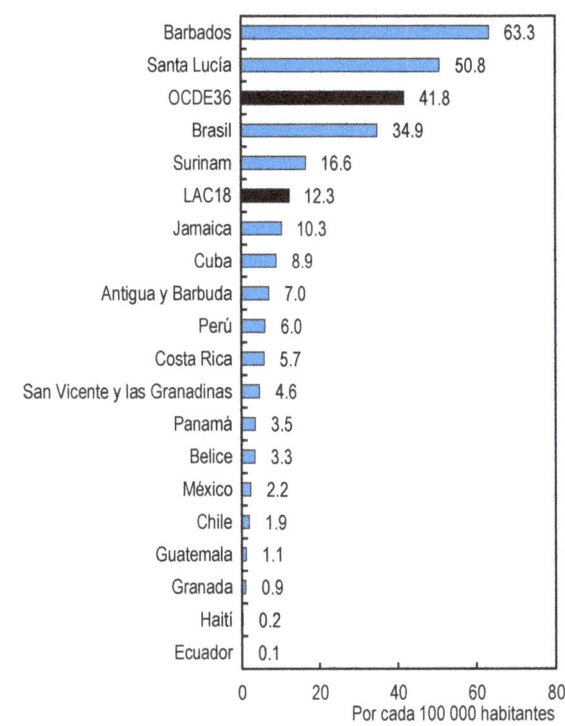

Fuente: Observatorio Mundial de la Salud, OMS 2019.

StatLink https://stat.link/2aj5gq

Figura 5.23. **Número de camas de salud mental por cada 100.000 habitantes, 2016 o último año disponible**

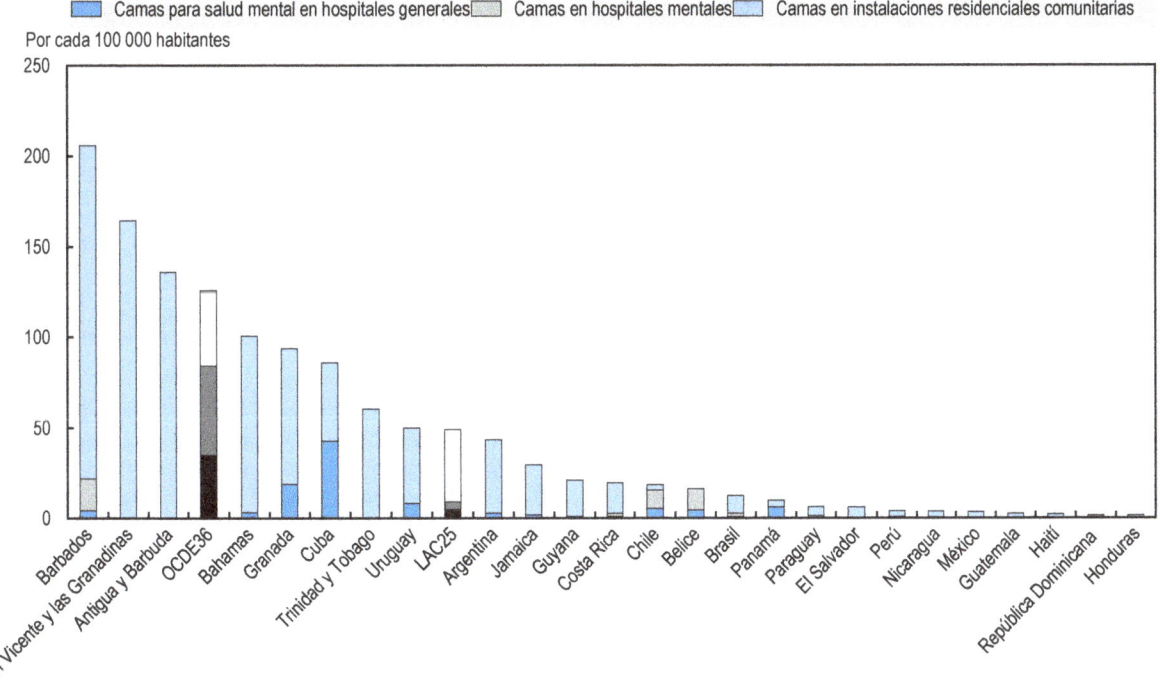

Fuente: Observatorio Mundial de la Salud, OMS 2019.

StatLink https://stat.link/2r3yxe

5. GLICEMIA Y PRESIÓN ARTERIAL

Los niveles elevados de glicemia (glucosa en la sangre) pueden llevar al desarrollo de diabetes, una enfermedad crónica que puede tener serios efectos dañinos. En 2014, se estimó que unas 422 millones de personas tenía diabetes en el mundo, y en 2016, 1,6 millones de muertes se causaron directamente por esta enfermedad (OMS, 2018[22]). Mantener la glicemia de un individuo normal es muy importante, particularmente para quienes han sido diagnosticados con diabetes. La glicemia de ayuno (GA) contribuye al diagnóstico y monitoreo de la diabetes, y puede mantenerse controlada por el tratamiento efectivo con medicamentos hipoglucemiantes y como resultado de actividades de promoción de la salud. Por ende, el control de la GA es un indicador indirecto tanto de la promoción de una dieta y comportamiento saludables como del tratamiento médico de la diabetes, todo lo cual es provisto normalmente en atención primaria (OMS, 2019[23]).

La presión arterial elevada (PAE) o hipertensión se manifiesta causando dolor de cabeza, dificultad para respirar o sangre de narices y, si se deja sin tratamiento, puede causar otros problemas cardiovasculares como ataque cerebrovascular, infarto agudo al miocardio y enfermedad renal. En el mundo, más de 1.000 millones de personas tienen hipertensión y menos de 1 en 5 personas con hipertensión tiene la enfermedad bajo control (OMS, 2019[24]). La ausencia de hipertensión es el resultado de iniciativas preventivas como la promoción de la actividad física y una dieta saludable. Cuando la hipertensión se desarrolla puede ser controlada con medicación como también con ajustes en el estilo de vida. Por ende, la presión elevada es indicador tanto de promoción de la salud como de servicios médicos, usualmente entregados en la atención primaria (OMS, 2019[23]).

La prevalencia de GA elevada es más alta que el promedio OCDE en todos los países LAC (Figura 5.24). En 2014, Santa Lucía y San Cristóbal y Nieves tenían la mayor prevalencia con más del 14% de la población con GA elevada, mientras que Perú, Bolivia y Ecuador tenían la menor con 8% o menos. Entre 2004 y 2014, todos los países LAC aumentaron la prevalencia de GA elevada, con un aumento promedio regional de 22%. Solo Venezuela creció en una proporción menor que en los países OCDE, y Santa Lucía fue el único país que tuvo un incremento por sobre 50%. El aumento de la GA puede conectarse con la creciente pandemia de sobrepeso en países LAC (ver sección sobre Sobrepeso y Obesidad en el Capítulo 4).

En 2015, la prevalencia promedio de PAE en LAC fue de 22%, cercano al promedio OCDE de 21% (Figura 5.25). San Cristóbal y Nieves, Surinam y Perú tuvieron las más altas prevalencias por sobre 25%, mientras que las más bajas se observaron en Paraguay, el único país bajo 15%. Entre 2005 y 2015, la mayoría de los países LAC redujeron la prevalencia de PAE en un promedio de -8%, lo que es menor a la reducción en países OCDE de -16%. Cuatro países experimentaron un aumento en el periodo: Surinam (8%), San Cristóbal y Nieves (4%), Antigua y Barbuda (3%) y Guatemala (2%). Cambios en factores de riesgo y mejoras en la detección y tratamiento de la PAE han, al menos en parte, contribuido a estas reducciones generales, pero otros factores como la mejor nutrición infantil y la disponibilidad de frutas y vegetales todo el año, pueden explicarlo también (Zhou et al., 2017[25]).

En 10 países LAC con datos, podemos observar una asociación positiva entre la población diagnosticada con hipertensión y aquella que ha recibido ya sea consejería médica o medicación anti-hipertensiva (Figura 5.26). Costa Rica muestra los niveles más altos tanto de población diagnosticada como de acceso a tratamiento, mientras que Belice y México muestran los menores niveles. Chile presenta una proporción relativamente alta de diagnóstico de hipertensión, pero bajo niveles de tratamiento. Para alcanzar el objetivo de tener cobertura efectiva de tratamiento, el mayor desafío es incrementar la detección y proveer actividades de promoción de la salud a toda la población, y tratamiento médico para todas las personas que lo necesiten (OMS, 2019[23]).

> **Definición y comparabilidad**
>
> La prevalencia de presión arterial elevada se define como el porcentaje de la población con presión arterial sistólica igual o mayor a 140, o presión arterial diastólica igual o mayor que 90. Se basa en la medición de presión arterial. Si múltiples tomas de presión se realizaron, la primera toma no se considera y se calcula un promedio de las tomas siguientes. La prevalencia de glicemia de ayuno elevada se define como el porcentaje de población con glicemia de ayuno igual o mayor a 126 mg/dl (7,0 mmol/l), o historia de diagnóstico de diabetes, o uso de insulina o hipoglucemiantes orales. Se basa en la medición de glicemia en sangre. El porcentaje de la población que ha recibido consejería o tratamiento (Figura 5.26, (Geldsetzer et al., 2019[26])) se define como las personas que fueron diagnosticadas con hipertensión y han recibido consejerías relevantes sobre estilos de vida (p. ej. bajar de peso, ejercicio, reducir el consumo de sal o dejar de fumar) o medicación anti-hipertensiva.

Referencias

[26] Geldsetzer, P. et al. (2019), "The state of hypertension care in 44 low-income and middle-income countries: a cross-sectional study of nationally representative individual-level data from 1·1 million adults", *The Lancet*, Vol. 394/10199, pp. 652-662, http://dx.doi.org/10.1016/S0140-6736(19)30955-9.

[23] OMS (2019), *Primary health care on the road to universal health coverage: 2019 monitoring report*.

[24] OMS (2019), *Hypertension*, Organización Mundial de Salud, https://www.who.int/news-room/fact-sheets/detail/hypertension.

[22] OMS (2018), *Global Health Estimates 2016: Disease burden by Cause, Age, Sex, by Country and by Region, 2000-2016*.

[25] Zhou, B. et al. (2017), "Worldwide trends in blood pressure from 1975 to 2015: a pooled analysis of 1479 population-based measurement studies with 19·1 million participants", *The Lancet*, Vol. 389/10064, pp. 37-55, http://dx.doi.org/10.1016/S0140-6736(16)31919-5.

5. GLICEMIA Y PRESIÓN ARTERIAL

Figura 5.24. **Glicemia de ayuno elevada en adultos, 2004 y 2014**

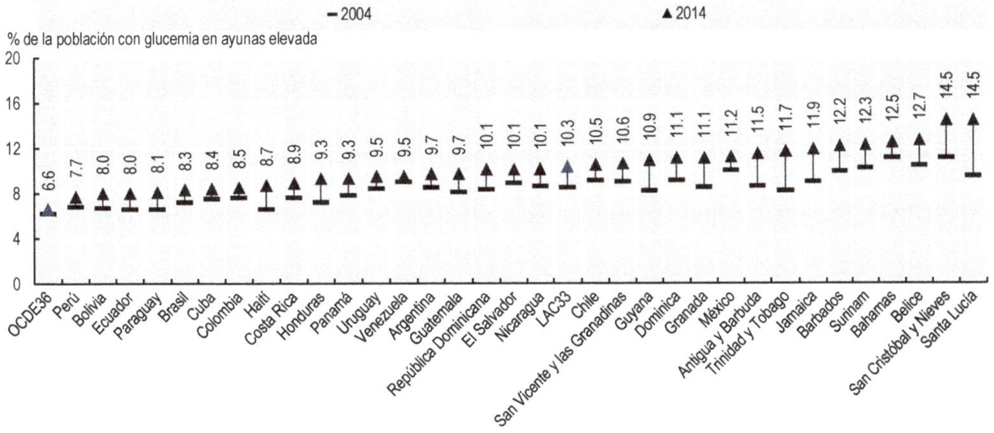

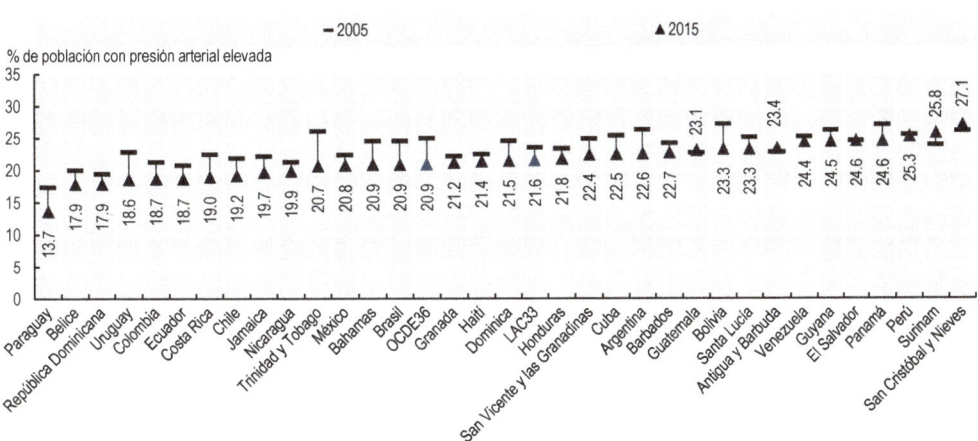

Fuente: Observatorio Mundial de la Salud, OMS 2017.

StatLink https://stat.link/b41r7g

Figura 5.25. **Presión arterial elevada en adultos, 2005 y 2015**

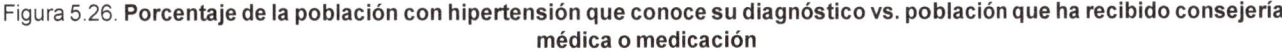

Fuente: Observatorio Mundial de la Salud, OMS 2017.

StatLink https://stat.link/gtyqkc

Figura 5.26. **Porcentaje de la población con hipertensión que conoce su diagnóstico vs. población que ha recibido consejería médica o medicación**

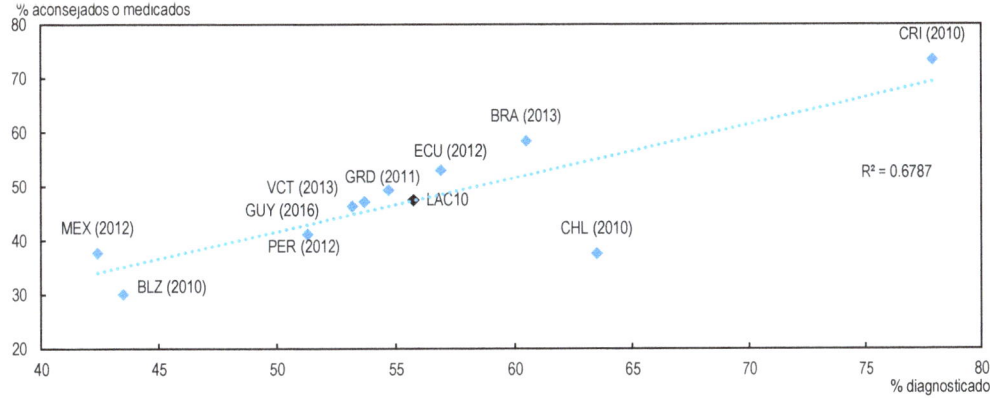

Fuente: Datos extraídos de Geldsetzer et al (2019[26]), "The state of hypertension care in 44 low-income and middle-income countries: a cross-sectional study of nationally representative individual-level data from 1·1 million adults", http://dx.doi.org/10.1016/S0140-6736(19)30955-9.

StatLink https://stat.link/hi2l1c

Capítulo 6

Gasto y financiación de la salud

6. GASTO EN SALUD PER CÁPITA Y EN RELACIÓN AL PIB

Una amplia gama de factores demográficos, sociales y económicos, así como los mecanismos financieros y organizativos del sistema de salud pueden explicar el nivel y los cambios evolutivos del gasto de salud de un país, tanto en lo que respecta a las necesidades de salud individuales como de la población en su conjunto.

El promedio del gasto corriente de la OCDE en salud per cápita para el año 2017 era unas cuatro veces mayor que el de los países de LAC (USD PPA 3.994 vs 1.025). El gasto en salud per cápita varía entre 83 dólares internacionales en Haití hasta los 2.484 dólares internacionales de Cuba (Figura 6.1). En promedio, los países de LAC dedican un 59% a los esquemas gubernamentales y de seguros obligatorios, y el 41% restante se destina a pagos de bolsillo, planes de pago voluntario y recursos externos.

En promedio, entre el 2010 y el 2017, la tasa de crecimiento del gasto per cápita en salud fue de 3,6% anual en LAC, superior al 3% del Producto Interno Bruto (PIB) (Figura 6.2). El crecimiento del gasto en salud fue más acelerado en Nicaragua, Bolivia y Paraguay, más del doble de la tasa promedio de la región. Venezuela reportó tasas decrecientes en el gasto corriente de salud en el período.

El crecimiento del PIB y del gasto en salud guarda una relación positiva, lo que significa que, en términos generales, un aumento o disminución de uno de ellos sigue al otro. En muchos países de LAC, el gasto en salud ha superado el crecimiento económico en los últimos cinco años, lo que ha dado lugar a un aumento de la porción de la economía dedicada a la salud. Todos los países situados por encima de la línea diagonal de la Figura 6.2 reportan que el gasto en salud ha crecido más rápidamente que los ingresos, lo que significa que la proporción del gasto en salud como parte del gasto total ha seguido aumentando. En todos los países situados por debajo de la línea, el aumento del gasto en salud -en promedio- fue inferior al crecimiento del PIB. Por consiguiente, la proporción del gasto de salud como parte del gasto total disminuyó en esos países.

El crecimiento general del gasto en salud y los resultados económicos pueden explicar la cantidad que los países gastan en atención de la salud a lo largo del tiempo. El gasto corriente en salud representó el 6,6% del PIB en la región de LAC en 2017, lo que supone un aumento de alrededor de 0,09 puntos porcentuales con respecto al 2010. Los países de la OCDE promediaron un gasto corriente en salud del 8,8% del PIB en 2018. Este indicador varió desde el 1,1% en Venezuela hasta el 11,7% en Cuba y el 9,2% en Uruguay (Figura 6.3). En general, cuanto más rico es un país, más gasta en salud. Entre 2010 y 2017, la proporción de la salud en relación con el PIB disminuyó casi 6 puntos porcentuales en Venezuela, mientras que aumentó más de 2 puntos porcentuales en Paraguay y Chile.

El capital ha sido un factor cada vez más importante en la producción de servicios de salud en las últimas décadas, tal como lo refleja, por ejemplo, la creciente trascendencia de los equipos de diagnóstico y terapia o la ampliación de las tecnologías de la información y comunicación (TIC) en la salud. Las inversiones de capital en salud tienden a fluctuar más con los ciclos económicos que el gasto corriente en salud. Sin embargo, la ralentización de las inversiones en infraestructura y equipo sanitarios afectará a la prestación de servicios. Como porcentaje del PIB, Panamá y San Vicente y las Granadinas fueron los países que más hicieron inversiones de capital en el año 2017, con más del 0,7% de su PIB, destinado a la construcción, equipamiento y tecnología del sector salud y social (Figura 6.4). Sin embargo, los gastos de capital pueden ser mucho menores: en Venezuela, Argentina and Antigua and Barbuda representaron menos del 0,002% en 2017. En promedio, representa el 0,2% del PIB en toda LAC, frente al 0,5% en los países de la OCDE en el 2015.

Definición y comparabilidad

El gasto en salud es la sumatoria de los gastos incurridos en todas las funciones básicas de la atención de salud, es decir, la totalidad de los servicios de atención de salud, los bienes médicos dispensados a los pacientes ambulatorios, los servicios de prevención y de salud pública, la administración de la salud y los seguros médicos. El gasto incurrido en estas funciones se incluye siempre y cuando corresponda al uso final de las unidades residentes, es decir, siempre y cuando el usuario final sea un nacional en el país o en el extranjero. Por esta razón, se incluyen las importaciones para uso final y se excluyen las exportaciones para uso final.

La financiación de la salud puede analizarse desde el punto de vista de los planes de financiación (arreglos de financiamiento a través de las cuales los servicios de salud son pagados y obtenidos por la gente, por ejemplo, los seguros sociales en salud), de los agentes de financiación (organizaciones que manejan dichos esquemas, por ejemplo, las instituciones de seguros sociales) y los tipos de ingresos percibidos (por ejemplo, las cotizaciones al seguro social). Aquí el término "financiación" se utiliza en el sentido de los planes de financiamiento tal como se definen en el Sistema de Cuentas de Salud (OCDE, Eurostat y OMS, 2011) y comprenden los regímenes gubernamentales, los seguros de salud obligatorios, así como los seguros de salud facultativos y fondos privados como los pagos de bolsillo, las ONG y las empresas privadas. Los pagos de bolsillo son gastos asumidos directamente por los pacientes y comprenden los acuerdos de gastos compartidos y pagos informales dados a los proveedores de salud.

Las paridades del poder adquisitivo (PPA) del conjunto de la economía (PIB) se utilizan como las tasas de conversión más disponibles. Se basan en una amplia canasta de bienes y servicios, seleccionados de manera que sean representativos de todas las actividades económicas. La utilización de las PPA para toda la economía significa que las variaciones resultantes del gasto de salud entre los países pueden reflejar no sólo las variaciones del volumen de los servicios de salud, sino también cualquier diferencia de los precios de los servicios de salud en relación con los precios del resto de la economía.

Para hacer comparaciones útiles de las tasas de crecimiento real a través del tiempo, es necesario aplicarles la deflación (es decir, remover la inflación) al gasto nominal de salud mediante el uso de un adecuado índice de precios, y también dividirlo por el número de habitantes, para derivar el gasto real per cápita. Debido a la limitada disponibilidad de índices de precios de salud fiables, en la presente publicación se utiliza un índice de precios del PIB para toda la economía.

Para tener en cuenta el momento del proceso de asignación del presupuesto gubernamental, en la comparación en la línea del tiempo se examinan los últimos siete años puesto que se dispone de datos sobre el gasto.

El capital fijo bruto en el sector de la salud se mide por el valor total de los activos fijos que los proveedores de servicios de salud han adquirido durante el período contable (menos el valor de las enajenaciones de activos) y que se utilizan de forma repetida o continua durante más de un año en la producción de servicios de salud. El desglose por activos comprende la infraestructura (por ejemplo, hospitales, clínicas, etc.), maquinarias y equipamiento (equipos de diagnóstico, quirúrgicos, ambulancias y equipos informáticos), así como programas informáticos y bases de datos. Muchos países reportan la formación bruta de capital fijo en el marco del Sistema de Cuentas de Salud.

6. GASTO EN SALUD PER CÁPITA Y EN RELACIÓN AL PIB

Figura 6.1. **Gasto total en salud per cápita, (USD PPA), 2017**

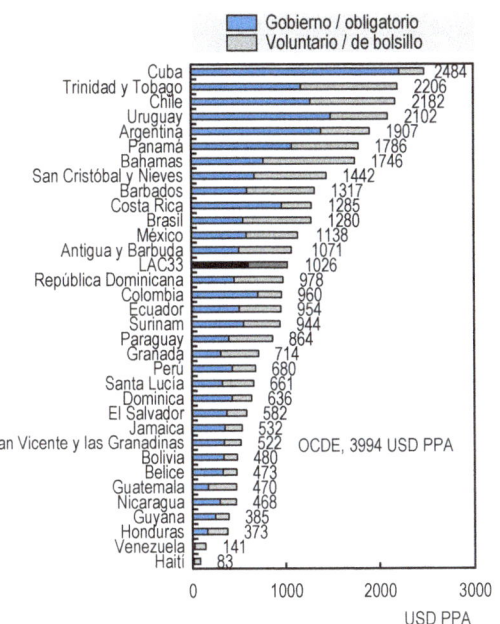

Nota: datos del 2018 de Brasil, Chile, Colombia, Costa Rica y México.
Fuente: Base Mundial de Gasto en Salud de la OMS (2020); Estadísticas de Salud de la OCDE 2019 correspondientes a Brasil, Chile, Colombia, Costa Rica y México.

StatLink https://stat.link/73bl8k

Figura 6.3. **Cambio en el gasto total de salud como porcentaje del PIB, 2010-2017**

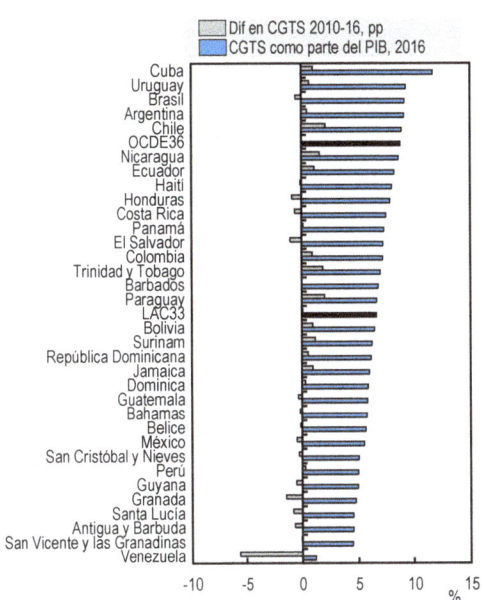

Nota: datos del 2018 de Brasil, Chile, Colombia, Costa Rica y México.
Fuente: Base Mundial de Gasto en Salud de la OMS (2020); Estadísticas de Salud de la OCDE 2019 correspondientes a Brasil, Chile, Colombia, Costa Rica y México.

StatLink https://stat.link/mlo1si

Figura 6.2. **Tasa de crecimiento anual promedio del gasto real en salud y PIB per cápita, 2010-2017**

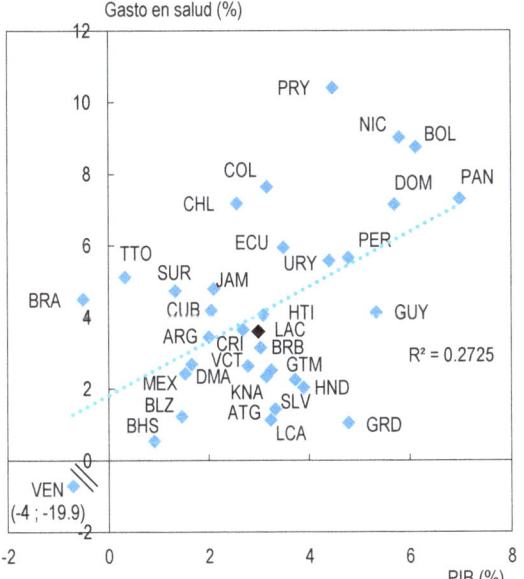

Fuente: Base Mundial de Gasto en Salud de la OMS (2020); Estadísticas de Salud de la OCDE 2019 correspondientes a Brasil, Chile, Colombia, Costa Rica y México.

StatLink https://stat.link/qum38n

Figura 6.4. **Capital fijo bruto en el sector salud como porcentaje del PIB, 2017**

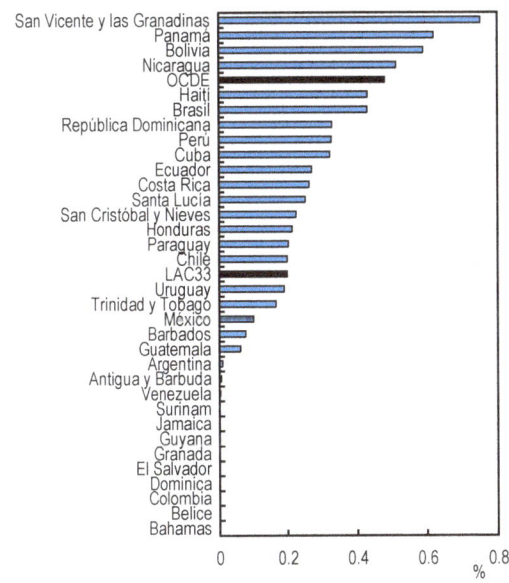

Nota: Promedio de la OCDE corresponde al año 2015.
Fuente: Base Mundial de Gasto en Salud de la OMS (2020); Estadísticas de Salud de la OCDE 2019 correspondientes a Chile y México.

StatLink https://stat.link/x6ipfk

6. FINANCIAMIENTO DE LA SALUD A PARTIR DE ESQUEMAS GUBERNAMENTALES Y SEGUROS DE SALUD OBLIGATORIOS

Los mecanismos de financiación de la salud pueden clasificarse en términos generales según su naturaleza obligatoria o voluntaria, proporcionando cobertura contra el costo de la atención de la salud mediante la adquisición de dichos servicios. En algunos países, la atención de la salud puede financiarse en su mayor parte mediante planes gubernamentales por los cuales las personas tienen automáticamente derecho a la atención según su lugar de residencia. En otros casos, los planes de seguros médicos mandatorios (ya sea a través de entidades públicas o privadas), vinculados al pago de cotizaciones del seguro social o de primas de seguro médico sufragan la mayor parte del gasto sanitario. Además, una porción variable del gasto médico está constituida por los gastos de bolsillo familiares, ya sea como pagos independientes o como parte de acuerdos de copagos, así como por diversas formas de planes de pago voluntario, como los seguros médicos facultativos. En la región de LAC, la notable fragmentación de los sistemas de salud suele dar lugar a la coexistencia de planes de financiamiento y, en algunos casos, a la duplicación de los mismos (ver el Capítulo 2). En la región se encuentra la mayoría de los modelos estándar de financiamiento público (Lorenzoni et al., 2019[1]).

En la Figura 6.5 se presenta el gasto representado por el gasto público general en salud (que abarca el gasto público y los fondos vinculados a seguros de salud obligatorios) como porcentaje del PIB en el año 2017 y su tendencia en el período 2010-17. Los países con la mayor proporción son Cuba (10,5%), Argentina (6,6%), Uruguay (6,6 %), y Costa Rica (5,7%). Los países con el porcentaje más bajo son Venezuela y Haití, con 0,2 y 1%, los dos únicos que están por debajo de un 2% en la región y muy por debajo del promedio de LAC de 3,7%. En promedio, la región de LAC aumentó el monto de dicho gasto como porcentaje del PIB en unos 0,38 puntos porcentuales. Nicaragua fue el único país que registró un aumento de más de 2 puntos porcentuales en el período, mientras que diez países registraron una disminución: México (-0,1), Costa Rica (-0,2), Bahamas (-0,3), Panamá (-0,39), Haití (-0,50), Granada (-0,51), Honduras (-0,55), Barbados (-0,62), Antigua and Barbuda (-0,82) y Venezuela (-2,40).

En la mayoría de los países de LAC, el gasto general gubernamental constituyó la principal fuente de financiamiento en el 2017 (promedio regional de 54,3%) (Figura 6.6). Cuba tiene la mayor participación con un 89,4%, seguido de Costa Rica con un 75,1%, siendo los dos únicos países que superan el 75%. Por otra parte, la menor participación se observó en Honduras (11,9%), Haití (15,9%), y Guatemala (35,8%). En promedio, el gasto gubernamental general en salud como proporción del gasto corriente en salud creció 2,1 puntos porcentuales en la región de LAC en el período 2010-17. El mayor aumento se produjo en Venezuela (40,2 puntos porcentuales) y Surinam (25,9), mientras que hubo reducciones en trece naciones, encabezadas por Antigua y Barbuda (-23) y San Vicente y las Granadinas (-23,1).

La atención en salud es uno de los múltiples servicios públicos gubernamentales a los que destinan todo su presupuesto. Varios factores, entre ellos el tipo de sistema establecido, el espacio fiscal, las políticas y las prioridades normativas del sector de la salud, determinan la cuantía de los fondos públicos asignados a la salud. Las prioridades presupuestarias relativas también pueden variar de un año a otro como resultado de decisiones políticas y de los efectos económicos. En el 2017, el gasto general en salud del gobierno como porcentaje del gasto público total se situó en el 12,75% en LAC, muy por debajo del 24,5% en los países de la OCDE (Figura 6.7). En Costa Rica y Panamá se dedicó más del 20% del gasto público a la salud. En cambio, en Haití y Venezuela se destinó menos del 6% del gasto público a la salud. En el período 2010-2017, el gasto público en salud como proporción del gasto gubernamental general aumentó en mayor medida en Panamá, de manera similar al aumento de 8 puntos porcentuales en los países de la OCDE, mientras que disminuyó en Antigua y Barbuda (-6 puntos porcentuales) y Venezuela (-4,8)

Definición y comparabilidad

La clasificación de la financiación utilizada en el Sistema de Cuentas de Salud ofrece un desglose completo del gasto en salud incurrido por dependencias públicas y privadas. El gasto gubernamental general en salud abarca el gasto del gobierno y los fondos de seguridad social. Establecer una relación entre el gasto gubernamental y los regímenes de seguro obligatorio con el gasto gubernamental total podría conducir a una sobreestimación en los países en los que los aseguradores privados ofrecen un seguro obligatorio.

Referencias

[1] Lorenzoni, L. et al. (2019), "Health systems characteristics: A survey of 21 Latin American and Caribbean countries", *OECD Health Working Papers*, No. 111, Ediciones OCDE, París, https://dx.doi.org/10.1787/0e8da4bd-en.

6. FINANCIAMIENTO DE LA SALUD A PARTIR DE ESQUEMAS GUBERNAMENTALES Y SEGUROS DE SALUD OBLIGATORIOS

Figura 6.5. **Cambio en el gasto de salud por esquemas gubernamentales y seguros de salud obligatorios como porcentaje del PIB, 2010-17**

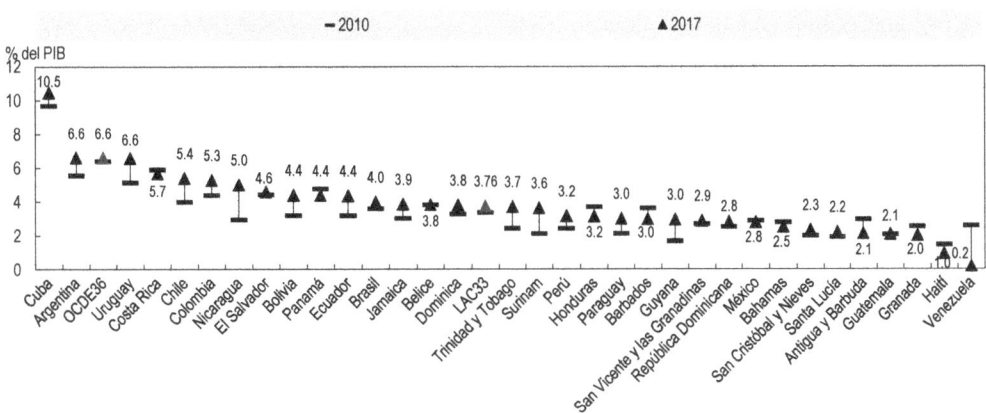

Fuente: Base Mundial de Gasto en Salud de la OMS (2020); Estadísticas de Salud de la OCDE (2019).

StatLink https://stat.link/n4a3ql

Figura 6.6. **Cambio en el gasto de salud por esquemas gubernamentales y seguros de salud obligatorios como porcentaje del gasto corriente de salud, 2010-17**

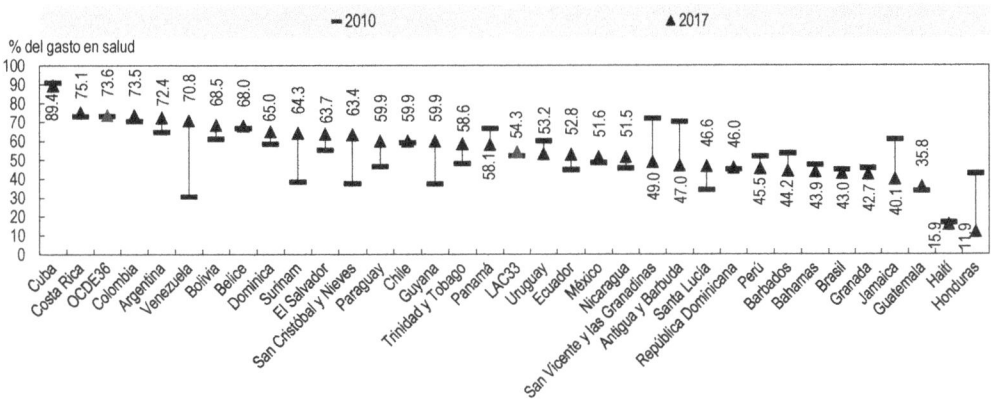

Fuente: Base Mundial de Gasto en Salud de la OMS (2020); Estadísticas de Salud de la OCDE (2019).

StatLink https://stat.link/oagz3f

Figura 6.7. **Cambio en el gasto de salud por esquemas gubernamentales y seguros de salud obligatorios como porcentaje del gasto total público del Gobierno, 2010-17**

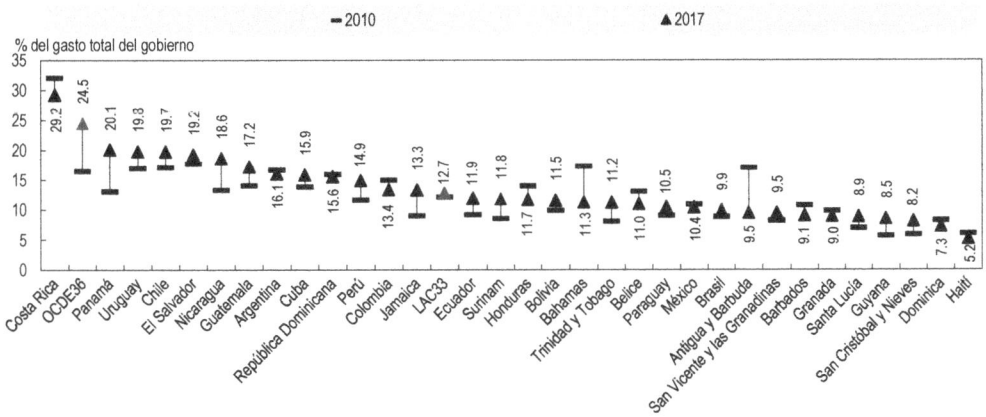

Fuente: Base Mundial de Gasto en Salud de la OMS (2020); Estadísticas de Salud de la OCDE (2019).

StatLink https://stat.link/ow5jsn

6. FINANCIACIÓN DE LA SALUD A PARTIR DE GASTO DE BOLSILLO, ESQUEMAS DE PAGO VOLUNTARIO Y FUENTES EXTERNAS

El gasto privado en salud se refiere al gasto en salud proveniente de agentes no públicos, y suele dividirse entre el gasto de bolsillo en salud (GBS), los esquemas de pago voluntario, y las fuentes externas. El GBS se refiere a los pagos efectuados para costear directamente la atención de la salud, mientras que los esquemas de pago voluntario se refieren al pago de primas de seguros privados que ofrecen cobertura para los servicios de proveedores privados. Los recursos externos incluyen los fondos para salud recibidos de diferentes donantes o fuentes similares.

En promedio, la participación porcentual del GBS es de 34% en la región de LAC, muy por encima del promedio de la OCDE, que es de casi 21% (Figura 6.8). El GBS más elevado se observa en Venezuela (63%), seguida de Guatemala (54%) y Granada (52%), los tres países que superan el 50% en la región. En el otro extremo, sólo cinco países están por debajo del 20%: Cuba (10%), Argentina (16%), Colombia (16%), Jamaica (17%), y Uruguay (17%).

El GBS como porcentaje del gasto en salud ha disminuido 1,5 puntos porcentuales entre 2010 y 2017 en LAC (Figura 6.8). La mayoría de los países reportaron una disminución en dicho período. La disminución fue mayor en Nicaragua (-11,86) y Santa Lucía (-12,1). Sin embargo, once países experimentaron aumentos en el GBS, encabezados por Venezuela (+20,07) y Antigua y Barbuda (+10,71). Se considera que el GBS superior al 20% del gasto corriente en salud es problemático, ya que indica una alta vulnerabilidad a los gastos catastróficos por motivos de salud al momento de una emergencia médica. En la sección sobre "Protección financiera" del presente Capítulo se examina el grado en que las poblaciones de LAC están en riesgo de caer en la pobreza a causa de los gastos catastróficos por motivos de salud.

La Figura 6.9 muestra que el gasto en salud por medio de esquemas de pago voluntario representó como promedio el 8% del gasto corriente en salud en LAC, por encima del promedio de la OCDE de 5,5%. Esta participación se incrementó en la mayoría de los países entre el 2010 y el 2017, sobre todo en Antigua y Barbuda, donde aumentó 12,5 puntos porcentuales. En cambio, en Uruguay y Jamaica disminuyó en más de 7 puntos porcentuales. Un poco menos del 1% del gasto corriente en salud provino de los esquemas de pago voluntario en Dominica, mientras que fue el más alto en, Brasil (30%), Bahamas (25%) y Venezuela (21%), los únicos tres países que superaron el 20%. El seguro médico privado es una fuente significativa de cobertura secundaria en la mayoría de los países, ya sea para complementar la cobertura de bienes y servicios no incluidos en el paquete básico de prestaciones, complementar la cobertura al cubrir costos o duplicar la cobertura para aquellos pacientes que buscan atención privada.

La porción del gasto en salud que proviene de fuentes externas es baja en toda la región: menos del 1% en 19 de los 30 países que disponen de datos. Sin embargo, es fuente de financiación muy importante en Haití (más del 43%), lo que ilustra la dependencia del país en relación con los recursos externos procedentes de diversos donantes (Figura 6.10).

Definición y comparabilidad

La clasificación de la financiación utilizada en el Sistema de Cuentas de Salud ofrece un desglose completo del gasto en salud incurrido por dependencias públicas y privadas. El sector privado comprende los planes de prepago y agrupación de riesgos, gastos de bolsillo en salud e instituciones sin fines de lucro que prestan servicios a los hogares y a las empresas. Los pagos de bolsillo son los desembolsos directamente realizados por el paciente. Comprenden copagos y algunos países toman en cuenta los pagos informales hechos a los proveedores de salud.

Los planes de pagos voluntarios comprenden los seguros de salud voluntario, instituciones sin fines de lucro que prestan servicios a los hogares y planes de financiación de empresas. Los datos sobre la cobertura del seguro voluntario se tomaron de las respuestas proporcionadas por los países a la Encuesta sobre las características de los sistemas de salud en LAC de 2018.

La financiación externa de la salud se determina en función de los desembolsos de asistencia oficial para el desarrollo, realizados por todos los donantes para el sector salud. Los desembolsos representan las transferencias internacionales reales de recursos financieros. Los desembolsos para la salud se identifican utilizando la clasificación de los códigos del sector de destino 121 (salud, general, salvo 12181, educación/capacitación médica y 12182, investigación médica), 122 (salud básica) y 130 (políticas/programas de población y salud reproductiva, salvo 13010 Política de población y gestión administrativa), y 510 (apoyo presupuestario general) (*www.oecd.org/dac/stats/aidtohealth.htm*). El apoyo presupuestario general a la salud se estima aplicando la proporción de los gastos gubernamentales en materia de salud respecto del total de los gastos gubernamentales generales al valor consignado en ODA. Dado que los países gastan el dinero de los desembolsos a lo largo de varios años, los fondos desembolsados en el año t se comparan con el gasto total en salud en el año t+1.

6. FINANCIACIÓN DE LA SALUD A PARTIR DE GASTO DE BOLSILLO, ESQUEMAS DE PAGO VOLUNTARIO Y FUENTES EXTERNAS

Figura 6.8. **Cambio en el gasto de bolsillo como parte del gasto total en salud, 2010-17**

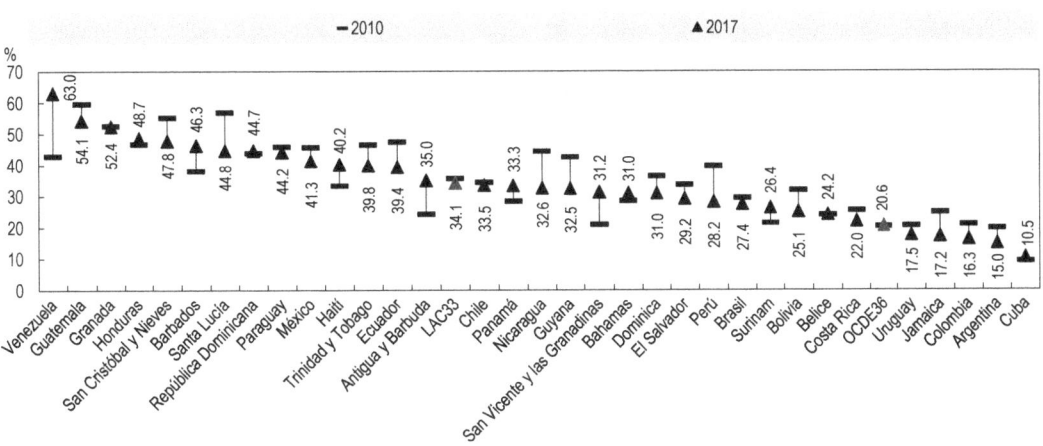

Fuente: Base Mundial de Gasto en Salud de la OMS (2020); Estadísticas de Salud de la OCDE (2019).

StatLink https://stat.link/571jb8

Figura 6.9. **Cambio en el gasto de salud por esquemas de pago voluntarios de atención médica como porcentaje del gasto en salud, 2010 a 2017**

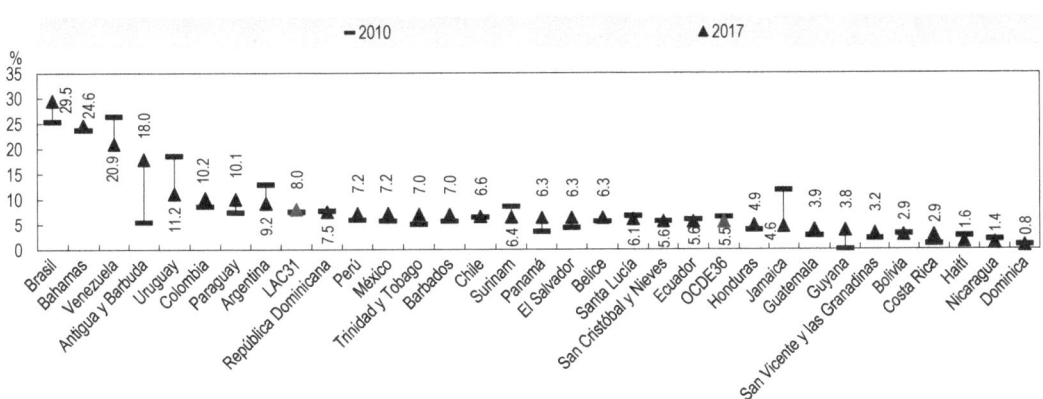

Fuente: Base Mundial de Gasto en Salud de la OMS (2020); Estadísticas de Salud de la OCDE (2019).

StatLink https://stat.link/ho594e

Figura 6.10. **Cambio en los recursos externos como porcentaje del gasto total en salud, 2010-2017**

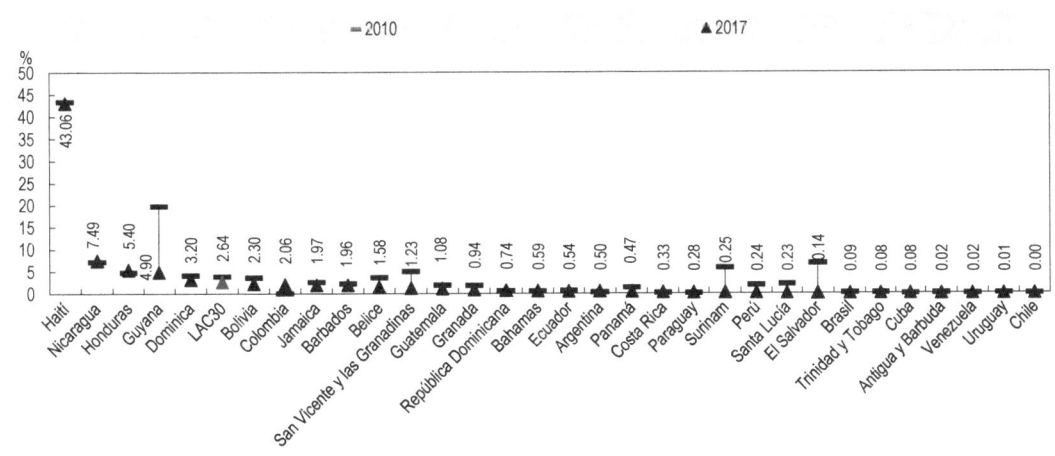

Fuente: Base de Datos Mundial de Gastos de Salud de la OMS (2020).

StatLink https://stat.link/7bfmpc

6. PROTECCIÓN FINANCIERA

Tal como se indicó en la sección anterior sobre el gasto privado y externo, los elevados niveles de gastos de bolsillo en salud (GBS) en la región representan un desafío no sólo para los gobiernos que buscan mejorar el acceso, sino también para las personas, los hogares y las comunidades. Un cuantioso GBS implica que la población financia de forma directa una parte sustancial de la atención médica cuando la necesita, lo que a su vez puede sumirla en la pobreza o atravesar penurias económicas. La incidencia mundial de gastos catastróficos equivalentes al 10% o más de GBS respecto de los ingresos o consumo del hogar se estimó en un 9,7% en el año 2000, 11,4% en el 2005 y 11,7% en el 2010. Esto significa que a escala mundial, 808 millones de personas en 2010 sufrieron gastos catastróficos en salud (Flores et al., 2018[2]). Además, un elevado GBS puede tener consecuencias en extremo negativas para el bienestar financiero y social de los hogares, sumiéndolos en algunos casos en la pobreza. Se estima que en el umbral de pobreza de 1,90 dólares diarios, la incidencia mundial de empobrecimiento bajó en el período comprendido entre 2000 y 2010, de 131 millones de personas (2,1% de la población mundial) a 97 millones de personas (1,4%) (Wagstaff et al., 2018[3]).

La Figura 6.11 muestra la proporción de hogares que gastan más del 10% de su ingreso o consumo (dependiendo de la variable sustitutiva elegida para estimar la riqueza) en GBS en 16 países de LAC. Se excluyen los pagos privados de prepago. En promedio, casi el 8% de la población gasta más del 10% de su consumo o ingreso familiar. La proporción es baja en varios países como El Salvador, Mexico y Guatemala (menos del 2%), pero es casi del 17% en Barbados, seguido de Nicaragua y Chile alrededor del 15%. Además, la mayoría de los países tienen una baja proporción de hogares que gastan más del 25% de sus ingresos o consumo como GBS, pero en Haití es mucho más alta que el resto con el 4% de la población que gasta una cuarta parte de sus ingresos familiares en GBS.

Dado que los elevados gastos médicos pueden llevar a las personas a la ruina económica, la Figura 6.12 muestra la proporción de hogares que han sido arrastrados por debajo del umbral de pobreza. En 15 países de LAC, el GBS empujó al 1,7% de la población por debajo del umbral de la pobreza en comparación con el 1,2% en los países de la OCDE. Consistente con la alta proporción de hogares que incurren en GBS superiores al 10% o 25% del ingreso o consumo, más del 5% de los hogares nicaragüenses han quedado sumidos en la pobreza, seguidos por Haití (3,3%), Chile (2,6%) y Ecuador (2,4%). Por otra parte, la proporción es menor en varios países como Bahamas, Honduras o El Salvador donde menos del 0,5% de la población cae en la pobreza debido a GBS.

Para asegurar el acceso y la cobertura adecuados para todos los grupos poblacionales, los gobiernos las reformas exitosas tienen algunos aspectos en común, como el uso mancomunado o coordinado de diferentes fuentes de ingresos; el aumento progresivo de los fondos prepagos mandatorios; la redistribución del dinero para formar fondos prepagos; y nuevas organizaciones y arreglos institucionales para apoyar y posibilitar los cambios (OMS, 2018[4]).

Tal como se analizó en el capítulo 2, el desperdicio observado en los sistemas de salud de LAC arrebata recursos que podrían destinarse a una mayor y mejor atención de salud. Por ejemplo, la fragmentación de los sistemas de salud de LAC no sólo es una importante fuente de malgasto, sino que también contribuye a generar barreras contra la ampliación del acceso y de la protección financiera. La fragmentación limita la agrupación de fondos y la existencia de mecanismos de seguro más eficaces, componentes que conducirían a un mejor acceso a la atención necesaria y a la mejora de la salud de la población, done los mayores beneficios recaerían en las personas más pobres (Moreno-Serra and Smith, 2012[5]).

> **Definición y comparabilidad**
>
> Los datos sobre los indicadores de protección financiera se tomaron del conjunto de datos de Equidad en la Salud y Protección Financiera del Banco Mundial. La base de datos de 2018 emplea más de 1.600 encuestas de 183 países, y abarca varios años de datos más exhaustivos sobre las enfermedades no transmisibles y sobre los gastos de bolsillo de los hogares.
>
> El umbral de pobreza se define aquí como el valor más alto de la línea de pobreza de 1,90 dólares (PPA de 2011) y el 50% del umbral de pobreza de consumo medio (%).

Referencias

[2] Flores, G. et al. (2018), "Progress on catastrophic health spending in 133 countries: a retrospective observational study", *Articles Lancet Glob Health*, Vol. 6, pp. 169-79, http://dx.doi.org/10.1016/S2214-109X(17)30429-1.

[5] Moreno-Serra, R. and P. Smith (2012), *Does progress towards universal health coverage improve population health?*, Lancet Publishing Group, http://dx.doi.org/10.1016/S0140-6736(12)61039-3.

[4] OMS (2018), *Health financing*, Organización Mundial de Salud, https://www.who.int/health-topics/health-financing.

[3] Wagstaff, A. et al. (2018), "Progress on impoverishing health spending in 122 countries: a retrospective observational study", *The Lancet Global Health*, Vol. 6, pp. e180-e192, http://dx.doi.org/10.1016/S2214-109X(17)30486-2.

Figura 6.11. **Proporción de la población que gasta más del 25% y el 10% del consumo o ingresos del hogar a través de los gastos de bolsillo en salud**

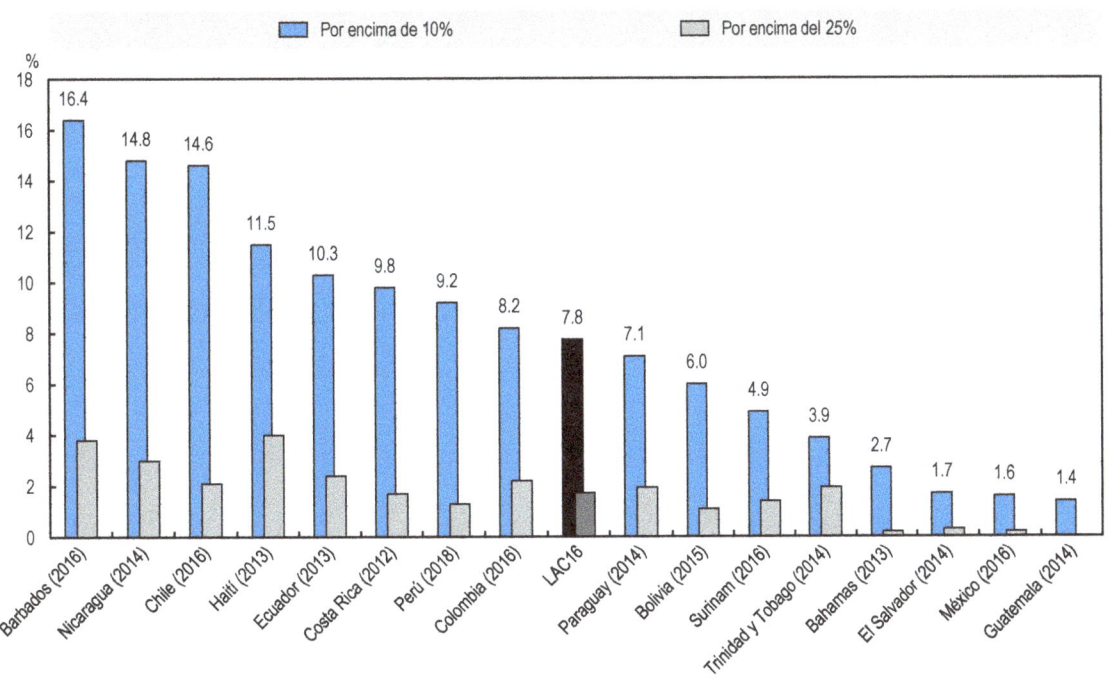

Nota: Países con datos anteriores al 2010 fueron excluidos.
Fuente: Equidad en la Salud y Protección Financiera, Banco Mundial 2020.

StatLink https://stat.link/2tf0la

Figura 6.12. **Proporción de la población sumida en la pobreza por gastos de bolsillo en salud**

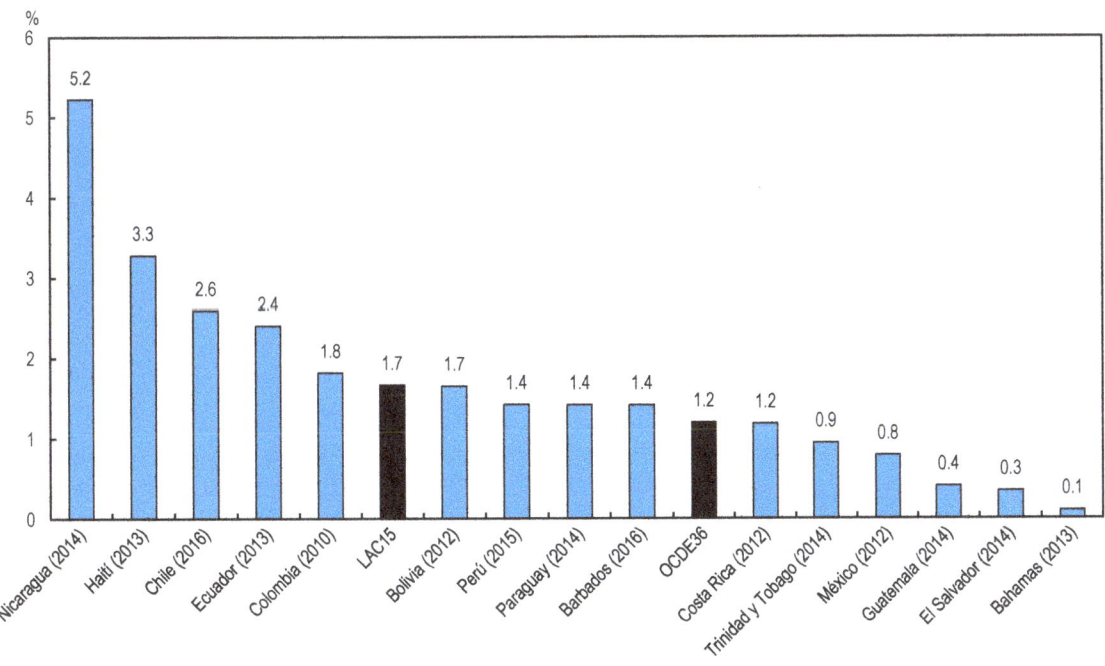

Nota: Países con datos anteriores al 2010 fueron excluidos.
Fuente: Equidad en la Salud y Protección Financiera, Banco Mundial 2019.

StatLink https://stat.link/1s8k2d

Capítulo 7

Calidad de la atención en salud

7. PROGRAMAS DE VACUNACIÓN INFANTIL

Los programas de vacunación infantil suelen constituir una parte importante de la estrategia de prevención de un país, ya que son una de las intervenciones de políticas de salud más efectivas y costo-efectivas (Chan et al., 2017[1]). La OMS estima que las vacunas evitan entre 2 y 3 millones de muertes cada año en todo el mundo, y que se podrían evitar 1,5 millones de muertes adicionales mediante la protección directa de los vacunados y la prevención de la propagación de enfermedades a los no vacunados. En todos los países de LAC existen programas de inmunización que abarcan varias vacunas de rutina (por ejemplo., poliomielitis, difteria, tétano, tos ferina y sarampión) e incorporan adicionales (por ejemplo., neumococo, rotavirus y virus del papiloma humano) a nivel nacional o subnacional. La cobertura de estos programas puede considerarse como un indicador de la atención sanitaria, ya que reducen de forma efectiva la carga de las enfermedades prevenibles por vacunación. Como ejemplos, en esta sección se presentan la difteria, el toxoide tetánico y la tos ferina (DTP), el sarampión y la hepatitis B, ya que representan, en cuanto al momento y la frecuencia de la vacunación, el espectro de desafíos organizativos relacionados con la inmunización sistemática de los niños.

A pesar de las tasas generales elevadas, 12 de los 33 países de LAC no alcanzan los niveles mínimos de inmunización recomendados por la OMS para prevenir la propagación de la DTP (90%) (Figura 7.1) y 21 de los 33 no logran cumplir la meta establecida para el sarampión (95%) en 2018 (Figura 7.2). Además, las altas tasas de cobertura nacional pueden no ser suficientes para detener la propagación de enfermedades, ya que una deficiente cobertura en las poblaciones locales o en determinadas zonas geográficas puede dar lugar a brotes. En promedio, sólo uno de cada 10 niños de la región no recibe una de las dos vacunas (tasa de cobertura del 90% para ambas vacunas). La mayoría de los países presentan tasas superiores al 80%, que, si bien son elevadas, resultan insuficientes para garantizar la interrupción de la transmisión de las enfermedades y la protección de toda la población. Dos países en particular tienen tasas excepcionalmente bajas de alrededor del 60-65%: Haití y Venezuela.

En el 2007, más de 170 países habían adoptado la recomendación de la OMS de incorporar la vacuna contra la hepatitis B, así como la dosis administrada al momento del nacimiento. Se recomienda la vacunación contra la hepatitis B para todos los niños y la administración mínima de tres dosis (OMS, 2014[2]). La mayoría de los países de la región de LAC iniciaron la vacunación contra la hepatitis B a finales de la década de 1990. Los datos revelan que estas acciones han reducido en gran medida la incidencia de la hepatitis B, aun cuando ya se ha alcanzado el objetivo de la OMS para el año 2020. La eliminación de la transmisión de la hepatitis B entre los niños y los lactantes está al alcance de la mano.

La Figura 7.3 muestra que el porcentaje promedio de niños de un año inmunizados contra la hepatitis B es del 89%, similar a la tasa de cobertura promedio del sarampión y la DTP. Las tasas de la mayoría de los países son superiores al 80%, con tasas muy inferiores a ese promedio en México, Haití y Venezuela.

En los países de LAC todavía existen varias barreras contra la vacunación. Las "influencias individuales/colectivas" (por ejemplo., creencias y actitudes, desconfianza en el sistema de salud, falta de recomendación de los médicos, escasez de información oficial contra conceptos erróneos) fueron los obstáculos más frecuentes. Luego, las "influencias contextuales" (por ejemplo., bajo nivel socioeconómico y educativo, edad avanzada, creencias religiosas y culturales, temor a efectos adversos y desinformación) fueron el segundo grupo más importante (Guzman-Holst et al., 2019[3]). La pérdida de confianza del público en la seguridad y eficacia de la vacunación, a pesar de la falta de pruebas científicas que respalden dicha desconfianza, parece ser un área que los países de LAC debiesen abordar para fortalecer las estrategias de vacunación.

> **Definición y comparabilidad**
>
> Las tasas de vacunación reflejan el porcentaje de niños de uno o dos años de edad que reciben la última dosis de la serie de inmunización primaria a través del programa de vacunación respectivo en el plazo recomendado. Las políticas de vacunación infantil presentan ligeras diferencias entre unos países y otros. Por lo tanto, estos indicadores se basan en las políticas vigentes en un país determinado. Algunos gobiernos administran vacunas combinadas (por ejemplo, la vacuna contra el sarampión y la rubéola), mientras que otros las administran por separado. Algunas naciones establecen las vacunas a partir de encuestas y otras a partir de datos administrativos, lo que puede influir en los resultados finales.

Referencias

[1] Chan, M. et al. (2017), *Reaching everyone, everywhere with life-saving vaccines*, Lancet Publishing Group, http://dx.doi.org/10.1016/S0140-6736(17)30554-8.

[3] Guzman-Holst, A. et al. (2019), *Barriers to vaccination in Latin America: A systematic literature review*, Elsevier Ltd, http://dx.doi.org/10.1016/j.vaccine.2019.10.088.

[2] OMS (2014), *Resolution WHA67.6. Hepatitis. In: Sixty-seventh World Health Assembly, Geneva, 19–24 May 2014*, World Health Organization, Geneva, http://apps.who.int/gb/ebwha/pdf_files/wha67/a67_r6-en.pdf?ua=1.

7. PROGRAMAS DE VACUNACIÓN INFANTIL

Figura 7.1. **Tasas de vacunación contra la difteria, el toxoide tetánico y la tos ferina (DTP3), niños de alrededor de 1 año de edad, 2018**

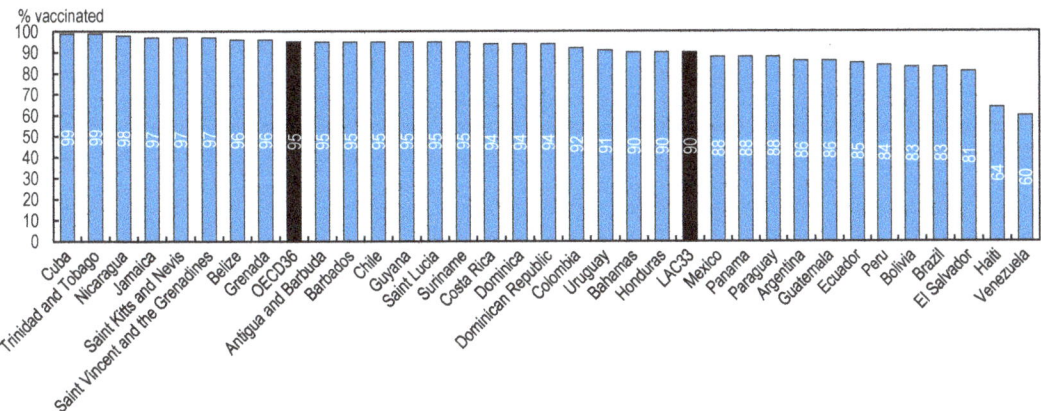

Fuente: Observatorio Mundial de la Salud, OMS 2019.

StatLink https://stat.link/lxsdmu

Figura 7.2. **Cobertura de la primera dosis de vacuna contra el sarampión (MCV1) en niños de 1 año (%), 2018**

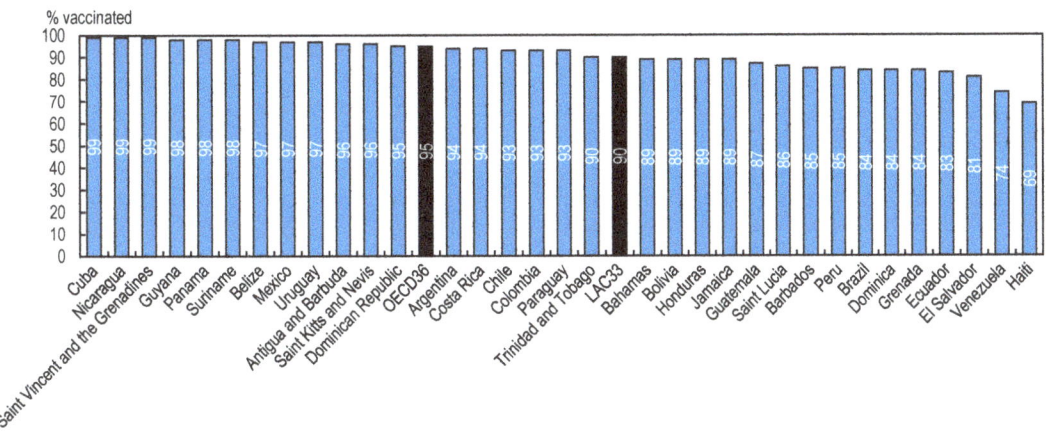

Fuente: Observatorio Mundial de la Salud, OMS 2019.

StatLink https://stat.link/4fl19w

Figura 7.3. **Cobertura de vacunación contra la hepatitis B (HepB3) entre niños de 1 año (%), 2018**

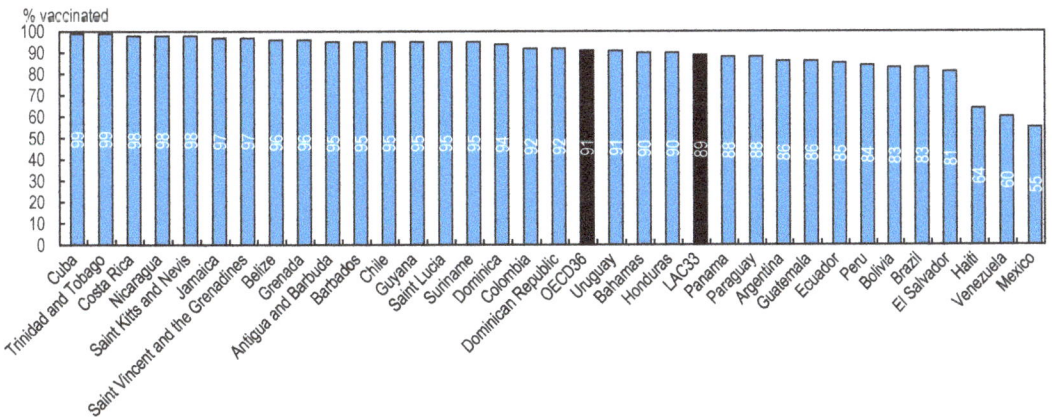

Fuente: OMS, Observatorio Mundial de la Salud, 2019.

StatLink https://stat.link/d9ue6f

7. MORTALIDAD INTRAHOSPITALARIA POR INFARTO AGUDO DE MIOCARDIO Y ACCIDENTE CEREBROVASCULAR

Las enfermedades cardíacas isquémicas y los ataques cerebrovasculares (ACV) fueron dos de las principales causas de muerte en LAC en 2017, ya que representan el 78% de todas las defunciones por enfermedades cardiovasculares (ECV), muy similar al 77% de los países de la OCDE (ver el Capítulo 3, "Mortalidad por enfermedades cardiovasculares"). Además, ambas están asociadas a grandes costos sanitarios, económicos, sociales y no financieros, debido a las persistentes discapacidades que sufren muchos sobrevivientes. El tratamiento tras un infarto agudo al miocardio (IAM) y un ACV ha avanzado mucho en la última década. La introducción y diseminación de nuevas tecnologías, entre ellas los medicamentos para reducir el colesterol y la presión arterial, la trombólisis y la angioplastia, en los últimos decenios han tenido un efecto notable en la calidad de la atención cardiovascular (OCDE, 2015[4]).

La tasa de letalidad es una medida útil de los cuidados agudos del IAM como para el ACV. Refleja los procesos de atención, como las intervenciones médicas eficaces, entre ellas la trombólisis temprana, la angioplastia o el tratamiento con aspirina cuando sea pertinente, y el transporte coordinado y oportuno de los pacientes, pero también pueden verse influidos por características individuales como la gravedad del IAM y del ACV. En el caso del IAM, las tasas de letalidad hospitalaria estandarizadas por edad y sexo en los 30 días posteriores al ingreso se registraron más bajas en Costa Rica (0,3%), mientras que las tasas más altas se observan en México (28,1%), muy superiores al promedio OCDE (6,9%) (Figura 7.4).

En cuanto a los ACV isquémicos, las tasas de letalidad más bajas se registraron en Costa Rica (2,7%), el único país por debajo del promedio de la OCDE (7,7%). México reportó la tasa más alta de 19,2%, mientras que Uruguay y Chile también estuvieron por encima del promedio de la OCDE (Figura 7.5).

Las tasas de letalidad de los ACV hemorrágicos son mucho más altas que las de los ACV isquémicos, y los países que alcanzan una mejor supervivencia para un tipo de ACV también tienden a tener buenos resultados en el otro. Una vez más, las tasas de fatalidad más bajas de ACV hemorrágicos se reportaron en Costa Rica (1,6%) mientras que México y Uruguay registraron las tasas más altas: 29,9% y 30,5%, respectivamente (Figura 7.6). Chile, con una tasa de letalidad del 21,3%, estaba justo por debajo de la media del 24% de los países de la OCDE.

Dado que muy pocos países de la región pueden registrar este tipo de datos sobre la calidad de la atención, se pueden realizar esfuerzos para desarrollar la infraestructura de sus sistemas de información en salud, junto con la creación de capacidades para producir y utilizar la información. En lo que respecta a las políticas, si bien la promoción de estilos de vida más saludables para reducir la carga de las ECV es una prioridad, también se puede procurar mejorar la atención a los pacientes con ECV. Por ejemplo, garantizar que la atención primaria sea financieramente accesible para todos y que se cierre la brecha entre la atención recomendada y los servicios ofrecidos en la práctica, al tiempo que es fundamental mejorar la rendición de cuentas y la transparencia de los resultados de la atención primaria. Además, el establecimiento de un marco nacional para mejorar la calidad de la atención de las ECV agudas y de normas nacionales para la medición y la mejora continua de la calidad de los servicios de emergencia y de la atención prestada en los hospitales puede contribuir a abordar la complejidad del tratamiento de las ECV (OCDE, 2015[4]).

Definición y comparabilidad

La tasa de mortalidad intrahospitalaria a consecuencia de un IAM, un accidente cerebrovascular isquémico o hemorrágico se define como el número de personas que mueren en los 30 días siguientes a su ingreso hospitalario. Este indicador se calcula a partir de ingresos hospitalarios únicos y se limita a la mortalidad dentro de un mismo hospital; las diferencias en las prácticas de admisión y traslado de pacientes pueden influir en los resultados. Las tasas estandarizadas se ajustan a las diferencias de edad (45+ años) y sexo, y facilitan comparaciones internacionales más significativas.

Los datos que se presentan aquí no contemplan los pacientes que son trasladados a otros hospitales durante su atención ni reflejan los pacientes que murieron fuera de los hospitales en un plazo de 30 días. Mediante un identificador único de paciente, los datos de pacientes pueden vincularse entre los hospitales y con los registros de defunciones se pueden generar indicadores más sólidos para el monitoreo nacional y la comparación entre países. En la actualidad, muy pocos países de LAC pueden darles seguimiento a los pacientes de esta manera y, por lo tanto, esta forma de indicador no se muestra aquí..

Referencias

[4] OCDE (2015), *Cardiovascular Disease and Diabetes: Policies for Better Health and Quality of Care*, OECD Health Policy Studies, Ediciones OCDE, París, *https://dx.doi.org/10.1787/9789264233010-en*.

Figura 7.4. **Tasa de letalidad intrahospitalaria en los 30 días posteriores a la admisión por IAM, pacientes mayores de 45 años, 2017 (o año más cercano)**

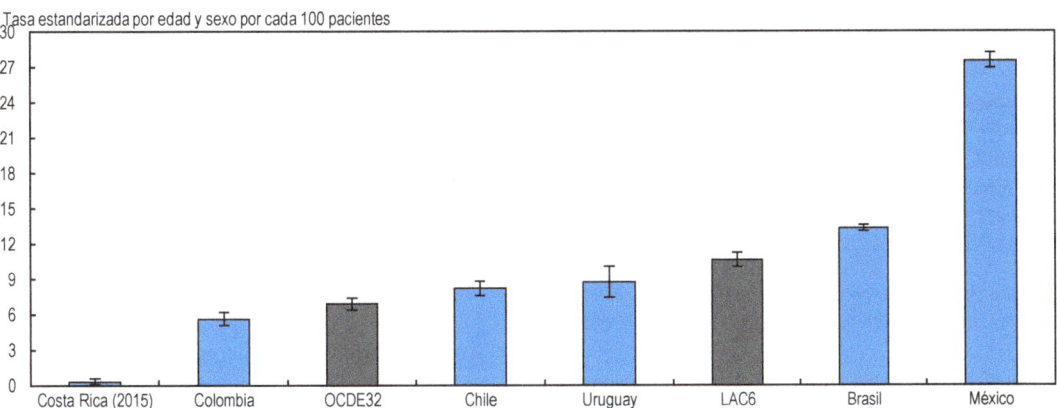

Fuente: Estadísticas de Salud de la OCDE y Ministerios de Salud de Brasil y Uruguay.

StatLink https://stat.link/t2hwkp

Figura 7.5. **Tasas de letalidad intrahospitalaria en los 30 días posteriores a la admisión por ataque cerebrovascular isquémico, pacientes mayores de 45 años, 2017 (o año más cercano)**

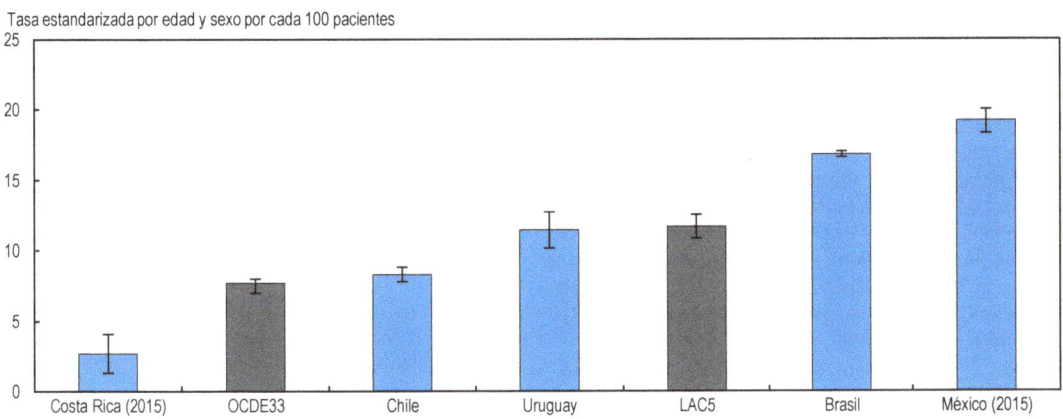

Fuente: Estadísticas de Salud de la OCDE y Ministerios de Salud de Brasil y Uruguay.

StatLink https://stat.link/nq3x2h

Figura 7.6. **Tasas de letalidad intrahospitalaria en los 30 días posteriores a la admisión por ataque cerebrovascular hemorrágico, pacientes mayores de 45 años, 2017 (o año más cercano)**

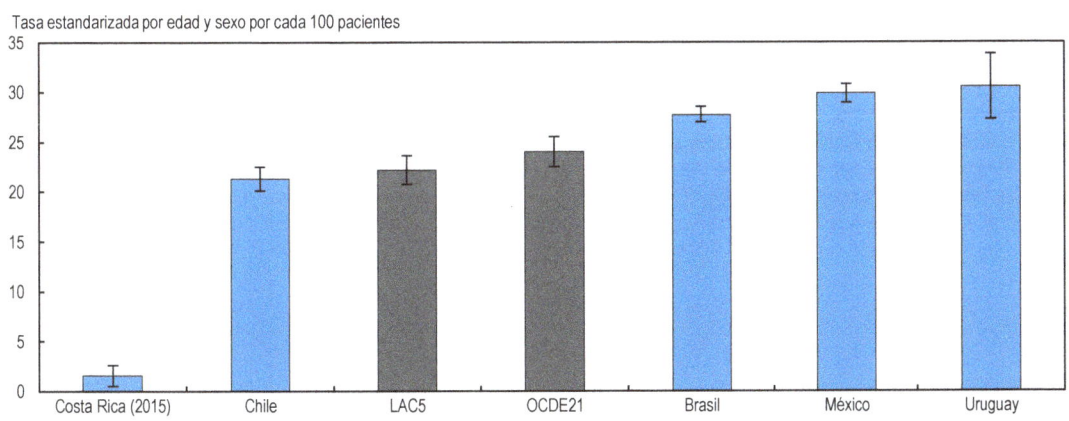

Fuente: Estadísticas de Salud de la OCDE y Ministerios de Salud de Brasil y Uruguay.

StatLink https://stat.link/fvqlj4

7. SOBREVIVENCIA DEL CÁNCER

La efectividad global de un sistema de salud para entregar atención de cáncer se puede evaluar a través de la comparación internacional de los niveles y tendencias recientes de estimaciones poblacionales de la sobrevivencia neta de todos los pacientes diagnosticados en cada tipo de cáncer. La vigilancia global de la sobrevivencia de cáncer ayuda a identificar y reportar desigualdades evitables, lo que puede motivar políticas y acciones para reducirlas (Coleman, 2014[5]).

El cáncer fue la causa de más de 670.000 muertes en 2018 en LAC (Bray et al., 2018[6]), constituyéndose en la segunda causa de fallecimientos después de las enfermedades cardiovasculares (ver el Capítulo 3). El cáncer de mama es responsable de más de 50.000 muertes por año en LAC. Varios factores elevan el riesgo de cáncer de mama, tales como la edad, la historia reproductiva de la mujer, la terapia de reemplazo de estrógenos post-menopáusica y el consumo de alcohol, mientras que la lactancia y la actividad física tienen un efecto protector.

Cada año, el cáncer de cuello uterino provoca cerca de 30.000 muertes en LAC. Cerca del 95% de todos los casos de cáncer cervicouterino son causados por la exposición sexual al virus del papiloma humano (VPH). El examen del Papanicolaou y las pruebas de ADN del VPH aumentan la probabilidad de detectar lesiones premalignas. Además, se ha demostrado que la prevención primaria mediante programas de vacunación contra el VPH tiene un impacto sustancial en la reducción de las infecciones por VPH y la neoplasia intraepitelial cervical entre niñas y mujeres, y en el diagnóstico de verrugas ano-genitales entre niñas, mujeres, niños y hombres (Drolet et al., 2019[7]).

El cáncer colorrectal provoca casi 65.000 muertes por año en LAC. Entre los factores de riesgo se encuentra una dieta rica en grasas, estilos de vida sedentarios y antecedentes familiares. La incidencia del cáncer colorrectal y las tasas de mortalidad varían según el nivel de desarrollo humano de cada país, observándose un rápido aumento en los países que se encuentran en transición socioeconómica como Brasil y Costa Rica. La comunidad científica recomienda cada vez más la prevención secundaria del cáncer colorrectal mediante la prueba de sangre oculta en las heces (por ejemplo, la prueba de guayaco, la prueba inmunoquímica fecal), la sigmoidoscopia o la colonoscopia, mientras que los nuevos análisis de sangre para la detección aún están en investigación (Dekker et al., 2019[8]).

Entre ocho países de LAC con datos disponibles para cáncer de mama, la tasa ajustada por edad de supervivencia neta a cinco años entre mujeres fue la más alta en Costa Rica (86,7%), siendo el único país de LAC que supera el promedio de la OCDE de 84,8%. En Cuba, la probabilidad de que las pacientes con cáncer de mama sobrevivan a su cáncer durante al menos cinco años es inferior al 75,1% (Figura 7.7).

En cuanto al cáncer de cuello uterino, la tasa ajustada por edad de supervivencia neta a cinco años en Cuba se encontraba entre las más elevadas en LAC (72,9%), mientras que Ecuador (52%) reportó la menor (Figura 7.8). La diferencia de tasas se explica en parte por las disparidades en la efectividad de los programas de detección en la población y el acceso a tratamiento de alta calidad.

En el caso del cáncer de colon, la tasa ajustada por edad de supervivencia neta a cinco años en Costa Rica estaba entre las más altas en LAC (60,1%), un poco menor al promedio de la OCDE de 62,1%. En Ecuador, la tasa fue de las menores (47,8%) (Figura 7.9). En cuanto al cáncer rectal, los ocho países de LAC están por debajo del promedio de 60,6% de supervivencia neta a cinco años de la OCDE (Figura 7.10). Perú registró la supervivencia neta más alta (54,8%), mientras que Chile (32,7%) tuvo la más baja.

Definición y comparabilidad

La sobrevivencia neta a cinco años se refiere a la probabilidad acumulativa de que los pacientes de cáncer hubieran vivido cinco años después del diagnóstico, corrigiendo por el riesgo de morir por otras causas, en el tiempo, por edad y sexo. La sobrevivencia neta se expresa como un porcentaje entre 0-100%. El criterio del período se utiliza para poder estimar la sobrevivencia a cinco años cuando no se dispone de datos de monitoreo a cinco años. Las estimaciones de supervivencia del cáncer para todas las edades combinadas se estandarizan por edad con las ponderaciones del Estándar Internacional de Supervivencia al Cáncer (ICSS). La recopilación de datos, el control de calidad y el análisis se realizaron de forma centralizada como parte del programa CONCORD para la vigilancia de la supervivencia del cáncer, dirigido por la Escuela de Higiene y Medicina Tropical de Londres (Allemani et al., 2018[9]). En los países donde no había información a nivel nacional, el programa CONCORD analizó la información disponible de los registros regionales, pero en la mayoría de los países los análisis se basaron en cobertura nacional, facilitando las comparaciones internacionales.

Referencias

[9] Allemani, C. et al. (2018), "Global surveillance of trends in cancer survival 2000–14 (CONCORD-3): analysis of individual records for 37 513 025 patients diagnosed with one of 18 cancers from 322 population-based registries in 71 countries", *The Lancet*, Vol. 391/10125, pp. 1023-1075, *http://dx.doi.org/10.1016/S0140-6736(17)33326-3*.

[6] Bray, F. et al. (2018), "Global cancer statistics 2018: GLOBOCAN estimates of incidence and mortality worldwide for 36 cancers in 185 countries", *CA: A Cancer Journal for Clinicians*, Vol. 68/6, pp. 394-424, *http://dx.doi.org/10.3322/caac.21492*.

[5] Coleman, M. (2014), "Cancer survival: Global surveillance will stimulate health policy and improve equity", Vol. 383, pp. 564-573, *http://dx.doi.org/10.1016/S0140-6736(13)62225-4*.

[8] Dekker, E. et al. (2019), *Colorectal cancer*, Lancet Publishing Group, *http://dx.doi.org/10.1016/S0140-6736(19)32319-0*.

[7] Drolet, M. et al. (2019), "Population-level impact and herd effects following the introduction of human papillomavirus vaccination programmes: updated systematic review and meta-analysis", *The Lancet*, Vol. 394/10197, pp. 497-509, *http://dx.doi.org/10.1016/S0140-6736(19)30298-3*.

Figura 7.7. **Tasa neta de sobrevivencia a los 5 años al cáncer de mama (%), adultos (15-99 años), 2010-14**

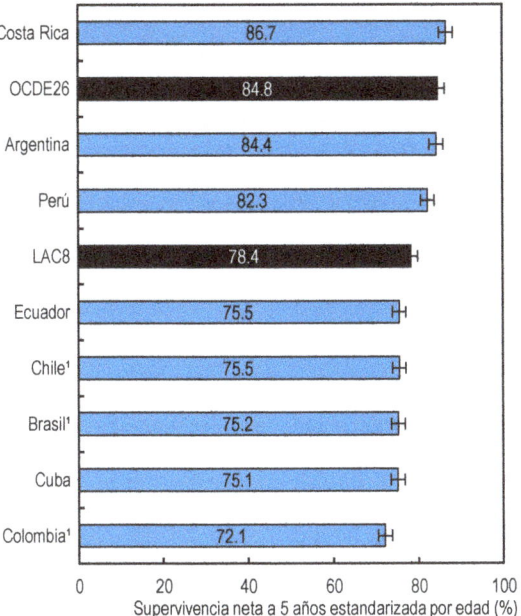

Nota: Cobertura nacional en Costa Rica y Cuba. 1. Estimaciones de supervivencia menos confiables: ver Allemani et al. (2018[9]).
Fuente: Programa CONCORD, Escuela de Higiene y Medicina Tropical de Londres.

StatLink https://stat.link/3jhcyu

Figura 7.9. **Tasa neta de sobrevivencia a los 5 años al cáncer de colon (%), adultos (15-99 años), 2010-14**

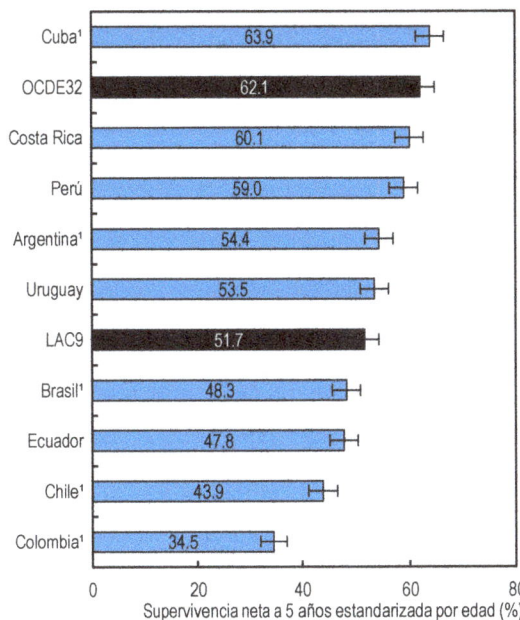

Nota: Cobertura nacional en Costa Rica, Cuba y Uruguay. 1. Estimaciones de supervivencia menos confiables: ver Allemani et al. (2018[9]).
Fuente: Programa CONCORD, Escuela de Higiene y Medicina Tropical de Londres.

StatLink https://stat.link/xg0sck

Figura 7.8. **Tasa neta de sobrevivencia a los 5 años al cáncer de cuello uterino (%), adultos (15-99 años), 2010-14**

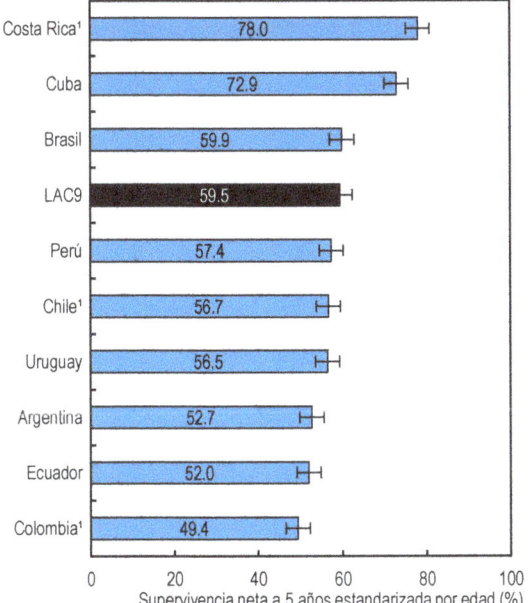

Nota: Cobertura nacional en Costa Rica, Cuba y Uruguay. 1. Estimaciones de supervivencia menos confiables: ver Allemani et al. (2018[9]).
Fuente: Programa CONCORD, Escuela de Higiene y Medicina Tropical de Londres.

StatLink https://stat.link/v79oc3

Figura 7.10. **Tasa neta de sobrevivencia a los 5 años al cáncer rectal (%), adultos (15-99 años), 2010-14**

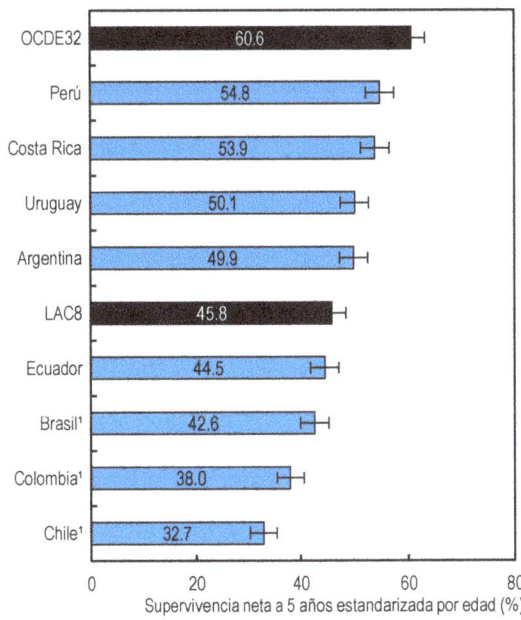

Nota: Cobertura nacional en Costa Rica, Cuba y Uruguay. 1. Estimaciones de supervivencia menos confiables: ver Allemani et al. (2018[9]).
Fuente: Programa CONCORD, Escuela de Higiene y Medicina Tropical de Londres.

StatLink https://stat.link/kxenvh

7. ADMISIONES HOSPITALARIAS EVITABLES

La mayoría de los sistemas de salud han desarrollado un "nivel primario" de atención cuyas funciones son promover la salud, prevenir enfermedades, servir como primer punto de contacto para manejar nuevas dolencias y condiciones crónicas, y remitir a los pacientes a servicios de nivel secundario y hospitalarios cuando sea necesario. Un objetivo clave es preservar el bienestar de las personas, proporcionándoles un punto de atención médica coherente a largo plazo, adaptando y coordinando la atención a las personas con múltiples necesidades de atención y apoyando al paciente en la autoeducación y el auto-manejo. En este contexto, un sistema de atención primaria de alto rendimiento, en el que se presten servicios accesibles y de alta calidad, puede reducir el deterioro agudo de las personas que viven con asma, enfermedad pulmonar obstructiva crónica (EPOC), insuficiencia cardíaca congestiva (ICC), hipertensión arterial y diabetes, y reducir las hospitalizaciones innecesarias.

El asma, la EPOC, la ICC, la hipertensión y la diabetes son cinco enfermedades de larga duración y muy frecuentes en LAC. Tanto el asma como la EPOC limitan la capacidad de respirar: los síntomas del asma suelen ser intermitentes y reversibles con tratamiento, mientras que la EPOC es una enfermedad progresiva que afecta casi exclusivamente a los fumadores actuales o anteriores. En el año 2016, el asma afectó a más de 339 millones de personas en todo el mundo y 420.000 personas murieron a causa de ella (Global Asthma Network, 2018[10]). En el año 2015, alrededor de 174,5 millones de personas padecían EPOC y unos 3,2 millones de personas murieron a causa de la enfermedad (Soriano et al., 2017[11]). La ICC es una condición médica grave en la que el corazón es incapaz de bombear suficiente sangre para satisfacer las necesidades del cuerpo. La ICC a menudo se debe a otras afecciones, como la hipertensión y la diabetes. Se estima que la insuficiencia cardíaca afecta a más de 26 millones de personas en todo el mundo, lo que se traduce en más de un millón de hospitalizaciones anuales tanto en los Estados Unidos como en Europa (Ponikowski et al., 2014[12]). La hipertensión o la presión arterial alta se manifiesta mediante dolores de cabeza, dificultad para respirar o hemorragias nasales y, si no se trata, puede dar lugar a problemas cardiovasculares más graves. En todo el mundo, 1.130 millones de personas padecen de hipertensión y menos de 1 de cada 5 personas con hipertensión tienen el problema bajo control (OMS, 2019[13]). La diabetes es otra condición crónica que conduce a niveles elevados de azúcar en la sangre, con efectos muy perjudiciales. Se estima que en el año 2014, 422 millones de personas padecían diabetes, y en 2016, la enfermedad provocó directamente 1,6 millones de muertes (OMS, 2018[14]).

Las tasas de admisión hospitalaria por asma y EPOC se muestran en la Figura 7.11. Las tasas de ingresos por asma varían mucho, pero los cinco países de LAC que en la actualidad reportan este indicador están bastante por debajo del promedio de la OCDE. La tasa de México es particularmente baja, con 8 admisiones por cada 100.000 habitantes. Las tasas de hospitalización por EPOC en LAC6 también son inferiores al promedio de la OCDE. México nuevamente reporta la tasa más baja, con 77 admisiones por cada 100.000 habitantes.

La Figura 7.12 muestra las tasas de hospitalización por ICC e hipertensión. Revela que los países de LAC que las reportan tienen tasas más bajas que los países de la OCDE. Costa Rica reporta la tasa más baja de ingresos relacionados con la ICC (39) mientras que Chile tiene la tasa más baja de ingresos por hipertensión (18).

La Figura 7.13 muestra las tasas de admisión por diabetes. Contrariamente a la tendencia observada en las cifras anteriores, tanto Chile como Costa Rica registran tasas de internación hospitalarias más cercanas al promedio de la OCDE, mientras que la de México es mucho más elevada. Colombia se sitúa muy por debajo del promedio de los seis países de LAC.

Como se discutió en el Capítulo 2, si bien estas cifras sugieren que estos cinco países de LAC en general han tenido éxito en minimizar los ingresos hospitalarios evitables, es importante mencionar que el acceso sigue siendo bastante desigual y que podría estar ocurriendo cierto grado de sub-utilización de los recursos hospitalarios. La meta principal debería ser encontrar un equilibrio adecuado para garantizar el menor nivel de utilización de los hospitales, al tiempo que se asegura un acceso adecuado a toda la población. Otro factor a tener en cuenta es que la carga de enfermedades no transmisibles es relativamente menor en la región de LAC que en la OCDE debido a su perfil demográfico y epidemiológico. Los países de LAC deben seguir invirtiendo en la creación de capacidades humanas centradas en la atención primaria con el fin de reducir al mínimo el malgasto y prepararse para una mayor carga causada por estas enfermedades, ya que es probable que las poblaciones sigan envejeciendo y aumentando la complejidad relacionada con la salud.

Definición y comparabilidad

Los indicadores están definidos como el número de ingresos hospitalarios con un diagnóstico primario de asma, EPOC, ICC, hipertensión y diabetes en personas mayores de 15 años por cada 100.000 habitantes. Las tasas están estandarizadas por edad y sexo para la población de la OCDE mayor de 15 años, correspondiente al año 2010. Se excluyen del cálculo los ingresos por traslados desde otro hospital y en los que el paciente muere durante el ingreso, ya que se considera poco probable que estos ingresos sean evitables. La prevalencia de la enfermedad y la disponibilidad de atención hospitalaria pueden explicar algunas, no todas, las variaciones de las tasas entre países. Las diferencias en las prácticas de codificación entre los países también pueden afectar a la comparabilidad de los datos. Por ejemplo, la exclusión de los "traslados" no puede ser cumplida plenamente por algunos países. Las diferencias en la cobertura de los datos del sector hospitalario nacional entre los países también pueden influir en las tasas de los indicadores. Las diferencias en las prácticas de codificación entre países deben considerarse como una posible fuente de sesgo, por ejemplo, en el caso de la hipertensión.

Referencias

[10] Global Asthma Network (2018), *The Global Asthma Report 2018*, http://www.globalasthmanetwork.org.

[14] OMS (2018), *Global Health Estimates 2016: Disease burden by Cause, Age, Sex, by Country and by Region, 2000-2016*.

[13] OMS (2019), *Hypertension*, Organización Mundial de Salud, http://ttps://www.who.int/news-room/fact-sheets/detail/hypertension.

[12] Ponikowski, P. et al. (2014), "Heart failure: preventing disease and death worldwide", *ESC Heart Failure*, Vol. 1/1, pp. 4-25, http://dx.doi.org/10.1002/ehf2.12005.

[11] Soriano, J. et al. (2017), "Global, regional, and national deaths, prevalence, disability-adjusted life years, and years lived with disability for chronic obstructive pulmonary disease and asthma, 1990–2015: a systematic analysis for the Global Burden of Disease Study 2015", *The Lancet Respiratory Medicine*, Vol. 5/9, pp. 691-706, http://dx.doi.org/10.1016/s2213-2600(17)30293-x.

Figura 7.11. **Admisiones hospitalarias por asma y enfermedad pulmonar obstructiva crónica (EPOC) en adultos, 2017 (o año más cercano)**

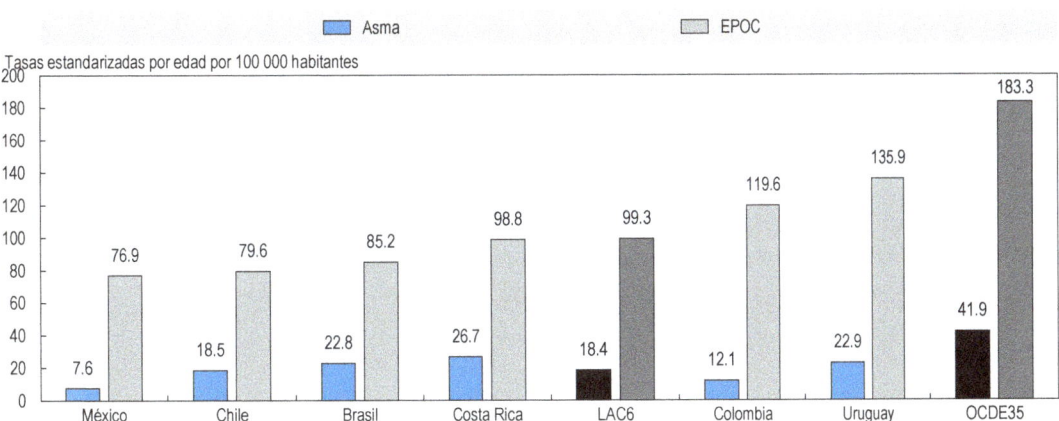

Fuente: Estadísticas de Salud de la OCDE y Ministerios de Salud de Brasil y Uruguay.

StatLink https://stat.link/jl7hqr

Figura 7.12. **Admisiones hospitalarias por insuficiencia cardíaca congestiva (ICC) e hipertensión en adultos, 2017 (o año más cercano)**

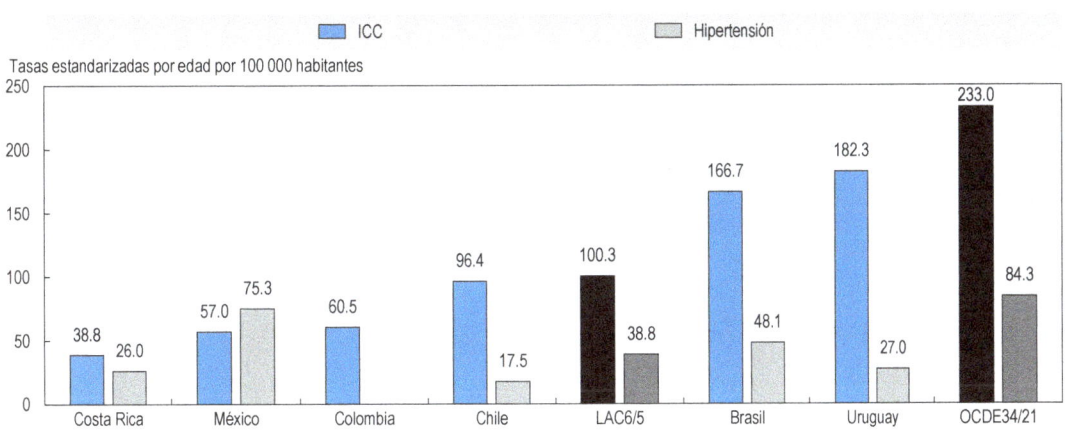

Fuente: Estadísticas de Salud de la OCDE y Ministerios de Salud de Brasil y Uruguay.

StatLink https://stat.link/c1q0ax

Figura 7.13. **Admisiones hospitalarias por diabetes en adultos, 2017 (o año más cercano)**

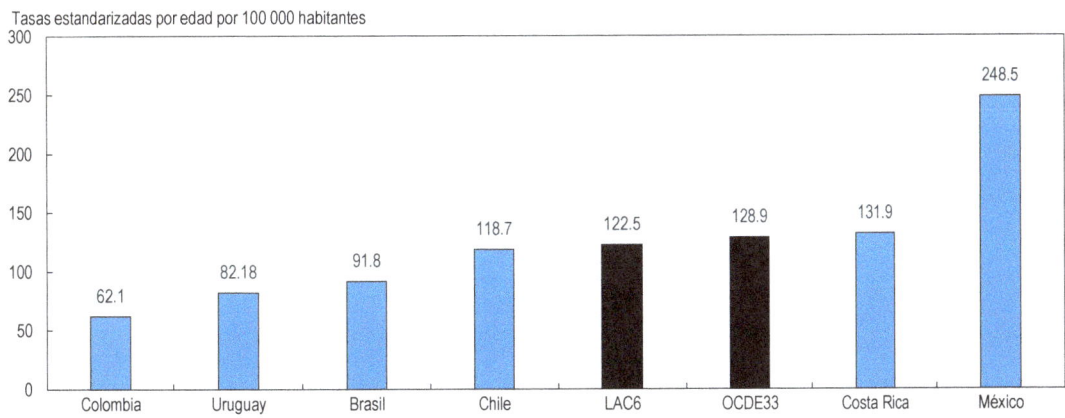

Fuente: Estadísticas de Salud de la OCDE y Ministerios de Salud de Brasil y Uruguay.

StatLink https://stat.link/169fzh

Lightning Source UK Ltd.
Milton Keynes UK
UKHW050525070720
366113UK00001B/5